シリーズ・現代社会学の継承と発展 ❶

金子 勇/吉原直樹 代表編者

ジェンダーと平等

江原由美子 編著

ミネルヴァ書房

刊行のことば

コント以来の一七〇年に及ぶ社会学の歴史は、ジェンダーとジェネレーション、コミュニティと福祉、人口移動と階層、環境と情報などの領域を主要な軸として、個人と社会システムの両方に配慮しながら、その現状を考究し、将来像を描いてきた。

ところが、二〇世紀末から二一世紀の今日までの現代社会学は著しく裾野を広げる一方で、それぞれの応用領域において内部集団化があまりにも進んでしまった。そのため応用領域の相互浸透にもとづく研究成果の共有および世代間継承と活用が軽視され、現代社会の分析および未来社会の構想において、他の社会科学に後れを取るようになったと思われる。

新しい時代には、ジョン・アーリのいうような「未知の未知（unknown unknowns）」についてはいうまでもなく、「既知の未知（known unknowns）」についてさえも、創建的な知見を提示し得るような社会学が求められている。

本シリーズはこのような問題意識で企画され、本来の主要分野に立ち返りながら、それぞれの学説継承の理論地平と応用領域の到達点を明らかにする。そこから今日的な世界システムおよび日本の社会システムを見通し、同時に最先端の研究成果を提示し、転換期をむかえた社会学の着地点を見出すことを目的とする。

「多くのメッセージを次世代や次次世代に伝えたい」という思いを軸に、近未来社会を見据えることのできるような日本の社会学体系樹立への一里塚を形成するシリーズとして、全六巻が刊行される。研究者や学生のみならず、多くの読者によって繙かれることになれば幸いである。

二〇二三年九月

金子　勇
吉原直樹

はしがき

「現代社会学の継承と発展」シリーズの中で、「ジェンダーと平等」という主題は、他の主題とはやや異なる固有の難しさをはらんでいるように思う。この難しさを「ジェンダー」という概念に即して考えてみよう。この概念は主に、第二波フェミニズム運動から生まれた女性学等の学術の新しい動きの中で使用されはじめ、今日においては学術領域だけでなく多くの国際機関で使用されるようになった。つまり「ジェンダー」という概念は、現代社会において生じた社会変化と密接に関連しているのだ。そうであれば「ジェンダーと平等」に関する主題に関しても、単に学術領域に目を配るだけでなく、実際の社会問題や社会運動などとの関連性にも、十分に目配りする必要があるということになる。研究主題の成立自体が、実際の社会問題や社会運動と深く関わっているからである。

このような事情は、学術領域の中で社会学という学術分野だけではなくその他の学術領域にも目を配ることを要請している。本書第4章で論じられているように、「ジェンダー」という概念自体、性科学や心理学などの分野で最初に使用され始め、その後意味を変えて社会学においても使用されるようになった経緯を持つ。社会学的な研究の「継承と発展」を論じる上でも、他の学術領域の研究に触れることは、不可欠の場合があるのである。それだけではない。「ジェンダーと平等」に関わる学術的研究は、その多くが「従来の研究視点に対する批判的視点」を持っている。そもそも従来の視点をそのまま受容しているだけでは、「ジェンダーと平等」という研究主題は成立しなかった。性別やセクシュアリティ等に関する見方を変え、方法論を見直し、学術領域の編成自体をも批判するような研究視点の変革が、「ジェンダーと平等」という研究主題を生み出したのだ。その意味で、「ジェンダーと平等」に関わる社会学の「継承と発展」は、自分自身の研究姿勢を含む従来の研究視点に批判的な視線を注ぐという、非常に苦しくもある作業を必要とするのである。本巻は、次の五章から構成される。

第1章　「フェミニズムにおけるリベラリズム批判」の社会学的意義——「公私二元論批判」から「ケアの倫理」へ（江原由美子）
第2章　労働とジェンダー平等——女性労働研究の到達点を踏まえて（木本喜美子）
第3章　移民研究とジェンダー研究の統合——ケアワークとしてのセックスワーク考（青山薫）
第4章　規範／達成としてのジェンダー——フェミニズムとエスノメソドロジー（須永将史）
第5章　セクシュアリティ研究のゆくえ——差異と平等のはざまで（河口和也）

この五章いずれも、社会学領域固有の「継承と発展」だけではなく、社会問題や社会運動等の現実社会の動きや、他の学術領域の研究への言及を含んでいる。そして「従来の研究視点」に対する異なる視点がふくまれている。「ジェンダーと平等」に関する研究の継承と発展を論じることは、このような複眼的・複層的な広い視野無しには、行いえないのだ。

しかし考えてみれば、このような特徴は、社会学という学術分野の醍醐味そのものでもある。社会学は、社会問題や社会運動と関わりつつ、今もなお次々と、新しい研究視点を生み出し続けているのだから。

江原由美子

ジェンダーと平等

目　次

はしがき

第5章　セクシュアリティ研究のゆくえ——差異と平等のはざまで……………河口和也…233

第1章　「フェミニズムにおけるリベラリズム批判」の社会学的意義

——「公私二元論批判」から「ケアの倫理」へ——

江原由美子

1　「フェミニズムにおけるリベラリズム批判」という主題

本章の目的は、フェミニズムにおけるリベラリズム批判を概括し、それがどのような社会的背景を持っているかを確認することである。

近代フェミニズムは、良く知られているように、フランス革命における「女性の人権」の否定という出来事に端を発している。フランス革命などの市民革命は、それ以前の旧体制における身分制度を否定し、「人は生まれながらに自由であり、権利において平等である」とする啓蒙思想によって、導かれた。この啓蒙思想に鼓舞されて、多くの女性がフランス革命に参加していた。にもかかわらず、革命によって生まれた共和国政府は、女性の政治参加・女性市民権を、否定した。この女性排除に抗議することから、近代フェミニズムが誕生したのだ。

リベラリズムは、啓蒙思想の流れをくむ、市民的・経済的自由と民主主義的政治制度を要求する思想・政治哲学であり(1)、先進資本主義国においては現代でも主流の政治思想である。そうであるならば、フェミニズムは、「市民的自由」を求める思想であるリベラリズムに組するのが、当然のように思える。実際、女性参政権運動以来、リベラリズムの枠内でフェミニズム的主張を展開するリベラル・フェミニズムは、現在に至るまで、大きな影響力を持っている。しかし現代フェミニズム論の流れの中では、リベラリズムに対して批判的な立場をとる論者が多い。それだけではない。現代的リベラリズムを批判する勢力の中で、フェミニズムは最も大きな勢力の一つとみなされているのである。(2)

本章の目的は、この現代フェミニズム思想の流れの中に根強くある「リベラリズム批判」を追うとともに、フェミニズムがそのような批判を行った理由を、再確認することにある。多くの場合、フェミニストのリベラリズム批判は、リベラリズム的思想が描き出す「良い社会」像が、「女性も自由で平等に生きられる」権利を持っていることを認めているにもかかわらず、女性が自由で平等に生きることを困難にするような抑圧や侵害の多くを、見過ごしてしまっているという点に向けられている。ここからみれば、フェミニズムは、リベラリズムの思想の多くが見落としてきた社会像をみていたと、考えることができるだろう。これまでフェミニズムが近代社会をどのようにみてきたのかということは、個別の課題や現象に即して語られてきてはいるけれども、そこからその全体像を探求することは、十分に行われてはいない。「フェミニズムにおけるリベラリズム批判」を考察することは、フェミニズムが近代社会をどのようにみてきたのかということを、「ネガ」を通して、明らかにすることになると思われる。

またこの課題設定は、社会学におけるリベラリズムやリベラリズム批判の意義を考える上でも、有効である。リベラリズムは、政治哲学や倫理学等の学問領域で主に展開されてきた。それはまた社会学にも、強い影響力を与えてきた。しかし、経験科学という性格を強く持つ社会学の「知的伝統」の中に、規範科学の性格が強いリベラリズムを、どのように位置付けるのかということは、常に大きな問題になってしまう。(3)その一つの解決法は、リベラリズム思想を、それが目指している社会像や見ている社会像に投射し、それと、社会学における近代社会論や現代社会論との関係を検討することにあるのではなかろうか。フェミニズムにおけるリベラリズム批判は、政治哲学・倫理学等において展開されることが多いので、社会学におけるフェミニズム理論との間の関係の取り方において、リベラリズムと社会学との関係と同様の問題が生じる。フェミニズムにおけるリベラリズム批判の社会学的意義を明確にするためには、それが暗黙に前提としている近代社会像・現代社会像に投射して考察することが有効だと考えられよう。

さらにこの試みは、現代においてフェミニズムがどのような社会を目指すべきかを考える上でも、重要な意義があると考える。二〇世紀前半、ソ連を初めとする社会主義国家が誕生し第二次世界大戦後冷戦体制が確立すると、リベラリズムは社会主義国家を支える社会主義思想とともに、自由主義国家を支える思想として、世界を二分する政治思想となった。ソ連崩壊後においては、社会主義思想の影響力が低下し、リベラリズムは、「より良い社会」を目指す人々にとって、数少ない依拠できる思想的伝統となった。けれども発展途上国・中進国において導入されたネオリベラリズムに依拠した経済発展政策の多くが失敗に帰し、超大国アメリカの権威失墜を招くことになった。さらに先進国内の格差拡大と政治的分断は、経済的自由と政治的自由を掲げてきた先進資本主義諸国内外に大きな対立を生み出しており、そうした矛盾を背景として、新冷戦体制ともいうべき対立の激化と経済的グローバリゼーションの停滞が生じつつある。この中でフェミニズムはどのような方向に進むべきかが問われている。(4)このような状況に際して、フェミニズムの近代社会像を把握し、前期近代から今日までの社会像を把握しなおすことは、後期近代を生きる私たちの時代に適合的なフェミニズムの在り方を考える上でも、有意義なのではなかろうか。

以上の問題意識から、本章は、「フェミニズムのリベラリズム批判」を対象として、「知識社会学」的探求を行うことを課題とする。ここで「知識社会学」とは、「知識や認識が社会的に規定されている」とみなし、「思想や学問と時代の社会構造との関係を歴史的・総括的に研究する社会学」という一般的意味で使用する。ただし、フェミニズム社会理論の特徴は、従来「当該社会の社会構造」とされてきたものが、ジェンダー視点からみた社会構造的要素を考慮に入れてないことが多い結果、社会理論それ自体が、新たな社会構造の見方を提案していることが多いことである。従って、本章においては、「当該社会の社会構造」に、従来そのように位置付けられてきた社会構造だけでなく、「その理論が暗黙に前提としている新たな社会構造の見方」をも、含むことにしたい。

2 現代的リベラリズムとは？

「フェミニズムにおけるリベラリズム批判」に対する考察を始める前に、フェミニズム理論が批判の対象としているリベラリズムとは何かということを、検討しておく必要がある。まずリベラリズムの流れを概括的に把握しておこう。注(1)で述べている通り、リベラリズムとは何かという問いに対する包括的答えは、なかなか困難である。リベラリズムと呼ばれる思想の中には、歴史的な変化も含めて、複数の思想系列が含まれると考えてよいだろう。盛山和夫は、政治学者ジョン・グレイのリベラリズムについての記述に基づいて、リベラリズムを「古典的リベラリズム」と「近代的修正リベラリズム」という二つに区別している。前者は、一九世紀イギリスを中心に展開され経済的自由主義と密接に結びついたリベラリズムを指すのに対し、後者は、一九三〇年代アメリカのニューディール時代を起原とするリベラリズムをいう。つまりニューディール政策を推し進めた勢力の人々の、経済活動への政府の積極的介入・平等政策・差別撤廃論・反人種主義・福祉政策の重視等の考え方を、リベラリズムと呼ぶ。「今でもアメリカでは、単に『リベラル』といえば、こういう考えの持ち主のことを指している。古典的リベラリズムと違って、アメリカではむしろ福祉政策や平等の強調等、いわゆる『社会民主主義的』的色彩が非常に強くなっている」（盛山 2006:30）。

けれども盛山は、現代のリベラリズムは、このような政策を基軸とするリベラリズムとも、「微妙に異なっている」という。それは、「個人の自律」をより重視し、平等や自由をも統合しうるより上位の価値として「正義」を設定する傾向がある。なぜなら現代のリベラリズムは、現代社会の「個人レベルにおける利害の多元主義と文化レベルにおける多元主義」（盛山 2006:40）という問題状況をのりこえて、すべての人々あるいはすべての文化にとって普遍的に妥当するような「社会の規範的原理」を作り上げていくことを、課題としているからである。

このような現代的リベラリズムの出発点は、ジョン・ロールズだった。「今日、社会の規範的原理を探求した理論家を代表するのは、アメリカの哲学者ジョン・ロールズである。彼が1971年に著した『正義論』（Rawls 1971）こそが、今日様々な論者によって多様に展開されている現代の規範的社会理論の最大の震源だった」（盛山 2006:45）のだ。「このロールズの『正義論』が次第に注目を集めていって論評や解説が蓄積されていき、ドゥオーキンやセン等の他のリベラルな思想家たちの仕事やそれらに対する批判的あるいは肯定的な議論が1980年代に入ってから大々的に展開されてくる」（盛山 2006:3）。そして、これらの議論から、「理論や議論や探求関心の共同性」で結ばれた学問共同体が生まれてきた。「現代の規範的社会理論も、そうした学問共同体を形成している。この共同体はある意味でロールズの『正義論』をきっかけとして新しく創出されたものだ」と盛山はいう（盛山 2006:46）。

この盛山の区分に従えば、リベラリズムには、大きく分けて「古典的リベラリズム」と「近代的修正リベラリズム」、そしてロールズ以降の「現代的リベラリズム」があることになる。以下では、この区分を採用し、議論を進めていくことにする。ただし、本章においては、フェミニズムに与えた影響の大きさという観点から、「古典的リベラリズム」という語をやや広い意味で使用することとする。グレイの区分においては、「古典的リベラリズム」という語は、一九世紀イギリスを中心に展開され経済的自由主義と密接に結びついたリベラリズムを指すものとされているが、本章においてはそれ以前一七～一八世紀以降の、西欧市民革命期に登場した「絶対君主の抑圧から解放されることを求めた市民階級の思想」をも含むこととしたい。

ではフェミニズムは主にどのリベラリズムを批判してきたのだろうか。

リベラリズム批判を行ったのは、主に第二波フェミニズムであることから、その批判の対象は当然、主に同時代の「現代的リベラリズム」に向かいがちだったといってよいだろう。特に、心理学者キャロル・ギリガンの著作『もう一つの声で』(Gilligan 1982)の出版によって非常に大きなアジェンダとなった「ケアの倫理」は、ロールズの「正の善に対する優位」というテーゼに基づく「正義の倫理」と、対比的に論じられてきたことから、第二波フェミニズムが批判するリベラリズムは、主に「現代的リベラリズム」であるように見られてきた。しかし他方において、第二波フェミニズムは、「古典的リベラリズム」以来一貫してリベラリズム思想における基本的枠組みであった公私分離規範を、批判的に論じている。ここから考えると、第二波フェミニズムが批判の対象としたリベラリズムとは、「現代的リベラリズム」を中心としつつも、広くリベラリズム全体にわたっていると考えるべきだろう。

3　フェミニズムのリベラリズム批判の主要な論点

では、フェミニズムのリベラリズム批判をどのように考察していくべきだろうか。この問いは、前節で論じたリベラリズムの多様性だけでなく、フェミニズムの多様性によっても、困難な問いとなっている。ウイル・キムリッカは、フェミニズムのリベラリズム批判を論じるに当たって、現代のフェミニズム政治理論が、前提・結論ともに実に多様であり、フェミニズムの諸潮流に即して議論を展開することは困難であること、それゆえ、フェミニズムのリベラリズム批判の論点をあらかじめ絞って論じるのが良いとし、そのやり方をとっている（Kimlicka 2002:542）。本章も、そのやり方を踏襲しよう。

では、どのような論点を取り上げるべきか。キムリッカによれば、フェミニズムは、リベラリズム主流派政治理論が「共同体のすべての成員は平等者として処遇されるべきだという理念にコミットメント」してきたにもかかわらず、「ほとんどの主流政治哲学は、つい最近に至るまで性差別を擁護・容認してきたのはなぜか」という問いを立て、その問いに対して、様々な解答を行ってきたという。その中から彼は、以下の三つの議論を選択し考察している。(1)性差別に関する「ジェンダー中立的な」説明、(2)公私の区別に焦点を合わせる議論、(3)「正義の倫理」に対する「ケアの倫理」である（Kimlicka 2002:542）。

また、主に現代的リベラリズムに対する批判を中心に、「フェミニズム正義論」を展開する有賀美和子は、現代の第二波フェミニズムのリベラリズム批判の中核には、「『正義』の原理が適用されるべき公的領域（政治・経済＝非家庭）と、いわば〝不可侵の聖域〟たる私的領域（＝家庭）とを区別する、リベラリズムのとってきた近代的公私二元論」に対する批判があるという（有賀 2011:1）。リベラリズムの公私二元論は、ジョン・ロックに由来するが、近代以降の主流の政治理論も、「非家庭／家庭」区分を維持し、後者（＝家庭）を自然が支配する領域とみなし、前者（＝非家庭）を自然から切り離された人間の組織の領域とみなしてきた。「17世紀から、20世紀におけるフェミニズムの興隆に至るまで、リベラルな政治理論家たちは、〈家族〉を〝自然〟で〝私的〟な結合体としてとらえてきた。このような結合体は、基本的に夫婦としての男女、および彼らの生物学的な子どもたちからなって」おり、「家族内では夫／父が妻子に対して権威を持つ代わりに家族成員に対する経済的扶養の義務を負う」ことが当然視されていた。それゆえ、近代以降の市民社会において自由平等が標榜されても、その自由平等を享受できる個人とは、「男性の家長」であることが前提とされてきた。リベラリズムの公私二元論とは、このような「家庭内における夫／父の妻子に対する権威」の当然視をも含んでいたのである（有賀 2011:51-52）。有賀は、この公私二元論の延長上に、家事労働やケア労働の私事化・無償化等が生じ、「ケア労働」に対する配慮を欠いた現代リベラリズムの「正義論」が成立しているとして、「フェミニズム正義論」を展開することを試みるのである。

「現代のフェミニズム理論に定位しながら、政治思想・理論を貫通する強固な論理である公私二元論を批判的に考察し、フェミニズムに潜在する新しい共同性へと向かう理論的可能性を明らかにする」（岡野 2012:2）ことを目指す岡野八代もまた、フェミニズムにおけるリベラリズム批判を、公私二元論批判から始めて、「ケアの倫理」に基づく新しい共同性につなげている。

ここまで「フェミニズムにおけるリベラリズム批判」の主要な論点に関する見解をいくつかみてきた。ここから、公私二元論批判と「正義の倫理」対「ケアの倫理」という二つの論点に関しては、これまで挙げた三者とも、共通して挙げていることがわかる。従って以下では、主としてこの二つの論点を取り上げることとする。

ではキムリッカが挙げた、性差別に関する「ジェンダー中立的」な説明という論点を論じる必要はないのだろうか。キムリッカのこの論点に関する記述をみると、性差別は「ジェンダー中立的な」規則や基準の、性別による非合理な恣意的な適用をいうのか、それとも「ジェンダー中立的な」規則や基準そのものに対する（男性中心主義的などの）批判をも含むのかという問題をめぐる議論を対象としている[5]（Kimlicka 2002:548）。実のところ、キムリッカが挙げたこの論点は、現在でも現実社会においてはあらゆる場で見出すことができるような論点ではあるが、フェミニズム理論の中では、性差別を規則や基準の非合理な恣意的運用に限定して規定するのではなく、社会構造的に規定されている規則や基準そのものをも含むものとしてみる見解が、一般化している。それゆえキムリッカが挙げたこの論点は、フェミニズムにおけるリベラリズム批判の前提をなす考え方であり、「公私二元論批判」や「正義の倫理」と「ケアの倫理」に関する議論においても、当然生きていると考えられる。従って以下では、この二つの論点に焦点を絞ることとする。

4　公私二元論批判

先述したように、フェミニストがリベラリズムを批判するのは、リベラリズム思想がフェミニストから見ると、矛盾に満ちているからである。リベラリズム思想は、表向きは、あらゆる人を尊重する社会の実現を目指す思想であり、このあらゆる人の中には当然、女性も含まれているかのように読める。それゆえ、多くの女性がリベラリズムに「女性解放」や「男女平等」の実現の可能性を見出した。たとえば市民革命においても、多くの女性たちは市民革命の理念であった啓蒙思想（「古典的リベラリズム」）を熱狂的に支持し、革命に参加したのである。しかし実際には、市民革命によって生まれた社会において女性は、市民権を否定され、男性の保護下に置かれることになってしまった。[6] その後のリベラリズムの展開においても、同様のことが続いている。[7]

つまりフェミニズムからみると、リベラリズムは、あらゆる人のための解放思想という表向きの看板に偽りがある思想、ということになる。表向きは「あらゆるひとの解放」「男女平等」等に首肯しているにもかかわらず、実際にその政治思想によって形成される社会においてはほとんどの場合「性差別」や「女性抑圧」が持続してしまうだけでなく、そのような社会を「あらゆるひとを尊重する社会」として正当化してしまう機能をも果たす思想なのだ。このリベラリズムの表向きの看板と実際の機能との乖離こそが、フェミニズム理論をリベラリズム批判に駆動する要因である。フェミニズム理論にとって、この乖離がなぜ生まれるのか、リベラリズム思想のどのような概念装置や暗黙の理論的前提が、このような乖離を生み出すのかを解明することが、非常に大きな課題となるのである。

しかし、フェミニズムにとって、この乖離を見出すことは、決して容易なことではない。フェミニズムがリベラリズム批判を開始したのは、主に第二波フェミニズム以降のことである。そのこと自体が、フェミニズムにとってリベラリズム批判が容易ではないことを示しているといえるだろう。

ではなぜ第一波フェミニズムにおいては、リベラリズム批判が中心的な論点にはならなかったのだろうか。有賀は、「選挙権や財産権等の男女平等」を中心的課題とした第一波フェミニズムにおいては、「女性が家族成員のケアを中心とする家庭責任を負うこと」に対する疑問は、強くは投げかけられなかったことを理由として挙げている。「女性が家族成員のケアを中心とする家庭責任を負うことは、〝自然〟のものとして自明視されていた」からである（有賀 2011:52）。つまり、リベラリズム批判は、従来公的領域とされてきた領域における男女平等の確立を求める第一波フェミニズム（リベラル・フェミニズム）では困難であり、「個人的なことは政治的である」というスローガンを携えて活動を開始した第二波フェミニズム（ラディカル・フェミニズム以降のフェミニズム）を待たなければならなかったのだ。「現代思想としての第二波フェミニズムは、まさに〈家族〉という制度のなかにこそ、女性抑圧という不正義の根源があるとして、近代的公私二元論を鋭く批判するところから出発した」のである（有賀 2011:52）。

（1）第一波フェミニズムにおける公私二元論に関わる論点

しかし、第一波フェミニズムにおいて、近代的公私二元論に関わる論点が存在しなかったわけではない。その論点とは、女性を議会から排除し、女性の政治活動を禁じ、「女性市民権」「女性の人権」を否定するために女性たちに与えられた「女性の本性に基づく限界」という論点である。フランス革命における女性の表舞台での活動は、一七九三年に禁じられた。そのために用いられたのは、「女性に内在する精神的・身体的な弱さによる本性の限界」ゆえに、女性は公の生活や政治生活には適さないという理由であった。「女性に何らかの責任を委ねるのが難しく、不可能であると、いとも安易に述べたてられた。月経や神経のいら立ちのままに、情動と感情によって衝き動かされる女性は、理性を働かすことのできない存在とみなされた」（Le Bozec 2019=2022:95）。つまり、近代市民社会を形成しようとした市民革命政府は、政治などの公的領域とそれ以外の領域（私的領域）があるという近代的公私二元論を前提とし、女性には公的領域における活動に参加できる理性的能力を欠いているとして、女性を政治的活動から排除したのである。

この「公的領域からの女性の排除／私的領域への女性の囲い込み」に反対し、女性の公的領域への平等な参加を求めたのが、第一波フェミニズムだった。「女性の本性」「女性性」を理由とする「女性の人権」「女性市民権」の否定こそ、近代フェミニズム＝第一波フェミニズムを誕生させたことは、周知の通りである。第一波フェミニズムは、「女性も理性を持つ」として、「女性の人権」「女性市民権」「女性参政権」の獲得のための闘いを開始していったのだ。

しかし、ここに岡野は、リベラルな公私二元論がフェミニズムに課した「罠」ともいうべき問題を見出している。「なぜリベラルな公私二元論は、これほどフェミニズムにとって厄介な問題を突きつける」のか（岡野 2012:116）。岡野は、「社会変革に向かうリベラリズムの批判力の核心」を、「経験的世界における具体的なひとではなく、尊重されるべき『人格』という理念をまず掲げ、道徳的人格としての個人の平等な自由を尊重する『べき』だと主張すること」に見出している（岡野 2012:111）。このリベラリズムの主張は、「フェミニズムの主張と、なんら抵触しない」。にもかかわらず、リベラリズムは、「リベラリズムが探求してきた善の多元性を尊重する社会[8]」の実現のために、「あまりにも強い制約――忘却の要請――を課す」のだ。

その制約とは、一つは、「社会の起点として位置付けられる道徳的人格」が、「自らにとって何が善きことか合理的に計算でき、選択でき、さらには他の同等の人格との間に契約を結ぶ潜在能力を持っている」ことが前提となることにある。つまり、社会の起点として想定された道徳的人格を持つ主体には、「自らの意志に従い行為することを妨げられない」ことが要請される。ここから、「意志をそもそも抱けない存在や、自分の意志を抱く以前に他者のニーズに応えなければならない存在は、社会の構想から排除されてしまう」（岡野 2012:113-115）。もう一つは、この社会の構想から排除された存在も、「社会の総体として必ず維持されていなければならない（たとえば、子どもの養育は不可欠である）」ことから、「構想された社会の外」に家族的なるものが必要になるにもかかわらず、その存在は「社会の秩序＝正義」とは関わりのない自然の領域に属する問題として、リベラリズムが問題にするべき不平等や不自由等の問題とは別の「自然の秩序」の問題として、排除されてしまうことにある。排除した存在や事柄に対して、リベラリズムは、忘却することを要請する。

この岡野の議論は、実のところ「正義の倫理」に対するところの「ケアの倫理」という問題に直結している。従ってここでは、第一波フェミニズムの公私二元論批判が、「ケアの倫理」という主題に関連しているということを指摘するにとどめておくこととし、第六節「ケアの倫理」において再度触れることにする。

(2) 第二波フェミニズムの公私二元論批判——性別役割分業批判を中心に

以下では第二波フェミニズムのリベラリズム批判の考察に入るが、その前に、近代リベラリズムにおける公私区分の多義性について、簡単にみておこう。岡野によれば、「政治思想における公私二元論は、近代国民国家が成立する近代以降も異なる形で維持され続けることになるが、私的領域は、少なくとも三つの異なる領域に分岐」したという（岡野 2010:336)。それは、(1)「個人」の心、内心、(2)商品が流通する場としての市場・労働市場、(3)家族的領域、である。この三つの私的領域はいずれも、リベラリズムにおいて、国家権力から「自由」の領域として、位置付けられた。

では第二波フェミニズムのリベラリズム批判は、公私二元論とどのような関わりを持ってきたのか。有賀は、「これまでのフェミニズムの政治・社会理論が最も中心的な批判の対象としてきたのは、他ならぬこのメインストリーム理論としてのリベラリズムである」として、森政稔を参照しつつその主要な論点を以下の四点にまとめる。①リベラリズムは男女の法的・政治的平等を標榜するが、社会的・経済的不平等についてはこれを放置する、②労働市場における女性の圧倒的不利に関して、経済的自由という建前から、これに介入しない、③ポルノグラフィー等の文化的性支配を、表現の自由の名のもとに放置する、④家族内におけるドメスティック・バイオレンス（以下

DVと略記）等も、私事として放置する（有賀 2011:48）。

この四点はいずれも、公私二元論に関連しており、リベラリズム思想の根幹である「自由」と深く関わっている。②の労働市場への介入拒否という論点には、公私区分における私的領域を岡野の私的領域把握の(2)の「市場・労働市場」として把握し、公的領域＝国家は、市場・労働市場等の民間の経済的活動に介入しないというリベラリズムの「自由」論の原則が、関連している。③の論点における「表現の自由」論に基づくポルノグラフィー等の放置には、私的領域を岡野の分類による(1)、つまり「内心」として把握し、「内心の自由」を守るというリベラリズムの原則が関連している。④の家庭内における暴力、DVや虐待等の放置においては、私的領域は、岡野の私的領域の分類(3)家族領域として把握されており、国家は個人の自由の領域である性や家族内の人間関係に介入しないというリベラリズムの「自由」論の原則が、関連している。そして①は、まさにそのようなリベラリズムの原則によって、女性の社会的・経済的不平等を放置していることを、批判していると考えられる。つまり有賀がフェミニズムのリベラリズム批判の主要論点として挙げた四点はすべて、リベラリズムが国家権力の恣意的な行使から民衆を解放することを目的として作られた社会理論の装置である公私二元論にこそ、根源があると言いうることになる。(9)

さらに有賀は、中でも私的領域を家族領域としてとらえる公私区分こそ、現代フェミニズムによるリベラリズム批判の核心であると、主張する。「〝正義の原理〟が適用されるべき公的領域（＝非家庭）と、〝不可侵の聖域〟である私的領域（＝家庭）とを区別する、リベラリズムのとってきた近代的公私二元論こそが、家族の政治性や個人の生活における正義の適用妥当性を不可視なものにし、ジェンダー不平等と深くかかわりをもってきたととらえられる」（有賀 2011:49）。

だからこそ、フェミニズムにおけるリベラリズム批判は、「個人的なことは政治的である」というスローガンで始まったラディカル・フェミニズム運動の開始を待たなければならなかった。

第二波フェミニズム運動の開始時、公私二元論批判は主に、社会通念として存続していた性別役割分業観に基づく女性役割を批判した。女性参政権実現によって、女性が公的領域に参加・活動することは法的に認められたけれども、「家事育児は女の仕事」という女性役割観は全く変化しなかったので、第二波フェミニズムが開始された当時においては、未だ強固に存在していた。労働市場においては、女性労働者を、結婚までしか職場にいない一時的労働者、あるいは男性労働者の補助労働者と位置付ける見方が、強く残存する等、労働条件の男女間格差は、非常に大きかった。このような性差別的労働市場の存在の影響もあり、女性参政権成立後数十年たち、第一次・第二次世界大戦における大規模な女性動員からも十数年たったアメリカやヨーロッパにおいても、「女性の居場所は家庭である」という女性役割観は、支配的イデオロギーとして、社会を覆いつくしていた。

この状況に反旗を翻したのが、ニューヨークで産声を上げたラディカル・フェミニズム運動だった[10]。運動は「伝統的女性性」を批判し、性的関係を含む男女関係を政治的な支配―抑圧関係として定義した。この運動の存在を広く世界に示した活動が、ミスコンテスト反対運動であった。「ニューヨーク・ラディカル・ウイメン」などの運動体は、一九六八年九月にアトランティックシティで開催されていたミス・アメリカコンテストの会場において、ミスコンテストを、伝統的女性性を女性に強要するものだとして、反対運動を行い、「女らしさ」を強いるものの象徴として、ブラジャーをゴミ箱に投じた。メディアがこぞってこの事件を取り上げたことは、いうまでもない。

ラディカル・フェミニズムは、第一波フェミニズム（リベラル・フェミニズム）においてはほとんど触れられなかった、私的領域とされていた家族における女性役割に、批判の目を向けた。つまり、結婚して母や妻として生きることを女性の理想像とするような支配的イデオロギーの中に、性支配の大きな要因を見出したのである。「女性の居場所は家庭」という女性役割観すなわち女性の理想像は、善い男性とめぐり合い結婚することによってのみ、女性は幸福になると、若い女性に説くことになる。男性との恋愛を夢見て、美しく化粧し着飾ることに夢中になる若い女性たち。それは男性によって選ばれること以外には、生きる方法が見出せないような家父長制社会が、若い女性にそう強いているからである。このラディカル・フェミニズムの視点をとれば、未婚女性が容姿を競い合うミスコンテストはまさに、家父長制的女性支配イデオロギーを象徴するイベントに見えることになる。ミスコンテストは、「美しさ」や「しとやかさ」等の、男性が女性に求める「女らしさ」によって女性を競わせ序列化する。それは、女性の価値を、まさに男性からどれだけ求められるかということによってのみ測ることと等しいのだ。当然にも、女性の価値は、男性からどれだけ求められるかということによっては決められない。女性の価値は、女性自身が決めていくものだ。女性は、「結婚しない」ことによって幸福になることもあるし、「未婚の母」等従来女性否定的に評価されてきた生き方を選択することもある。女性の生き方は、女性自身の選択によってのみ、評価されるべきであり、家父長制社会におけるように、「結婚しているかどうか」「どんな男性と結婚しているのかどうか」等によって評価されてはならない。ラディカル・フェミニズムは、家父長制社会においてこれまで否定的に評価されてきた女性像をも積極的に肯定することによって、男性が女性に求める「女らしさ」とは異なる女性像があることを、明確化したのである。

「伝統的女性性批判」「女らしさの強要に対する批判」は、このような運動体の活動によって、またたくまにメディアを席巻し、社会現象化した。一九五〇年代においては、「結婚できない」女性は人生の失敗者でしかなかったが、一九七〇年代後半には『結婚しない女』という映画が作られ、「結婚しない」ことは時代の先端をいく新しい女性の生き方であるかのように描かれることになった。同時代には、結婚をとるのかキャリアをとるのかという選択に直面した二人の女性を描いた、『愛と喝采の日々』という映画（一九七八年）も公開され、アカデミー賞を獲得している。

しかし、実のところアメリカでは、結婚かキャリアをとるのかという選択自体を古くしてしまう社会変動が起きていた。就業する既婚女性の比率が、非常に高くなっていたのだ。実際には既婚女性の就業率は、第二次世界大戦後一貫して上昇していた。しかしそれは主に、労働者階級や有色人種の女性たちに見られた変化であり、白人中流階級においては、「結婚したら専業主婦になるのが良い女性の生き方」という女性役割観が、支配的であった。社会学においても、T・パーソンズの家族論が、主流の時代であった。しかし一九七〇年代になると、大学卒の女性たちも、結婚しても就業し続ける女性が増大した。中流家庭でも、「共働き」が当たり前のことになっていった。そうなると、仕事と家事育児の両立が問題になる。同じころやはりアカデミー賞を獲得した『クレイマー・クレイマー』という映画では、離婚によってこれまで妻任せであった家事育児責任を突然負わされた男性の視点から、家事育児と仕事の両立の困難さを描いている。

ラディカル・フェミニズムは、これまで否定的に評価されてきた女性像をも積極的に肯定することによって、男性が女性に求める「女らしさ」とは異なる女性像があることを、明確化した。しかしこうしたラディカル・フェミニズムの主張は、リベラリズムからみれば、政治的に全く意味をなさない主張であることになる。「女らしさ」は自然によって決定されている政治の外の問題であるからである。さらに「伝統的女らしさ」を評価するかどうかということは、「個人の私生活の自由」「個人の内心の自由」の問題であり、「伝統的女性性批判」を行うことは、個人の自由を侵害するきわめて有害な主張であると評価されることになる。先述したように、リベラリズムの立場からみた場合、家族は公的領域＝政治的領域の外の、「自然的領域」であり、そこにはリベラリズムが理想とする

「正義」は及ばないのだ。先に挙げたキムリッカの言葉を再度引用すれば、「正義は『公的領域――成人男性が相互の合意に基づく協定（convention）に従って他の男性と接する領域』――には関係するが、家族関係は『私的』であって、自然の本能や共感に支配されている」とする公私二元論は、女性参政権を認めている「現代の理論家」においても、そのまま維持されている。彼らは「性的平等を認めつつも、古典的リベラリズムと同じように、平等は家庭外の関係に適用されると想定している」（Kimlicka 2002:554）。のだ。それゆえ、公的領域の外の個人の内面（たとえば伝統的女性性）批判や家族内における女性の役割の変革によって「正義」を実現しようとするラディカル・フェミニズムの主張は、政治的主張として成り立たないだけでなく、公的領域の外の個人の「自由」な領域であるべき領域に介入しようとするものとして、否定的に評価されてしまうことになる。

しかし、第二波フェミニズム成立時においては、「公的領域における男女平等の実現」だけでは実質的な男女平等は実現しないことが、男女平等を求める女性たちの間では既に共通認識になっていた。それゆえ、リベラリズムの立場から私的領域である家庭内の変革には及び腰であったベティ・フリーダンらのリベラル・フェミニストにしても、男女平等は既婚女性の就業が可能な社会の実現なしには不可能であることを強く認識し、仕事をする既婚女性という生き方を提唱していた。それゆえ、「伝統的女性性」批判や「家父長制的家族批判」を表には出さなかったにもかかわらず、リベラル・フェミニズムもまた、既婚女性の生き方の変革を結果的に推し進めることになった。ラディカル・フェミニズムが新しい女性の生き方として示そうとした「結婚しない」生き方、「家庭ではなくキャリアをとる」という生き方の選択は、そうした選択を肯定すること自体は「伝統的女性性」自体を否定したという意味で画期的だったとしても、結婚した女性の家庭内の役割の変革には結びつかない（彼女らは結婚しないのだから）。他方、既婚女性が就業継続するという女性の生き方の変革は、女性の家庭役割の変革を主張するしないにかかわらず、夫婦間の家事育児分担を社会問題化することを、必然化する。既婚女性の就業化によって、従来の家族内における家事分担では、家庭が維持できなくなり、男性もまた否応なく仕事と家事育児の両立という問題に直面することになる。『クレイマー・クレイマー』という映画が同時代に作られアカデミー賞を獲得したことは、当時いかに多くのカップルの間で同じような葛藤が起きていたかを、示すものだといえよう。

第二波フェミニズムのこのような主張は、公私二元論批判としてみた場合どのように位置付けられるだろうか。第一波フェミニズムの公私二元論への批判点は、主要には、男性性／女性性を理性／感情という二項対立とかさね、「女性は感情的」「女性には理性がない」という間違った判断がなされたことに置かれた。従ってそこでは、私的領域における女性性に対する批判や、女性役割自体に対する批判は主な論点ではなかった。また公的領域と私的領域という区分自体に対する批判も、なされなかったと考えてよいだろう。それに対して第二波フェミニズムは、私的領域における伝統的な女性性の定義自体に論点を移した。またベティ・フリーダンらによって主導されたリベラル派も、既婚女性の就業化の方向への社会変革を主張した。その結果、私的領域における女性性批判を超えて、別の大きな論点を加えることになった。すなわち、女性が公的領域／私的領域のどちらに参加するべきかという議論を越えて、公的領域／私的領域を男性／女性という二項対立と重ね合わせること自体が批判の対象になったのである。公私二元論が抱える問題性は、女性性や女性役割をどう定義するかということへの疑義にだけとどまるのではなく、私的領域における男性性や男性役割に対する疑義にも波及した。つまり、公的領域／私的領域という区分を男性／女性に重ね合わせること自体の妥当性が、問い直されたといってよいだろう。公的領域／私的領域は、男性＝公的領域、女性＝私的領域というように、性別によって分担されるような社会領域ではなく、男女がともに公的領域／私的領域それぞれに権利と責任を持つ領域なのだと、定義され直したのである。

しかし、公私二元論批判は、さらに論点を深めていく。この区分の妥当性自体をも、問い直していったのである。

(3) 第二波フェミニズム後半における公私二元論批判――「中絶」と「性暴力」批判を中心に

前項でみたように、ラディカル・フェミニズムは「伝統的女性性」を批判し、「家庭かキャリアか」等性別役割分業の問題を提起したが、同時に「女性の性」に関する様々な問題も社会問題化した。たとえば、「レッド・ストッキングス」は、その設立目的を、「教育の機会均等、家事労働の廃止、女性の自由な演説を可能とする社会の実現、中絶と女性の身体の自己決定権の獲得、法律、習慣、組織において女性が完全に平等な人権を持つこと、これらを阻む障害を取り除くこと」(栗原 2018:183) としており、運動体設立当初から「女性の身体の自由」をめぐる問題、特に人工妊娠中絶に関する「女性の自己決定権」の問題を、掲げていた[11]。

またこの「レッド・ストッキングス」の中絶に関する主張には、女性に対する暴力・性暴力に反対する方向性も含まれていた。一九七〇年代初めにおいては、ヒッピー等の対抗文化運動等で、アメリカ社会に根強くあった清教徒的性規範を批判し、「フリーセックス」等の「性革命」の実現が強く叫ばれていた。ラディカル・フェミニズムは、ニュー・レフト運動に参加した活動家が多かったことを考えると、当然この対抗文化における「性革命」の主張に同調したのではと考えられがちであるが、実際はそうではなかった。「レッド・ストッキングス」等のラディカル・フェミニズム運動体は、明確にこの「性革命」に反対の立場を、表明しているのである。「レッド・ストッキングス」は、性革命は、女性にとっては、「性病、望まない妊娠、強制的なレイプを引き起こす環境をもたらし、女性に危険である」と批判した。この反対表明に示されているのは、「望まない妊娠」と「強制的レイプ」を共に、「女性の身体の自由」を奪う問題として認識しているということではないかと思われる。そして「望まない妊娠」は当然

「人工妊娠中絶」という問題と関連性を持つ。つまり、「レッド・ストッキングス」等のラディカル・フェミニズム運動体は、中絶問題を、最初からレイプ等の性暴力問題とつながりを持って、認識していた可能性がある。「女性の身体の自由」を求めることは、最初から中絶等の生殖技術の問題と性暴力の問題を引き寄せるような問題設定であったのだ。
けれども、中絶をめぐる議論と、性暴力をめぐる議論では、公私二元論に対してとる立場が異なっているという指摘も、ありうるだろう。周知の通り、中絶をめぐる議論ではプライバシーの権利という公私二元論を根拠とする権利によって女性が人工妊娠中絶を受ける権利が保障された。それに対し、DVや性暴力の社会問題化においては、「公的権力は私的領域に介入しない」という公私二元論に基づく公権力の対応が批判の対象となったからである。この二つのフェミニズムの議論の方向性は、公私二元論との関係において、全く反対だとしかみえないのではないか。この二つのフェミニズムの方向性は、矛盾しているのではなかろうか。このような疑問がわいてくるのは当然である。以下では、その問題に焦点を当ててみよう。

人工妊娠中絶の是非をめぐる問題は、最高裁が出した一九七三年の「ロー対ウェード」判決によって、一つの区切りを迎えた[13]。この判決は、「女性が人工妊娠中絶を受ける権利は、合衆国憲法で保障されるプライバシー権の一部である」とし、人工妊娠中絶を禁じる州法を違憲とするものだった。この「ロー対ウェード」判決において「女性が人工妊娠中絶を受ける権利」を保障する根拠とされたプライバシー権とは、合衆国憲法において、明言規定されてはいないが、判例の積み重ねの中で確立されてきた権利である。それはまず私的領域における「秘事の秘匿」を認める判例として意識されるようになり、次第に「私的領域にかかわる事柄」に関して政府からの不当な干渉を受けない権利（自己決定権）を認める判例へと変化していくことで、「ロー対ウェード」判決につながっていったのである（上田宏和 2010）。

プライバシー権は、いうまでもなく公私二元論に基づく権利である。先に、公私二元論には、私的領域を⑴「個人」の心、内心、⑵商品が流通する場としての市場・労働市場、⑶家族的領域として把握する等、複数の枠組みがあることを指摘したが[14]、キムリッカも同様に、リベラリズムの公私区分をⒶ市民社会と国家（あるいは社会的領域と政治的領域）、Ⓑ個人的なものと社会的なものという二つの区分があることを指摘する（Kimlicka 2002:557-570）。後者においては、私的領域とは単に政治から離れた市民生活を言うのではなく、「秩序ある社会生活から個人的な場への撤退」（Kimlicka 2002:566）をも意味しているという。この後者の公私区分における私的領域を論じる時使われる法的装いが、「プライバシーの権利」であると。そうだとすれば、女性の人工妊娠中絶を受けること保障する権利が、プライバシー権として認められたということは、第二波フェミニズムの主張の一つであった「女性の身体の自由」を求める主張の一部が、公私二元論に基づいて認められたということを、意味する。つまりプライバシー権という公私二元論こそ、それまで女性に認められていなかった人工妊娠中絶を受けることを、保障したのである。そうであれば、公私二元論を批判するよりも、むしろその概念枠組みを死守することこそ、重要なのではなかろうか。

しかし、キムリッカは、このプライバシー権という公私区分もまた、フェミニストによる批判の的となってきたと指摘する。なぜならプライバシーの権利は、それまでの法的議論においては、「家族の個々の成員にではなく、一つの単位としての家族と緊密に結びつけられてきた」からである。プライバシーの権利とは、もともとは家庭内の夫婦の決定に国家が介入しないこと、家族の側からいえば、家族が外からの干渉を受けないことを、意味してきた。家父長制家族が当たり前だった市民社会成立期、女性は法の下での人格としては認められておらず、夫の所有物であるかのように扱われていた。この時代、「家族が外からの干渉を受けない」権利は、プライバシーの権利という概念では述べられていなかったけれども、市民権を持つ男性にとっては、私的領域に介入されない権利の中核をなすものであり、当然の権利だった。けれども、法の下での男女平等が実現した女性参政権成立以降においても、家族は私的領域であるゆえに国家等公的な権力が介入できない場としてとらえられており、従ってプライバシーの権利という理念は、家庭での女性の抑圧解消の障害にもなってきたのである。フェミニストが、プライバシー権を批判するのは、それゆえである。家庭内での男女間の不平等や不正義、たとえば家事育児労働負担が圧倒的に女性に重くのしかかっていることや、夫から妻への暴力等があっても、国家等の公権力が、女性の利益を保護するためにそうした不平等や不正義を是正することは、困難であった。プライバシーの権利によって、家族は外からの干渉から免れるからである。キムリッカは、キャサリン・マッキノンを引用しつつ、プライバシーの権利は、私的領域における女性の従属を非政治化することで、公私の区分をいっそう強固なものにしてきたという。

ではなぜ「ロー対ウェード」判決においては、プライバシーの権利が「女性が人工妊娠中絶を受ける権利」を保障する根拠とされたのだろうか。それは、フェミニズムとは別の意図にあった可能性がある。以下ではこのことを考えてみよう。

「ロー対ウェード」判決が直接に引き継いだのは、一九六五年の「グリスウォルド対コネチカット」判決、すなわち「既婚女性の避妊を禁止する法律はプライバシーの権利の侵害に当たる」とする判決であった。この判決によって「プライバシー権が憲法上の権利として初めて承認された」という(上田 2010)。「ロー対ウェード」判決は、このプライバシー権を憲法上の権利として承認する「グリスウォルド対コネチカット」判決に基づいて、「女性が妊娠中絶を受けること」を、プライバシー権として保障したのである。

しかし、この一九六五年の連邦最高裁判所のプライバシーの権利の解釈には、おかしなところがあると、キムリッカは指摘する。「個人のプライバシーが、家族の集合的プライバシーという観点から定義されている」からである。プライバシーの権利を、家族という集合体の権利と考えるのか、個人の権利と考えるのかということは、当然大きな解釈の相違点であるはずである。ところが、この異なるものとして論じられるべきこの二つのプライバシーの権利が、あたかも連続的であるかのように解釈されている。ここには、ある種の矛盾の糊塗があると考えてもおかしくはない。

なぜそんなことがなされたのか。キムリッカは、ここに当時の裁判所の、秘められた意図を見出す。それは当時、家父長制的家族観が揺らぐことによって、「家族を法的正義の外の領域として放置しておく」ことは困難になりつつあったので、裁判所は、そのために新たな正当化を必要としたというものである。「新たにプライバシーを強調することは、魅力的な代替案であった。というのも、個々人の親密圏にたいするリベラルの関心は、家族の自律性に対する保守主義者の関心と、重なりあう面があり、古くからの政策を現在において正当化するものだったからである。(…)このようにプライバシーというロマン主義的理念は、異性愛に基づく型通りに組織された社会の砦としての家族という保守的理念と融合して法律に入り込んでいる。裁判所はリベラルな公と私の区分という語彙を用いているとしても、実際にはリベラルではない公と家庭のとの区分、個人のプライバシーを家族の自律性に従属させるような区分に訴えかけているのである」(Kimlicka 2002:568–569)。

ここには、フェミニズムのリベラリズム批判を理解する上で非常に重要な指摘がある。つまり、リベラリズムは「個人のプライバシーの尊重」という言葉を使用して、「個人の内面の自由」というロマン主義的理念を尊重しているように見えるけれども、実際には、その真意は、社会の砦としての異性愛に基づく家族を守るという保守主義者

(=家父長制的家族維持論者)と同じ政治的意図にあるというのである。[15] そうであるならば、フェミニストがそれを批判するのは、当然のことだということができよう。リベラリズムは「個人の自由」を尊重するような装いの下で、女性を家父長制的家族の秩序に従わせようとする「隠れ家父長制的家族維持論者」であるといいうることになるからだ。

いや、「家族のプライバシー」と「個人のプライバシー」の区別の曖昧化の理由として、キムリッカのようにそこに隠された意図を見出そうとしなくとも、「無意識の偏見[16]」の中に、それを見出すことも可能だろう。家父長制的家族観を持つ男性は、家族と個人を同一視する傾向があることが、推測できるからである。つまり家父長制的家族観を持つ男性の観点からみた場合、「家族」と「個人」の区別がついていないので、「家族のプライバシー」と「個人のプライバシー」をほとんど同じものとして把握してしまうのかもしれない。家父長制的家族観を持つ男性は、家族を「男性の人格を拡大したもの」として位置付ける。自分の家族は皆、家父長である自分に従うべきであると無意識に考えており、それに従わない者に対しては、たとえそれが家族の他のメンバーであっても、自分に対する攻撃者であるだけでなく、(自分が正しいと思う)家族に対する攻撃者として対応する可能性が高い。つまり家父長制的家族観を持つ男性は、「家族=自分」と考える傾向が強く、その見方からすれば、「家族が外から干渉を受けない権利」は、「自分が外から干渉を受けない権利」と、ほぼ同じ内容になるのである。

しかし、家父長以外の家族成員にとっては、「家族が外から干渉されない」ことと、「個人が外から干渉を受けない」こととは、大きく異なる。家父長以外の家族成員(女性や子供・老人等)は、家父長である男性から家族領域における生活に多大な要求や命令を受けていることが多く、それが自分の個人としての欲求や希望と異なることもある。つまり家族から「個人に対する干渉」を受けていることも、十分に考えられるのである。その場合、その個人にとっては、「家族が外から干渉を受けない」という「家族の自律性」規範は、家族の外からの支援はないということ、つまりその個人は、外から何の支援もないままに、家族からの「個人に対する干渉」を、受け止めなければならないことを意味する。女性や子供等の権力・身体的能力・経済的能力は低いことが多いので、彼らが家父長からの「個人に対する干渉」を自力だけで打破することは、当然にも大変難しいことになる。

「女性が人工妊娠中絶を受ける権利」を保障した憲法上のプライバシー権は、州法等に基づく公的権力が、人工妊娠中絶を受ける権利を妨害することを、禁止した。けれども、それは女性個人の「身体の自由」に関わる事柄をプライバシー権として認めたわけでも、家族の中で行われる「女性の身体の自由」への侵害を、プライバシー権として認めたわけでもない。そうであるなら、フェミニズムが、「プライバシーの権利」をも含めて公私二元論を批判するのは、当然のことだといいうるだろう。確かに、「女性が人工妊娠中絶を受ける権利」は女性にとって重要な権利である。しかしだからといって、そのために「家族の自律性」を強化するような「プライバシーの権利」を認めてしまえば、それは、セクシュアル・ハラスメントやDV等、女性に対する暴力の社会問題化もまた、抑制されてしまうことになりかねないからである。(17)

以上の考察から、人工妊娠中絶に関する問題と、女性に対する暴力等の問題において、フェミニズムの公私二元論批判の方向性には共通性がありこそすれ、大きな相違はなかったと、言ってよいだろう。表面的にみた場合に存在する、公私二元論に対する立場の違いは、フェミニズムの中の方向性の相違というよりも、むしろ従来の家族に対する法的施策を維持したい裁判所と、フェミニズムの相違に基づいていると、いうことができるだろう。少なくともラディカル・フェミニストの一人であるキャサリン・マッキノンには、人工妊娠中絶をめぐる問題と女性に対する暴力をめぐる問題との間に、公私二元論に関連した方向性の違いは、見出すことができない。以下ではそのことをみていこう。

5　「女性に対する暴力」をめぐる問題

「家族の自律性」や「家族のプライバシー権」に関するフェミニズムの批判がよく知られるようになったのは、性暴力や女性に対する暴力に対する批判が、主要なきっかけであった。「女性に対する暴力の廃絶」という問題は、一九九三年ウィーンの世界人権会議や一九九五年北京の世界女性会議で取り上げられる等、一九九〇年代においては、世界的潮流になっていく。この「女性に対する暴力」の社会問題化に、一九七〇年代において大きく貢献したのは、アメリカの弁護士で法学者であるキャサリン・マッキノンだった。

一九六〇年代においては、職場において上司や同僚から、不快な性的言動を浴びせかけられ、仕事がしにくくなったり職場に行きにくくなった女性たちが、多く存在した。それどころか、性的誘いに応じなかったがゆえに解雇される場合もあった。女性労働者の側には何ら落ち度がないにもかかわらず、女性がこのような形で職を奪われたとしても、なすすべはなかった。その不当性を法に訴えても、性的な言動を行った男性上司や男性労働者は、直接には刑法犯にあたるような性的暴行を行っておらず、性的言動を行うこと自体は「個人の自由」の範囲内であるとして、敗訴する場合がほとんどだったからである。

マッキノンは、このような状況を変えるべく、一九七〇年代からセクシュアル・ハラスメントという言葉を考案し、活動を行った。「一九七〇年代中ごろ、セクシュアル・ハラスメントを受けた女性の救済にアメリカの差別禁止法が何の役にも立たなかったことを知り、マッキノンはセクシュアル・ハラスメントから女性を救済する法理論の確立をめざ」した（南茂 2004:71）。マッキノンは、一九七九年に『セクシャル・ハラスメント・オブ・ワーキング・ウィメン』（Mackinomn 1979）という書物を刊行し、「セクシュアル・ハラスメントは一九六四年公民権法第七編の禁止する性差別に当たる」との理論構築を試みた（山崎 2023:32）。アメリカ連邦最高裁判所理論は、一九八六年ヴィンソン事件判決において、セクシュアル・ハラスメントを公民権法第七編における性差別に当たるとした。この判決には、マッキノンの法理論の影響があるともいわれている。(18)

その後マッキノンは、哲学者でラディカル・フェミニストのアンドレア・ドウォーキンとともに、反ポルノグラフィー運動を展開する。一九七〇年代アメリカにおいては、スナッフフィルムと呼ばれる「娯楽用途に流通させる目的で行われた実際の殺人の様子を撮影した映像作品」をも含む「女性に対する暴力」を描いたポルノグラフィーが、流通していた。ドウォーキンは、一九七六年に、それらのポルノグラフィーを、「女性に対する暴力」と定義し、反ポルノグラフィー運動を、ロサンゼルスやサンフランシスコで展開した。マッキノンもこの運動に一九七〇年代から参加していたが、一九八二年にはドウォーキンとともに、「ポルノグラフィーは人権侵害であるという反ポルノ条例案を作成した。この条例案は、ミネアポリス市とインディアナポリス市の議会を通過した」（南茂 2004:71-72）。しかしこの条例案は、ミネアポリス市では市長の拒否権発動によって条例として成立せず、インディアナポリス市では条例として成立したものの、最終的にはアメリカ最高裁判所によって「表現の自由」に反し違憲であると判定され、無効とされた。また、フェミニスト間でも一般世論においても、二人の反ポルノグラフィー条例案に対して、「検閲」を正当化するものだ等の批判が相次ぎ、大論争となった。つまり、マッキノンらの反ポルノグラフィー条例案は、多くの賛同を得られず、実現しなかった。

けれども、ポルノグラフィーの社会問題が成功とは程遠い結果になったとはいえ、「女性に対する暴力」に反対する世論は、その後次第に強くなっていった。その一因は、セクシュアル・ハラスメント問題の社会問題化や反ポルノグラフィー運動と同時期（一九七〇年代半ば）に、「反レイプ運動」や「殴られた女性たちの運動」（The Battered Women's Movement）[19]が生まれていたからである。これらの運動を中心に「女性に対する暴力」反対を支持する人々が増加していった。

レイプは、刑法によって禁じられている犯罪であり、レイプ事件の加害者に対する処罰の必要性は、セクハラやポルノグラフィーに対する反対運動とは異なり、十分に社会的合意を得ていた。しかし実際には、レイプ被害にあった女性がその事実を公表し加害者の処罰を求めて告訴することは、大変難しいことだった。それは、レイプ事件が公表されると、加害者に非難が及ぶだけではなく、被害者である女性に対しても、その人格を傷つけたり非難を加えることを許容するような家父長制社会の社会的制裁が、一般化していたからである。被害者が被害を訴える警察や医療現場においても、家父長制社会の社会規範がいきわたっていたので、被害者女性は二次被害にあうことを恐れ、訴えない場合も多くあった。

「反レイプ運動」は、レイプ被害者を身体的・医療的・心理的に保護しつつ、証拠保存等の知識を被害者に伝え、被害者が警察などに訴えやすい環境を形成した。また社会に出回っていたレイプに関する間違った情報[20]を正したり、事件後も続く被害者のＰＴＳＤ等の深刻な被害の存在すること等を伝えた。その結果、一九七〇年代から一九八〇年代前半にかけて、アメリカのほぼすべての地域で、なんらかの形で被害者の二次被害の減少を目的とするレイプシールド法（レイプ被害者保護法）が、成立した。また、刑法で犯罪として規定されているレイプでさえ、実際には被害を訴えることが非常に困難な社会状況があることが広く理解されたことは、セクシュアル・ハラスメントなどの社会問題の理解にも、一定の効果を持った。

また現在ＤＶと呼ばれている「夫婦間暴力」あるいは「夫・恋人からの暴力」問題も一九七〇年代から、その廃絶を目指す社会運動が立ち上がっていた。アメリカにおいては、植民地時代においてはイギリス慣習法の影響を受けて、夫は妻の行動に責任があるという理由で「妻を殴る」ことが法的に許容されていたが、一九世紀には妻に対する虐待を犯罪とする判例が出始め、一九二〇年代には、すべての州で「妻虐待」は違法となった。しかし実際には加害者の逮捕はなされず、家庭裁判所での当事者間仲裁や社会福祉の介入に、とどまる場合がほとんどだった。一九七〇年代、「個人的なことは政治的である」というラディカル・フェミニズムのスローガンを掲げて、「殴られた女性たちの運動」(The Battered Women's Movement) が立ち上がった。この運動は、家庭内暴力という問題は、単なる「夫婦喧嘩」なのではなく、命にも関わる深刻な暴力の問題であるにもかかわらず、警察や司法機関の介入が著しく消極的で、ＤＶの被害者を保護していなかったことを、問題として批判した。そうした警察や司法機関の対応の背景には、「法は家庭に入らず」という「家庭の自律性」に関する慣習法的規定があると、運動は、警察や司法機関のこれまでの対応を告発したのだ。その結果アメリカでは、一九九四年に「女性に対する暴力法」(Violence Against Women Act) が成立した。

このように、既に法的には「違法」とされていたにもかかわらず、実際にはレイプやＤＶ等の被害者が何の救済もされないまま放置されていたことが、社会に広く認識されるようになり、その放置を正当化してきた公私二元論に基づく「法は家庭に入らず」というリベラリズムの原則に対して、強い批判の目が向けられるようになった。さらにこの同じ時期、児童虐待の社会問題化や、児童に対する性的虐待の問題も可視化され、児童虐待に反対する世論が高まったこともあり、「法は家庭の中に入らず」というリベラリズムの原則の問題性が、広く認識されるようになった。

その結果私的領域こそ女の抑圧の場だとしたラディカル・フェミニズムの見方の革新性が、次第に広く認識されはじめた。確かにその問題提起には、反ポルノグラフィー条例案のように、当時フェミニストを含む多くの人々からの批判にさらされた主張も存在した。けれどもそれは、従来固く閉ざされてきた性暴力・家庭内暴力・性的虐待等の被害実態の解明と問題解決のための施策の開始に、大きく貢献したのである。

以下では、次の主題、「ケアの倫理」（対「正義の倫理」）という主題につなげるために、ラディカル・フェミニズムの公私二元論批判がどのようなものであったのかを、概括的に把握してみよう。南茂由利子は、マッキノンおよびラディカル・フェミニストの代表的な二つの主張を、以下のようにまとめる。「ひとつは、女の服従を覆い隠すものこそがプライバシーであるという主張、そしてもうひとつは、女の服従は、女の体とセクシュアリティという領域において重点的に起きるという主張である」（南茂 2004:74）。

南茂に従ってこの二つの主張を、ラディカル・フェミニズムの主張だとすると、ラディカル・フェミニズムがなぜリベラリズムを批判していったのかが、明確に見えてくる。ラディカル・フェミニズムは、「伝統的な女性性」を批判し、その方向性はフリーダンらの性別役割分業批判と共通性を持つに至ったが、その性役割観には、単に家事育児労働だけでなく、女性の生殖活動や性愛も含まれていた。そのことは、ラディカル・フェミニズムが最初に公的に姿を現したのがミスコンテスト反対運動であったことや、最初のスローガンに既に、人工妊娠中絶の自由などが含まれていたこと等によって、確認できる。南茂が指摘するラディカル・フェミニズムの二つ目の主張「女の服従は、女の体とセクシュアリティという領域において、重点的に起きる」は、このようなラディカル・フェミニズムの活動歴を指していると考えてよいだろう。

これら二つの主張は、私見によれば、リベラリズム批判を迂回することで連続的に理解することが可能である。

南茂が挙げるラディカル・フェミニズムの二つの主張の一つ「女の服従を覆い隠すものがプライバシーである」が、公私二元論というリベラリズムへの批判に関連していることは、いうまでもない。けれども、二つ目のセクシュアリティという問題も、リベラリズム批判に関わっている。なぜなら、「女の体」(すなわち身体の自由)や「セクシュアリティ」の問題は、リベラリズムの立場に立つのなら、当然私的領域に属する事柄であり、公的介入を否定し「個人の自由」にまかされるべき事柄であるはずだからである。しかし、実際には女性や同性愛者の権利は、保護されないままになってきた。「女の体」や「セクシュアリティ」は、法や宗教規範によって厳格に統制されてきたのだ。宗教規範による統制はとりあえずおいておくとしても、法においても、婚姻内レイプを認めないことや合意に基づく同性愛行為をも刑法で禁じることなど、女性や同性愛者の「身体の自由」は明確に否定されてきた。つまりリベラリズムは、その「自由」に関する原則を適用する際に、適用するべき対象者の性別やセクシュアリティによって、二重基準をとってきたのだ。そしてそのを是正を目指したはずの「ロー対ウェード」判決においても、個人のプライバシー権を家族のプライバシー権に基づいて認める等、大きな矛盾を放置したままだった。つまり、「身体の自由」や「セクシュアリティの自由」は、異性愛男性の視点からのみ定義されており、その結果として、女性や子供、同性愛者等においては、その権利が奪われていたのに、そのことすら、リベラリズムによって覆い隠されてきたのである。まさにここには、公私二元論が持っていた不当な権力行使から個人を守るという理念と、それが実際に適用されてきた実態との乖離が、存在したのだ。

南茂は、「(公私)二領域区分が社会の現実にそぐわないのに二領域論をあてはめることへの批判と、現実社会が公・私二領域という二重構造をなしているという前提に立つ批判では、出発点が全く異なる」と指摘する(南茂 2004:75)。南茂がいうところの公私二領域区分とは、本章が扱ってきた公私二元論と同じく、国家とそれ以外の市民社会・家族・個人の内的世界等との関係を記述した政治思想あるいは社会の編成原理についての思想を、意味すると思われる。そうであれば、「公私二領域区分が社会の現実とそぐわない」ということは、実際の国家とそれ以外の領域との関係が、公私二元論という理念が示すものとは、異なっていることを意味すると考えてよい。また南茂がいうところの「現実社会が公・私二領域という二重構造をなしているという前提に立つ」ということは、公私二元論に基づくリベラリズムの理念（国家の公権力は私的領域に介入しない）が守られているとみなすことを意味すると考えてよいだろう。南茂は、公私二領域区分は現実社会の構造ではないと指摘し、その理由としてそうした認識が、「家族は、明確に私的領域のみに属するものではなく、公的領域とオーヴァーラップしている」ことを見逃してしまっていることを挙げている。実際、私的領域とされた家族に対しても、近代国民国家は非常に強い介入を行ってきた。「女性の体」や「セクシュアリティ」は、宗教規範や家族内の家父長男性によって支配されているだけでなく、近代国民国家等の公的権力によっても、支配されてきたのである。

ここから南茂は、マッキノンが「私的領域は、（女性の抑圧の場なので）、破壊（explode）しなければならない」といっていることを、批判していく。つまり、マッキノンは女性が支配されてきた私的領域をなくしてしまえば女性の抑圧をなくすことができると考えているけれども、それは現実とイデオロギーを混同しているがゆえの誤りであると、南茂は指摘する。またマッキノンが、女性の抑圧が主要にセクシュアリティの領域で起こるといっていることを、女性の役割を生殖やセクシュアリティにもとめるもの、つまり女性を抽象化・本質化するものとして解釈し、批判する。

しかし、マッキノンの主張の主眼がリベラリズム批判にあったとすれば、なぜこのような主張が行われたのかということは、別様にも理解可能である。法学者・法律家としてマッキノンは、政治思想や法哲学の主流理論であるリベラリズムの重要性を、十分認識していた。しかしそれゆえにこそ、「プライバシーの権利」や「表現の自由」等のリベラリズムの核心ともいうべき理念によって（つまり「自由の名」において）、職場におけるセクシュアル・ハラスメントや「女性を男性に従属的に描くポルノグラフィー」が放置されていることを、問題視したのだと思われる。つまり法学の主流理論であるリベラリズムが、公私二元論に基づくプライバシー権に基づいて、女への虐待を放置あるいは擁護してきたということを、告発しようとしたのだ。彼女が社会問題化しようとしたのは、セクシュアル・ハラスメントや「女性を男性に従属的に描くポルノグラフィー」等、家族領域ではない労働の場やマスメディアの場などの、プライバシー権が及ばないはずの領域において、女性の従属が、（男性の）「個人の自由」を理由として法的に放置されている問題だった。この問題選択は、ある意味戦略的だったのではないかと思われる。つまりこれらの場は、家族領域の外にあり、「プライバシー権」という法的装いの矛盾が、現れやすい場だったのだ。もしそうした問題の違法性を理論化する法理論を作ることができれば、リベラリズムのいうところの「プライバシー権」の矛盾が暴かれると考えたのではないか。

また女性の抑圧が主要にセクシュアリティの領域で起こっているという指摘も、その主要な意図がリベラリズム批判にあるとするなら、すなわちリベラリズムが、平等主義的価値観に基づく主張のように見せながら実際には放置している「女の服従」が、集中的に「女の体」と「セクシュアリティ」の領域で起こっているという主張であるとするなら、この主張も、十分理解可能であるように思う。

以上のまとめに基づいて、フェミニズムのリベラリズム批判を、公私二元論批判の文脈でまとめてみよう。公私二元論批判に関連する論点は、第一波フェミニズムの時期においては、女性の公的領域への参加能力を主張することに主眼がおかれた。第二波フェミニズムにおいては、リベラル派は家庭内での役割分担を問題化し、ラディカル・フェミニズムは私的領域における性支配を問題化するなど、共に私的領域における性役割を問題化した。その結果、公的領域／私的領域を男性／女性と重ね合わせることの問題性が指摘され、私的領域における男性の役割にも焦点があたった。また人工妊娠中絶をめぐる問題や性暴力・女性に対する暴力などの問題では、公私を区分する線引きの多様性や、その恣意的な適用が問題化された。法は、家父長制的家族観から外れた行為を行う行為者に対しては、それを阻止するために公的権力によって私的領域に強力に介入した。他方「法は家庭に入らず」というプライバシー権を正当化理由として、家庭内暴力等にさらされている被害者を放置したのだ。フェミニズムのリベラリズム批判の文脈において、公私二元論批判は、単に公私と性別を重ね合わせる性別役割分業論を問題化しただけでなく、公・私区分の恣意性が女性や子供などへの人権侵害の存在を覆い隠してきた実態も、明らかにした。

しかし、まだ解明されていない問題が、残っている。公私二元論批判は、公私区分と性別との関わりや公私区分の恣意性を明らかにしたが、従来公的領域において「正義」とされてきた規範が妥当であるのかどうかについては、論じることがなかった。従来公的領域における「正義」を支えてきた倫理観は、家族の世話など私的領域において必要にされる特性を、単に本能や感情として位置付け「倫理観」として扱ってこなかった。しかし、まさにその「本能」「感情」に基づく行為とされる活動に、多くの人々の生存が委ねられてきたのである。以下においては、フェミニズムのリベラリズム批判として展開されてきた公私二元論批判を引き継ぎながら、その議論をさらに推し進めた「ケアの倫理」の主題に移ることにする。

6 「ケアの倫理」

第三節で述べたように本節では、第二波フェミニズムのリベラリズム批判の第二の主題として、「正義の倫理」と対比される「ケアの倫理」を、取り上げる。

「ケアの倫理」という主題は、公私二元論と深く関連している。なぜならそれは、「男性の公的生活に必要とされる合理的で、公平で、冷静な思考」と対比される、「女性の家庭生活に必要とされる直観的、感情的、個別主義的な」(Kimlicka 2002:571) 思考に基づく「道徳」を、どのように評価するかということに関わる問いだからである。

先述した通り、フェミニズムのリベラリズム批判は、女性参政権の獲得と私的領域におけるジェンダー不平等・女性抑圧を明らかにすることを目的として行われてきた。その過程で、「女性は理性を欠いている」「女性は、個別主義的で感情的な気質を持つ」等の固定的女性観や、家事育児労働を女性だけが担うことの不当性、女性や子どもに対する家庭内外での暴力・性暴力の放置等を、広く社会に訴えかけた。この意義は非常に大きい。

しかし、フェミニズムのこのような公私二元論批判においては、主に女性たちが私的領域において作り上げ実践してきた道徳観が、近代市民社会の公的領域において練り上げられてきた道徳観と同じだけの重要性を持つものなのかどうかという問いについては、議論されないままだった。公的領域においては、権利と義務の体系から「正義」が規定され公平で普遍的な裁定をなしうる道徳観が必要とされているけれども、私的領域においては、当人と他者の関係性に即した適切かつ他者のニーズに沿ったケア等の行為を行うことが、求められる。つまりそこでは、普遍主義的な道徳観ではなく、個別主義的な道徳観こそが必要とされてきたのだ。では道徳観としてみたとき、後者は前者よりも劣った道徳観にすぎないのか、家族など特別な領域でのみ妥当であるとか女性のみが持つことを要請されるなどの、特殊な道徳観にすぎないのか、それとも人間社会にとって不可欠な道徳観なのか。このような問いが解答されないままになっていたのである。

なぜそうだったのか。おそらくその主な理由は、その問題を取り上げることが、「女性性」賛美や、性役割肯定論につながってしまう危険性を、フェミニストが強く意識していたからだと思われる。フェミニストたちは、「母親が子どもに行う様々なケア」の重要性や必要性に気づいていた。しかしその重要性や必要性を主張することは、再び「母性礼賛」や「女性の家庭性肯定」を呼び起こし性別役割分業維持肯定という意見を強めるのではないかと恐れたのだ。

しかし、現代フェミニズムの中には、その危険性を承知の上で、個別主義的な道徳観の重要性を論じる潮流が、生まれてきたとキムリッカはいう。「現代のフェミニストの中にも『男性的道徳』と『女性的道徳』を区別する伝統はことごとく、何の経験的根拠もない文化的捏造に過ぎないと論じる者もいる。しかし現代のフェミニズムには、女性に特有な道徳を真剣にとりあげるべきだと論じる重要な潮流もある。女性の道徳は、単なる本能的感情ではなく道徳的推論の一様式であり、単なる性的不平等の人為的結果ではなく、道徳的推察の一資源とみなされるべきだ、というのである」(Kimlicka 2002:572)。

このような潮流が生まれるようになったのは、キャロル・ギリガンの女性の「道徳的発達」に関する研究がきっかけであった(Gilligan 1982)。発達心理学者として彼女が取り組んだのは、実生活における道徳的ジレンマに置かれた人々の意思決定を考察の対象として、道徳発達過程を検証することだった。先行研究であるエリク・エリクソンとローレンス・コールバーグの発達理論を研究する中で、「彼女は、人間一般の発達を描いたと称している彼らの図式が男性のそれを拡張したものにすぎず、そこに隠された男性中心主義があることに気づかされた。とくに正義感の認知的発達を基軸とするコールバーグの理論枠組みが、もともと男子ばかりの集団を調査対象として構成されたものであったため、6段階に区分された彼の尺度で女性の発達を測ろうとすると、その大半は、多数派の意見に同調する『第三段階』どまりとされてしまう」（川本 2022:408）。この結果をそのまま読めば、それは「女性には理性がない」という旧来からの女性に対する固定観念＝偏見の正しさを裏付ける結果としても、読めてしまう。しかし、ギリガンはそう考えずに、「道徳的問題の語り方には二通り、自他の関係性についての叙述様式には二通りある」（Gilligan 1982=2022:55）と、主張する。「女性たちは、道徳的問題を、権利と規則の問題としてではなく、関係性におけるケアと責任の問題として組み立てる。その上で、自身の道徳的発達を、責任と関係性についての理解の仕方と、結びつけて捉える。ちょうど、正義としての道徳性という構想が、発達を平等性と互恵性の論理と結びつけてとらえるのと同様である。従って、ケアの倫理の土台をなす論理は、関係性に関する心理的な論理であるといえる。それは正義のアプローチを特徴づける、公正性という型式的論理学とは、対照的な論理である」（Gilligan 1982=2022:195）。このようにギリガンは、「正義の倫理」からみると発達段階が低い劣った存在としてみられがちな女性たちの道徳観は、「正義の倫理」とは別の「ケアの倫理」として読まれるべきであり、そこにも異なる独自の発達段階があると、主張した。

このギリガンの主張は、発達心理学の内部だけでなく、「アカデミズム内外で大きな反響を巻き起こした」（川本 2022:413）。「ケア対正義」という主題は、活発な学際的論議を引き起こし、「〈フェミニスト倫理学〉という新な領域を創成したばかりでなく、看護や教育の活動をケアの営為として捉えなおすための立脚点になるとともに、従来の法的思考の偏りを性差の観点に立って是正しようとする『ジェンダー法学』（マーサ・ミノウら）や、自然環境への責任やケアを論じる『エコ・フェミニズム』にも深い示唆を与えた」（川本 2022：413-414）。その結果、ギリガンのこの著作は、「1980年代において最も多方面から引用され、最大の影響力を及ぼしたフェミニズムの作品」という評価すら得た(21)。

本章に残された紙面において、この非常に広い範囲で行われた「ケア対正義」に関する議論を追うことは、不可能である。従って以下では、フェミニズムのリベラリズム批判における「ケア対正義」という主題において、焦点となる論点をキムリッカに従って概観することにとどめ、そこから本章全体の課題である、「フェミニズムにおけるリベラリズム批判の知識社会学」のための議論に、つなげていくこととする。

キムリッカは、問題とされてきた「正義の倫理」と「ケアの倫理」の違いは、A 道徳的能力にかかわる違い（道徳的原理の学習／道徳的気質の発達）、B 道徳的推論にかかわる違い（普遍的に適用可能な原理の追及／特殊なケースにふさわしい応答の追及）、C 道徳的概念の違い（権利と公正への着目／責任と関係への着目）という、三項目からなっていると整理する。その上でキムリッカは、三項目のうちCこそ、「正義の倫理」と「ケアの倫理」の論争の核心的論点であるという。

Cの「権利と公正」対「責任と関係」という違いは、キムリッカによれば、これまで、(1)普遍性対個別的関係の配慮、(2)共通の人間性の尊重対特異な個別性の尊重、(3)権利の主張対責任の受容という三つの方法で、構成されてきたとして、それぞれに関するこれまでの議論を、順に論じていく。まず(1)の普遍性対個別的関係の配慮に関しては、「個別的関係の配慮」をどのように定義するかによって、この二つが対立するかしないかが決まってくるという議論があることを指摘する。(2)共通の人間性の尊重対特異な個別性の尊重に関しては、違いを強調する論者もいるが、違いを乗り越えることは可能であることを主張する者も多いことを、指摘する。つまり「正義の倫理」も

「ケアの倫理」も「普遍的なものであり、個性と同様に共通性を尊重する」ということができると、結論付ける。そのうえで、最も重要な違いは、主に(3)の、権利の主張対責任の受容にあると指摘する。

ではこの違いはどこにあるか。ギリガンによれば、「他者への責任を受容すれば、他者の福祉を積極的に配慮しなければならない」のに対し、「権利は本質的に自己防衛のメカニズム」であり、他者を放置しさえすればそれで尊重したことになるという違いだという。しかしこのような、他者尊重を「不干渉」であることと等置する権利解釈を行うのは、リベラリズム全体ではなくリバタリアニズムだけであり、ロールズ等の現代的リベラリズムは、ほとんどそのような権利解釈を行っていないと、キムリッカは、主張する。最も重要な違いはここにあるのではなく、むしろ「主観的な心理的苦痛が存在することは不道徳だ」とみるかどうかにあるというのだ。「道徳的要求の根拠として、主観的苦痛をあげるのか、それとも客観的不公正をとるのか」という違いこそ、「ケア対正義」の「真の論争」なのだと。その上で、キムリッカは、「要するに、正義とケアのモデルは、異なる事例を念頭に発展してきたのであり、どちらも道徳的義務のあらゆる射程を扱うには適していないように思われる」と結論付ける（Kimlicka 2002:571-600）のだ。

このキムリッカによるところの「ケア対正義」論争理解が妥当であるとするなら、「ケア対正義」という「フェミニズムのリベラリズム批判」の最も重要な主題は、本章第四節（1）において問題にした岡野によるリベラリズム批判に、近接することになる。

先述したように、岡野は第一波フェミニズムなどの「女性も理性を持つ」という主張は、「罠」でもあると、指摘する。岡野は、この「罠」を次のように描く。これまで女性たちは、生殖に関する身体機能上の要請から、「意志をそもそも抱けない存在」である新生児や乳幼児の世話を主に担い、そのために「自分の意志を抱く以前に他者のニーズに応えなければならない存在」として人生の多くの時間を過ごしてきた。しかしリベラリズムの源流である市民革命期の啓蒙主義的政治思想は、そこから、女性は「社会の起点として位置付けられた道徳的人格」としての適性を欠くという判断を、行った。従って公的領域に女性も、男性と同様に参加しうると主張するには、「自由意志によって自分の身体をコントロールできる」ような「道徳的人格」になりうるということを証明しなければならなくなる。しかしそのためには、自分の意志によってはコントロールできない身体性や、「自分の意志を抱く以前に他者のニーズに応えなければならない」活動を多く含む家族領域の存在を、除外し忘却しなければならなくなる。その結果、「ケアの倫理」が忘却されてしまうのだ（岡野 2012:120）。

この岡野の議論をキムリッカの論と重ねるとするなら、以下のようになる。「正義の倫理」は「自分の自由意志によって自分の身体をコントロールできる」人だけが存在する世界、すなわち「健常な成人だけで世界が構成されている」世界においては、十分な妥当性があるかもしれない。しかしそのような世界は、病人・身寄りのない人・子供等が存在する世界を見ないことによってのみ、成り立ちうる。女性は、「自由意志によっては自分の身体を完全にはコントロールできない」生殖機能を持つ身体を持ち、なおかつ病人や子供等の世話＝ケアを引き受けさせられてきた。その結果、女性は「正義の倫理」が妥当な社会＝公的領域には参加する資格がない存在として、排除されたのだ。フランス革命期の女性の政治領域からの排除理由は、「女性の気質」だけでなく「家庭における女性の義務」にも言及していた。女性排除は、単に「女性の気質」に関する啓蒙思想の「間違った認識」によってなされたのではなく、家族領域に関わる問題を公的領域から排除する目的によっても、なされたのである。

「ケアの倫理」の意義を否定するフェミニストは、女性が公的領域から排除されたのは「女性の気質」が「理性がない」と間違って規定されてしまったことを最も重要な問題として取り上げ、そうした「女性の気質」とは、環境によって形成されたにすぎないことを主張する。しかし、岡野によれば、実のところ女性が「理性を欠いている」とみなされたのは、「女性の気質」の問題だけが問題なのではなかった。それ以外に、妊娠・出産等自分の意志によってはコントロールできない身体性を持っていることや、自分の意志を持つ以前の新生児や乳児の世話を引き受けることで「自分の意志に従って動くこと以前に、他者のニーズに応えなければならない役割を負わされていた」からなのだ。

良く知られているように、メアリ・ウルストンクラフト等の第一波フェミニストは、当時女性が置かれていた社会的環境に焦点を当てて、「女性は理性を持たない」とする主張に、反論を加えている。つまり現在「女性の気質」といわれているものは、今女性を取り囲んでいる社会的条件によって形成された「気質」にすぎず、女性も教育を受ける等の社会的条件が変われば変化していくに違いない。それゆえ「女性は理性を持たない」と決めつけ、女性を公的領域から排除することを主張することはできないと。この「女性の気質」に関わる議論は、第二波フェミニズムにも大方、引き継がれたといいうるだろう。

けれども、「女性も理性を持つことができる」とみなされたとしても、そのことは、人間が自分の意志によってはコントロールできない身体条件を引き受けなければならない存在であることや、そうした人々や新生児・乳児などの世話を誰かが引き受けなければならないという人間の現実的条件を変えるものでは、全くない。そうした人間の条件を引き受けていたのは、主に家族＝私的領域であったのだが、その存在を除外・忘却してしまってよいことということには、全くならないのだ。岡野は、「女性の気質」という議論の背後に、意志によってはコントロールできない身体条件を持つという普遍的な人間の存在条件や、自分の意志を持つ以前の子供たち等の世話をするために「自分の意志よりも他者のニーズに応える」責務を負っている人たちの存在によって初めて成立する、人間社会の現実的条件の存在を、指摘する。そうした人間的条件は、いかにリベラリズムの「正義の倫理」がその世界の存在をみないままにしたとしても、消え去りはしない。フェミニズムが主張するように、女性だけ・家族だけがそうした人々への世話を引き受けてきた社会を変革するのであれば、人間社会の基本的な道徳の一つとして、「ケアの倫理」を考えることが、不可欠なのである。

岡野は、以下のようにリベラリズム批判を行う。「女性も理性を持つ自律した主体である」として、女性市民権や女性参政権を要求するように、女性を誘い込む。しかしまさにその時、女性は、妊娠・出産する身体を持つという自分の生殖における身体機能性に基づく諸問題や、性差別に深く関連している家族におけるケア役割などの諸問題を、「社会構想の外」に放擲するという要請を、受け入れざるをえないことになる。「わたしたちは、リベラルな主体になることによって、忘却や排除を強いる圧力を不自由だとして告発することが不可能になる。」「しかし、身体性から発するニーズに応答するための活動など、多くの存在や活動を排除した上で成立するような主体がまとっている魅力は、まさにフェミニストにとっての『罠』」なのである（岡野 2012:120）。

つまり、「正義の倫理」と「ケアの倫理」という論争において主題化された最も重要な論点とは、近代社会において、私的領域＝家族領域に追いやられ、主に女性に任されてきた「自立できない人々」に対する配慮と責任を、女性のみに関わる責任としてしまうのか、それとも潜在的に公的領域においても取り上げられるべき問題なのかという問いなのだ。そしてもし後者を選択するなら、当然にも「ケアの倫理」は、公的領域においても重要性を持つ優れた思考の一形態ということになるだろう。そして「ケアの倫理」を「正義の倫理」と同等の重みを持つ倫理と認めることは、キムリッカが指摘するように、「特に性的平等を達成するために公と家族の二分法を打破する必要がある」現代においては、最も重要な課題の一つとなるだろう。

7　近代における国家・市場・家族――公私二元論批判からみえてくる近代社会

本章の目的は、第一節で述べたように、「フェミニズムのリベラリズム批判」を対象に「知識社会学」的探求を行うことである。つまり「フェミニズムにおいて展開されてきたリベラリズム批判」が、どのような問題に対処するために行われてきたのか、またそれがそれぞれの時代の社会問題とどのような関係にあるのか等を、考察することが目的である。この目的は、ここまでの記述の中で一定程度果たすことができたと思う。以下では、これまでの考察を踏まえ、フェミニズムのリベラリズム批判とは何であったのかを、歴史的に位置付けてみたい。

落合恵美子は、ヘーゲル等の記述を引きつつ、近代社会は「国家・経済・家族を主要なセクターとして構成される」とし、その観点から、「社会的再生産の20世紀体制」と、「社会的再生産のポスト20世紀体制」を描き出している（落合 2023:14-19）。以下ではこの落合の歴史観を参照しつつ、「フェミニズムのリベラリズム批判」を、近代社会の再生産体制の歴史的変動との関係において、位置付けることとする。

落合は、これまでフェミニスト社会科学は、主流社会科学が人間の再生産を扱わないことに対して、一貫して強く批判してきたという。フェミニスト社会科学は、主流社会科学が、「人が生きること」を外部化し不可視化してきたことを批判し、家事・再生産労働・無償労働・ケア・感情労働・親密圏の労働といった様々な概念を作り出して、その世界を描こうとしてきたと。私見によれば、「フェミニズムのリベラリズム批判」は、この落合が指摘するフェミニスト社会科学の試みと、軌を一にしている。旧体制下では恣意的な王の命令によって、貴族や平民は簡単に死罪に処せられた。それに対してリベラリズム（あるいは啓蒙思想における社会契約論の流れ）は、「あなたが誰であるとしても人間として、自律的な意思決定ができる独立した人格として、尊重される」べきだと主張し、「法の前の万人の平等」を宣言した。その宣言にそって作られた国家において公権力が及ぶ領域こそ、リベラリズムが公的領域と定めた領域だった。そのことはつまり、リベラリズムが公的領域を定義したことによって、それ以外の領域が国家の公権力が及ばない「私的領域」とされ、考察の外に置かれ（外部化）、みえないままにされた（不可視化）ということを意味する。

このリベラリズムの公私二元論こそ、女性の公的領域への参加権（市民権）を否定した理由であった。現在の観点からこの問題をとらえれば、もともと女性が家庭で無償で行っていたケア労働を、「自然」のものとしての「女性性」に還元する形で、公的活動から外部化し不可視化したにすぎないようにみえるかもしれない。女性は昔から家庭の中で、家事育児のみを行ってきたのであり、近代社会はその女性の活動を生物学的特性に応じた活動として位置付け、それを社会の外に外部化し不可視化したにすぎない、と。しかしそれは歴史的事実ではないと、落合はいう。むしろ起きたことは逆なのだ。「人間の生とそれを支える活動であるケアの外部化とその不可視化とは、近代社会を構成する（国家・市場・家族という）セクターの分化と「近代家族」の誕生に伴って起きた『ケアの家族化』のことであった。いずれの社会にあってもケアは伝統的に家族によって提供されてきた、というような誤解は厳しく退けねばならない」（落合 2023:15）。「近代家族」は、社会的再生産を外部化する社会の観念が浸透するに従って社会的に構築されたのであり、それは「ケアの家族化」と（ケアを女性の気質に結びつける）人間のジェンダー化や性別役割分業を伴っていた。

ではそれ以前の社会的再生産はどのように行われていたのか。近代において公的領域が定義されたことにより、社会的再生産を私的領域に絡めて論じることが初めて一般化したのだとすれば、それ以前の社会的再生産を、公私二元論的に記述することは、当然にもできないことになる。しかし、あらゆるコミュニティにおいて、社会的再生産に大きな関心が払われていたであろうことは、容易に想像できる。なぜなら地域集団や部族集団等のコミュニティにおいては、人的継承の問題こそ、コミュニティの存続に関わる一大事であったはずだからである。そうであればそこには、近代家族的な「家族ケア」（=女性まかせ母親まかせのケア）以外に、コミュニティがケアに関して何等かの関与があったと、推測したとしても、おかしくはないだろう。それは家父長制社会や村落共同体的社会にみられるような規制にがんじがらめの社会的再生産だったかもしれない。啓蒙主義（リベラリズム）による公的領域=社会の定義は、このコミュニティに存在したであろう「家族に限定されない」社会的再生産のあり方もすべて、私的領域=自由の領域の問題と定義してしまうことになった。つまり社会的再生産は、近代社会において外部化=不可視化されてしまったのだ。それは個人が私的領域において「自由に行うべきこと」となり、それに伴って形成されてきた「近代家族」に（すなわち主婦である女性に）任せられるようになったのである。

産業化が進展するにつれて、家族やコミュニティが解体し、階層分解が進展した。誰にも頼ることができない極度の貧困に苦しむ（子どもや老人を含む）人々が都市の路上に溢れた。ここから、公的領域の外に置かれていた社会的再生産に対し、一定程度の救貧政策が、国家によってとられるようになり、孤児院や救貧院等が設立されていった。また労働賃金だけで社会的再生産を行う「家族」が一般化したことで、「男性稼ぎ主」が無収入化してしまうとたちどころに路頭に迷う人々が増加していった。この問題に対処するために労働者が失業したり病気になったり老齢になった時に利用できる社会保険が作られた。これら初期の社会保障・社会福祉政策を含みつつも、社会的再生産を家族に任せる社会的再生産の体制を、落合は、「社会的再生産の20世紀体制」と呼ぶ。それは、落合によれば、①ケインズ主義的福祉国家、②フォード的生産方式と完全雇用、③「男性稼ぎ主—女性主婦」型性別分業と再

生産平等主義を伴う「近代家族」から、成り立っているという。この「社会的再生産の20世紀体制」に対する批判

こそが、「第二波フェミニズムのリベラリズム批判」であったのだ。

その後私たちは、「社会的再生産のポスト20世紀体制」の出現に立ち会っていると落合はいう。人口構造の変化から、女性が「脱主婦化」し「ケアの脱家族化」が起きる。ケア労働力不足が進行している。その条件の中で、「社会的再生産の20世紀体制」をどのように変革し、成熟した「社会的再生産のポスト20世紀体制」を作っていかなければならないかを考えることが、私たちの世代に課せられた責任である。ここには複数の選択肢があり、それをどのように考えるかという問題こそ、私たちが今直面している問題なのだ。

その選択において問題になっているのが、社会的再生産を私的領域に任せるのか（ネオリベラリズム）、公的領域により多くを任せていくのか（社会民主主義）という選択である。「ケアの倫理」をめぐる問題とは、まさにその選択に関わる問題なのだと思う。しかし本章ではこのような将来像を論じる余裕は、もはや全くない。

最後にここまで論じてきたことを要約して終わりたい。「フェミニズムのリベラリズム批判」は、要するに、近代において「外部化され不可視化された」社会的再生産の領域を、近代社会の歴史の中に再度統合する試みだったといいうる。その再統合の試みは、より成熟した「社会的再生産のポスト20世紀体制」を構築するという私たち世代に課せられた責任を果たす上でも、有意義な知見として役だてうるはずだと、筆者は確信している。

注

（1）　リベラリズムという言葉が何を指すのかについては、多様な使い方があり、定まっているわけではない。盛山は、「そもそもリベラリズムとは何だろうか。実はこの基礎的な問いに対して、的確に答えている書物は見つからない」と述べて

いる。その上で、イギリスの政治学者ジョン・グレイの「古典的リベラリズム」と「近代的ないし修正リベラリズム」の区別を紹介し、日本において使用されているリベラリズムの語は、主に「修正リベラリズム」に連なる「現代的なリベラリズム」であると、指摘している（盛山 2006:6-7）。

（2）現代フェミニズムにおいてリベラリズム批判がかなり行われてきたことに関しては、たとえば、第二波フェミニズムにおいて、「リベラリズムへの批判」を中軸とする「フェミニズム正義論」が展開されたと述べる有賀等を参照のこと（有賀 2011:1）。リベラリズム批判勢力としてのフェミニズムに関しては、「フェミニズムは、リベラリズムに対して批判の声をあげている有力な対抗勢力の一つ」であるとする盛山の論等を参照のこと（盛山 2006:274）。

（3）リベラリズム（の正義論）と社会学との間のずれに関しては、宇佐美誠氏と土場学氏の対談（宇佐美・土場 2007:109-120）を参照のこと。

（4）グローバリゼーションがフェミニズムに与えた問題状況に関しては、拙著（江原 2022）を参照のこと。

（5）具体的には性差別についての、次のような見解の相違を意味する。ある職業の応募要件に身長一八〇cm以上という「ジェンダー中立的な基準」が存在した場合、身長一八〇cm以上という条件を満たしていたにもかかわらず女性の出願者が応募要件を満たしていないとして選考から外された場合のみ、性差別と言いうるのか、それとも身長一八〇cm以上という応募要件自体が、女性のほとんどを資格外としているという意味で性差別として考えることができるのかという見解の相違。

（6）実際には、市民革命後の「女性の人権」の否定は、単に「忘却」されたのではなく、武装した女性たちから武器を奪い、政治の場から物理的強制的に排除するという、「暴力の行使」を伴っていた。「『人権宣言』において女性たちの存在が忘却されたのは、『忘却または軽視』と言った記述を許さないほどの、積極的な物理的・暴力的な力の行使を通じてであった」（岡野 2012:21-22）。フランス革命期の女性の活動については、クリスティーヌ・ル・ボゼック（Le Bozec 2019）を、参照のこと。

（7）キムリッカは、現代の理論家の多くが女性市民権を認め、また自由民主主義諸国は「教育や雇用や公職等への平等な権利を女性に保証しようとする反差別的法令を徐々に採用してきた」にもかかわらず、「これらの反差別的法令は、性的平等をもたらさなかった」とし、現代においても、主流の政治理論であるリベラリズムによっては、性的平等が実現していないことを指摘している（Kimlicka 2002:544）。

(8) リベラリズムが探求してきた「善の多元性の尊重」とは、「誰もが自分で何が善いことなのかを決めることができる」という前提を指していると考えられる。リベラリズムは、その前提に立って、各自の「善についての判断」を尊重する社会こそが、「自由な社会」であると考える。これは、古典的リベラリズムから現代リベラリズムまでを貫く考え方である。

(9) 西欧政治思想史において、公私二元論はアリストテレスにもさかのぼることができる歴史を持つが、近代的公私二元論は、ジョン・ロックの社会契約論に源流を持つという。ロックは、絶対君主制を擁護した政治理論が、家族における生殺与奪権を含む父権を根拠として君主の支配権を正当化していたことを批判し、家族における父権が自然的不平等を根拠としているのに対して、政治領域においては、「自由で平等な個人」が「理性」に基づく合理的判断によって政治権力の正当性を認めることが必要であると、主張した。つまり政治領域における支配者は、「自由で平等な個人」の社会契約によって正当化されなければならず、「個人」の「自由と平等」を保障することが、政治権力の正当性の根拠となるというのである。この論理は、絶対主義的君主制のもとで、圧政や政治的弾圧に苦しんできた民衆の反乱や君主制打倒を擁護することができた。それゆえロックの社会契約論は、近代市民革命に大きな影響を与えた。けれども、そこでロックは同時に、家族領域に対しては、自然的不平等が存在しているがゆえに「自由で平等な個人」からなる領域ではなく、よって優れた能力を持つ父＝男性が女性や子供などを支配することを、「自然なこと」として正当化し、家族における支配＝従属という問題を、非政治化したのである。その後の理論展開において、私的領域の性格等の把握は変化したものの、社会契約論は、家族領域を非政治化したロックの公私二元論を、基本的に引き継いでいるといいうる（岡野 2010）。

(10) 栗原涼子によれば、アメリカにおける第二波フェミニズムは、ベティ・フリーダンに代表されるリベラル・フェミニズムと、ラディカル・フェミニズムからなり、後者の出発は、「直接的には、ニューレフトの運動における女性差別にある」という（栗原 2018:172）。「ラディカル・フェミニズムの運動は、全米各地の都市で同時多発的に発生したが、ニューヨークは、その中心であった」。一九六七年には、「ニューヨーク・ラディカル・ウィメン」が結成され、シュラミス・ファイアストーンや、ケイト・ミレット、ロビン・モーガン等がメンバーに名を連ねた。その他、ニューヨークでは、「レッド・ストッキングズ」「ザ・フェミニスツ」等の運動体が結成されている（栗原 2018：168）。

(11)「レッド・ストッキングス」がこのような設立目的を立てたのは、この組織が、ニューヨーク州の中絶に関する公聴会をきっかけに設立されたからだという。一九六九年当時、ニューヨーク州では特殊なケースのみに中絶が認められる「条件付き中絶法」があった。女性たちは、中絶改革に関する委員会が男性のみから組織されていることを批判し、女性の証言を求める公聴会の開催を要求したにもかかわらず、拒否された。ここから「レッド・ストッキングス」は、運動体を設立し、中絶に関する公聴会を開催するなどの活動を行った（栗原 2018：182）。

(12) 通常、人工妊娠中絶に関わる議論は、女性の責任や権利を中心として論じられてきた。それゆえ、人工妊娠中絶の是非をめぐる問題と「女性に対する暴力」「性暴力」の問題の間に、強い関連性を見出す議論は、意外と少ない。そのことは、最近アメリカで『射精責任』（Blair 2022）という本が、大ベストセラーになったことによっても、確認できる。この本は、次のような主張をする。これまでの中絶をめぐる議論は、「望まない妊娠は女性の身体の問題」だから、「望まない妊娠を終わらせる権利が女性にあるか否かという議論に終始して」おり、中絶をなくす責任を全て女性の肩に負わせてきた。しかし本当に中絶をなくしたいのなら、そのような論じ方は、効果的ではないと、批判する。「妊娠中絶の九九％が望まない妊娠が原因であり、その望まない妊娠のすべての原因が男性にある」からである。つまり、無責任に精液を射精によって女性に注入している男性こそ、中絶問題の原因を作っているのであり、無責任な射精をやめることによって、女性の身体や生活や職業にまで及ぶ影響を引き起こし、中絶の九九％の原因でもある「望まない妊娠」を、減らすことができる。中絶問題は、男性の問題だと。この主張は、最高裁の「ロー対ウェード」判決が覆り、「女性の自己決定権」が奪われるのではないかという不安が米国を襲った二〇二二年に、大ベストセラーになった。またこの本では、「男女間の力の差は、簡単に暴力に繋がる」という指摘がなされている。ここには、「レッド・ストッキングス」と同じく、「女性の身体の自由」という観点から、中絶問題と女性に対する暴力問題をつなげていく見方がある。そうした論じ方が、現代において新しい見方として、ベストセラーになっているということは、そうした論じ方が、いかに少ないかを示すものだといえるだろう。

(13) 周知のように、この「ロー対ウェード」判決に基づく「人工妊娠中絶」の合法化をめぐる問題は、その後のアメリカ政治においてリベラル派と保守派の対立の最も大きな争点の一つとなった。トランプ政権によって最高裁判所判事において保守派が多数派となり、二〇二二年六月に、「ロー対ウェード」判決は、覆った。

(14) 本章一三頁参照。

(15) このように解釈できる根拠として、キムリッカは、アメリカ連邦最高裁判所が、「家族を基礎としたプライバシーの権利」を「過去の家族の自律論と連続していることを否定しなかった」ことと、「伝統的な家族構造と結びついていない場合には、個人のプライバシーというリベラルな概念の基本要素でさえ否定した」ことを挙げている。そして後者の例として、裁判所が、「大人同士が自分たちの家で同意に基づいて同性愛関係を持つ」ことを「個人のプライバシー権」によって保護するという判断をすることなく、そうした行為を犯罪とみなす法を支持し続けたことを、挙げている（Kimlicka 2002:569）。

(16) 「無意識の偏見」とは、自分自身が気づいていない「ものの見方」やとらえ方の歪みを意味する言葉である。

(17) けれども、女性にとって「プライバシーの権利」という法理が不必要といいうるかどうかについては、かなり多くの議論がある。

(18) この判決の結果、アメリカでは多くのセクシュアル・ハラスメント事件裁判が起き、その影響は欧州や日本にも及んだ。

(19) 一九七〇年代中ごろ、アメリカを中心にして起こった社会運動。反レイプ運動の中から生まれてきたという。当時、社会通念では、レイプとは、見知らぬ男性が通りがかりの女性に対して行う犯罪であると思われていたが、レイプ反対運動には、夫や恋人からレイプ等の性暴力や身体的暴力を受けた女性たちの訴えが多く寄せられ、親密な関係にある男性からの暴力被害を救済することの必要性が強く認識され、うまれたという（松島 2000）。

(20) レイプに関する間違った情報は、運動によって「レイプ神話」として定義された。そこには、レイプは見知らぬ男性が加害者の場合がほとんど（実際には知人や友人なども多い）とか、レイプは夜間屋外で起こる（実際には昼間、家庭や職場など屋内で起こることも多い）等、実際とは異なった情報が含まれている。

（21）「ケアの倫理」という主題に関する日本の関連文献については、本書で引用した有賀（有賀 2011）や岡野（岡野 2012）の他、品川哲彦（品川 2007）等を参照のこと。

文献

有賀美和子、二〇一一、『フェミニズム正義論』勁草書房。

Blair, Gabrielle, 2022, *Ejaculate Respnsibility: A Whole New Way to Think About Abortion*, Workman Publishing Co d, Inc, New York.（＝二〇二三、村井理子訳、齋藤佳介解説『射精責任』太田出版。）

江原由美子、二〇二二、『持続するフェミニズムのために――グローバリゼーションと「第二の近代」を生き抜く理論へ』有斐閣。

Gilligan, Carol, 1982, *Psychological Theory and Women's Development*, Cambridge, Harverd University Press.（＝二〇二二、川本隆史・山辺恵理子・米典子訳『もう一つの声で――心理学の理論とケアの倫理』風行社。）

川本隆史、二〇二二、「〔解題〕、『もう一つの声で』を読みほぐす」『もう一つの声で――心理学の理論と ケアの倫理』風行社、四〇七-四二三。

Kimlicka, Will, 2002, *Contemporary Political Philosophy: An Introduction*, Second Edition, Oxford University Press.（＝二〇〇五、千葉眞・岡崎晴輝他訳『新版　現代政治理論』日本経済評論社。）

栗原涼子、二〇一八、『アメリカのフェミニズム運動史』彩流社。

松島京、二〇〇〇、「ドメスティック・バイオレンス（Domestic Viorence）という用語が持つ意味――先行研究からの考察」『立命館産業社会論集』三六（一）：一四一-一六三。

南茂由利子、二〇〇四、「セクシュアリティ中心主義への問い、キャサリン・A・マッキノン理論の検討」『国立女性教育会館紀要』八（August）：七一-八〇。

Le Bozec, Christine, 2019, *Les FEmmes La Revolution 1770-1830*, Passes Composes / Humensis.（＝二〇二二、藤原翔太訳『女性たちのフランス革命』慶應義塾大学出版会。）

森政稔、一九九四、「政治思想史のフェミニスト的解釈に寄せて」原ひろ子ほか編『ジェンダー』［ライブラリ相関社会科学2］、新生社。

岡野八代、二〇一〇、「規範理論における主題としての『家族』」『立命館法学』三三三・三三四（二〇一〇年五・六号）：三二九-三六四。

岡野八代、二〇一二、『フェミニズムの政治学』みすず書房。

落合恵美子、二〇二三、『親密圏と公共圏の社会学』有斐閣。

Rawls, John, 1971, *A Theory of Justice*, Harvard University Press.（＝一九七九、矢島鈞次監訳『正義論』紀伊国屋書店。）

盛山和夫、二〇〇六、『リベラリズムとは何か』勁草書房。

品川哲彦、二〇〇七、『正義と境を接するもの——責任という原理とケアの倫理』ナカニシヤ出版。

杉本竜也、二〇一九、「社会契約説とケアの倫理における人間像・市民像の比較考察——理性の絶対視・絶対化の功罪」日本大学『法学紀要』六〇：255-287。

上田宏和、二〇一〇、「アメリカ憲法学におけるプライバシー権の展開」『創価大学大学院紀要』三四：九九-一一三。

宇佐美誠・土場学、二〇〇七、「正義論と社会学の間——盛山和夫『リベラリズムとは何か』をめぐる対論」『理論と方法』二二(一)：一〇九-一二〇。

山崎文雄、二〇二三、「マッキノン『セクシュアル・ハラスメント・オブ・ウィメン』」『日本労働研究雑誌』七五三：八二-八五。

第2章　労働とジェンダー平等

――女性労働研究の到達点を踏まえて――

木本喜美子

本章では、働く場におけるジェンダー平等の実現を目指す社会学的な研究へと誘う道案内を目指している。そのために、女性労働研究の課題と方法を探り、日本におけるこのジャンルの研究の到達点を明らかにするとともに、さらなる課題について考えたい。

1　労働における男女間格差を問う

二〇二三年秋のノーベル経済学賞を受賞したのは、男女賃金格差の解明や女性の労働市場の分析を手がけてきたクラウディア・ゴールディン(1)であった。経済学では女性を対象とした研究は、メインストリームから離れた傍流として扱われてきたが、ゴールディンの精緻なデータ発掘を中心とする独創的な研究に対する評価は高く、ジェンダー研究を経済学の中の主流のトピックへと押し上げたといわれている。現代社会において、労働をめぐる男女間格差の問題に目を向け解決方向を模索することがきわめて重要な課題だと考えられるようになってきたことが、この受賞の背景にはあると思われる。労働とジェンダーをめぐる社会学的研究も、経済学以上に、自由に闊達に持ち味を発揮することによって、ジェンダー平等な労働世界、ひいてはジェンダー平等な生活世界の実現に寄与することになるだろう。

とりわけ日本では、ジェンダー視点を据えての労働研究は、重要な役割を担っていると思われる。それは、世界の各国と比べても、教育や健康面での男女差はほぼないものの、労働世界の男女間格差がきわめて大きいという問題を抱えているからである。そこを突破するために、労働の現実的場面で起こっている問題を丁寧に掘り起こし、変革可能性を探る研究が求められている。そこでまず、労働の場におけるジェンダー間格差が大きい歴史的基盤を明確にするとともに、その今日的変化の様相についてみておこう。

ここで改めてデータを示すことはしないが、日本における賃金、勤続年数、管理職比率における男女間格差はきわめて大きく、先進諸国の中で最下位という不名誉な状態にある。ここには、戦後日本が経済大国にまでのし上がるプロセスにおいて重要な役割を果たした日本的雇用慣行(2)が、日本社会に根を下ろしてきたことが関与している。これは企業社会から長期にわたる安定した雇用と右肩上がりの賃金・処遇条件といった恩恵を受け取る雇用慣行を意味するが、これを享受できるのは基本的に大企業の男性正社員に限定されていた。女性は未婚時の企業社会への参入が許されたとしても、結婚・出産とともに早期退職が迫られる存在であった(3)。男性についていえば、新規学卒者が正社員となった後に企業内訓練を経て昇進ルートに乗っていくことになるが、頻繁な異動・移動に耐え、長時間労働を厭わずに企業社会に強くコミットメントすることが求められる。こうした中で大企業の男性正社員は、「会社人間」(4)へと限りなく傾斜せざるをえない。従って高度成長期に確立した日本的雇用慣行は、〈男性稼ぎ主＋専業主婦〉という性別分業家族を作り出す基盤となった(5)。夫を唯一の稼ぎ手とする形での専業主婦の増勢は、高度成長期から一九八〇年まで際立っていたのである。

しかしながら一九八〇年代以降には、共稼ぎ家族は専業主婦を擁する家族を凌駕してマジョリティとなった。また二〇一〇年以降今日に至るまで、第一子を出産した女性の就業継続者の増大傾向は顕著であり、とりわけ二〇一五年から二〇一九年までには五〇％を突破している。この動きは、育児休業制度の定着が後押ししているとともに、既婚女性による家計寄与の必要性の高まり、および女性自身の、労働の場で力を発揮したいという労働願望の高まりが相俟ってもたらされたものだといえるだろう。こうした共稼ぎの拡大とともにもうひとつみておくべきは、非正規化の右肩上がりの増勢であり、非正規雇用者は、男性では二二％、女性では五三％にものぼる（労働力調査：二〇二三年）。若年男女が非正規化の波に呑み込まれたのは、バブル経済崩壊後の長引く不況下で、労働市場の規制緩和がなされた結果である。そのもとで各企業は人件費抑制のために、多様な形態の非正規雇用を大幅に増加させた。そうした中、もともと多数存在していた主婦パートタイマーもさらなる増大をみせたが、これに、若年男女を含む派遣社員、契約社員等の様々な有期雇用の非正規労働者が付け加わり、さらなる増勢へと至ったのである。バブル経済崩壊後の不況期に学校から職場へと移行した世代は、「就職氷河期」世代と呼ばれており[(6)]、ひとたび非正規労働市場に参入した場合、正規雇用の労働市場へと転ずるのは容易ではなかった。従ってこうした世代は、それに先立つ世代と比べて経済的にも、そして雇用の不安定性という点でも不利な雇用条件を背負うことになった。そのため、結婚を始めとする将来生活設計において前の世代と異なる環境条件のもとに置かれ、晩婚化、未婚化の担い手となった。

こうした変動下にあって、現代日本の職場は多様な人々の共働によって成り立つ世界になってきている。男性正社員が中心勢力であった職場への女性の進出は各方面でみられ、さらに様々なタイプの非正規雇用者も入り込んでおり、複雑な実態を有している。そうした中で、職場の実相にまで降りてそこでの労働関係をジェンダーの視点から解きほぐし、男女間格差の問題を明らかにしながら、ジェンダー平等へと向かう契機と可能性を実証的に探る研究の今日的意義は大きい。以下ではまず、労働研究にジェンダー視点を持ち込んだ女性労働研究が何を問題としてきたのかについてみておこう。

2　女性労働研究の課題と方法

(1)　資本主義化と男女間の分業関係の変容

ジェンダー視点を最大限に生かしての女性労働研究の中心課題は、女性が現在、〈どこでどのように働いているのか〉、そして歴史的に、〈どこでどのように働いてきたのか〉を明らかにすることにあるといってよいだろう(7)。その際、雇用労働を中軸に置き、自営業を始めとする他の様々な労働形態や分業関係、そして社会的な役割規範等が、労働を中心としてとり結ぶ関係、すなわち労働関係にいかに関わっているのかを、できる限り幅広くとらえる必要がある。同時に、資本主義的な経済・社会の展開過程における労働と家族との関連構造を把握することが求められる。女性の労働をめぐって、マルクス主義フェミニズムが資本制と家父長制という立て方をしたことには(8)、相応の根拠があると考えなければならない。歴史的にみた場合、後にも触れるが、資本主義の展開が、男性と女性の労働のあり方を変え、ジェンダー関係の変容に多大な影響を与え、そして何よりも女性が担う家族内労働の内容を大きく変化させることを通じて、やがては女性を雇用労働の場に吸引する起動因になったからである。資本主義化の展開を軸に、労働が男女間にどのように配分され、相互に分離されるに至ったのかを見据えながら、女性労働の実態とその変動過程をとらえることは重要な課題であり続けてきた。とはいえ地域や国家の違いによって資本主義化の進展・浸透過程は異なっており、家族や地域コミュニティのあり方が資本主義化に制約をもたらしつつも、資本主義化の波に洗われて家族、地域コミュニティ自体もまた、変容を遂げてきた。こうして、それぞれの地域の資本主義の展開に特徴が付与されることになったことは踏まえておくべきであろう。地域や国ごとの多様性に目を向けることなしには、諸個人が生きて、働いて生活を刻んできたリアリティに十分に迫ることができないからである。ただしここでの多様性はあくまでも、資本主義化の展開を軸に据えた場合に浮かび上げられるバリエーションである。そこにジェンダー関係の歴史的基盤と資本主義化に向かう歴史的基盤とがいかに絡み合いながら、新たなジェンダー関係がそのもとでどのように構築されてきたのか、それがどのように乗り越えられていくのかをとらえる射程を持つことが、重要な課題となる。

　ところでどの地域や国をとってみても、女性が生命と生活の再生産労働に深くコミットメントしてきた歴史は、資本主義以前から長らく続いてきた。だが資本主義化の波は、労働と家族のあり方、性別分業のあり方に大きな変革を迫ったことに注目する必要がある。資本主義化は女性の存在形態を、ひいては女性労働のあり方を決定的に変えたからである。アン・オークリーの先駆的な考察の中心は、まさに資本主義化が「主婦の誕生」を促したことに置かれた。オークリーは、労働者階級を含む大多数の女性が主婦になったことこそが、「産業革命がもたらした最もドラマチックな結果である」と喝破した（Oakley 1974=1986:65）。資本主義的な賃金労働が展開する過程で、男性は家族内の仕事から切り離されて家族外での賃金労働を担うことによって、家族にとって唯一の賃金稼得者となった。息子がいれば、夫に追随して稼得者役割にまわった。女性には、家族内の再生産領域において家事と育児が全面的に割り当てられることになったのである。女性は、夫が稼得活動に従事するために手放した家族内の再生産活動をも引き受けつつ、経済的には男性の稼得賃金に依存して、再生産活動に主婦として母親として専業することが求められるようになった。これが、労働者階級をも巻き込んで普及した近代家族モデルの大衆的波及過程であった。「男性が外で働き、女性が家事・育児を担う」という近代的性別分業の構築に大きく寄与したのは、産業革命以降の資本主義化、とりわけ男女間の特定の分業形態を促す労働市場の展開であった。賃金労働の拡大は、家族内労働が支払われない労働であることから、これを周辺化し、ついには「見えない」労働へと追いやった。女性によって担われる「主婦」としての無償の家族内労働が、市場経済を支え続けてきたという実態があるにもかかわらず、軽視ないし無視されるに至ったのである。だが資本主義のさらなる展開は、ついには主婦を賃金労働へと吸引すると同時に、無償の家族内労働を市場労働に転化するというドラスティックな変動をも導いた。だからこそ、不可視化された労働（家族内の再生産労働）とますます可視化されていく有償労働、その中心としての雇用労働との関わりを理論的にも実態的にも明らかにするという課題が、女性労働研究にとって重要な柱になったのである(9)。

以下では、日本の一九八〇年代までの女性労働研究の問題点を整理し、これを乗りこえて現代的課題に接近する方向性を明らかにしたい。その具体的な展開方向については、次節で論じることになる。その際、筆者自身を含む日本の女性労働研究者は、イギリスを中心とする欧米の研究動向に触発されてきたことから、以下では、欧米のそれと日本のそれとを対比的に取り上げて論じていきたい。結論を先取りするならば、欧米を中心とする研究は、従前の研究における理論偏重傾向とは訣別して女性労働の現実に肉薄しようとする新たな道を辿ることになった。日本の場合は、一九九〇年代以降、そうした道へと新たに歩むことになったのである(10)。

(2) 男性労働研究と女性労働研究

以上のように資本主義化のもとでの男性労働と女性労働の動員のされ方に違いがある中で、従来の労働研究は、男性労働者を中心的な研究対象として設定してきた。この事情は、日本のみならず諸外国でもほぼ共通していた。日本についていえば労働関係の特質を解明する上で、男性労働者のみを取り扱い、しかも民間大企業の正規労働者を対象とすることがメインイッシューであり続けた。従来の労働研究は男性正規労働者を「労働者」として一般化して論じることを当然のこととしてきたのである。これに対して、女性労働者が抱える問題を取り上げる「女子労働」研究や「婦人労働」研究は、一つの研究領域として確立していたが、労働研究の「労働者」像を揺るがすようなインパクトを与えることはほとんどなかったといってよい。なぜなら女性労働研究が、女性労働者を男性労働者に対してたえず特殊的・周辺的と位置付け、その特殊性・周辺性を格差・差別問題とストレートに結びつけて説明する傾向が強かったためである。そこでは、女性労働者がかかえる独自な問題、すなわち家事・育児役割を担う女性労働者の問題を明らかにするとともに、他方では労働市場の中で女性労働者が果たす役割を、低賃金労働者、不熟練労働者として分析してきた（広田 1979）。女性労働者は性別分業のもとで家事・育児責任を負っているがために、労働市場には周辺的労働者として出入りせざるをえないと前提し、そこから生じる固有の問題を、資本主義的展開と家族との関連において理論化するという課題に焦点が置かれていた(11)。

のちにみるように、日本の女性労働研究は一九八〇年代以降、欧米のマルクス主義フェミニズムの影響を受けながらリニューアルされた。そこに多大な貢献をした代表的論者である竹中恵美子は一九九五年に研究史をふりかえって、「日本の場合は、女性労働研究が一般研究に対する特殊研究というかたちで位置づけられ、なかなかそこから脱却されていない」（竹中 1995:29）とした。ここでいう「一般研究」とは、男性労働者を対象とする研究を指している。だが日本でも一九九〇年代初頭にはすでに、従来の労働研究が女性労働を切り落としてきたことに対する反省がなされつつあった（戸塚・徳永 1993:17）。発展途上国をも巻き込んでの女性労働力の比率の増大を意味するる。

「労働力の女性化」（深沢 1993；竹中 1994）が、日本社会にもインパクトをもたらす時代が到来しつつあったのである。

（3） 家事労働論争とその批判的総括

ところで英米を中心とするマルクス主義フェミニズムは、家事労働論争に深入りすることになるのだが、この論争への批判的総括を経た後に、現実の女性労働の研究へと向かう道筋を辿ることになる。女性の社会的抑圧の物質的基盤を明らかにするという問題意識に基づいて、家事労働論争は、ベンストン（Benston 1969）によって切って落とされた。これは、家事労働が有用労働であるにもかかわらず、賃金が支払われないがゆえに切り捨てられて、「女性の劣った地位」が決定づけられたのではないかとの論議に道を拓いた。家族内での女性の無報酬労働と労働力再生産労働および賃金労働との関係をめぐる論争を、導くことになったのである[12]。これは、資本主義的経済システムを論ずる際に埒外におかれてきた家事労働の持つ意味と役割を問い、家事労働概念そのものを問い直そうとするものであった。そこで確認された枢要な点は、市場と家族との分断によって「見えない存在」となった家事（housework）を家事労働（domestic labor）へと押し上げ、労働として研究対象に据えたことであろう。資本主義の存立と発展にとって、家事労働が不可欠の前提であることが明らかにされたのである。しかし一九七〇年代後半ないしは一九八〇年代の初頭にはすでに、この論争が経済学の用語に縛られ過ぎた議論であったことが反省され、少なくない研究者たちは、女性の社会的抑圧の原因を家事労働の無償性に求めるような、狭い議論に留まるべきではないと考えるようになっていた。

ミシェル・バレットは、「ジェンダー関係が資本の作用の結果に還元されている」として家事労働論争を批判し、この論争の延長線上で女性の社会的抑圧要因を議論することを拒否すべきだとした（Barrett 1980:24）。また後にも取り上げるが、一九七〇年代にこの論争に深く関わっていたヴェロニカ・ビーチの一九八七年時点での述懐によれば、家事労働論争は、家事労働が愛情に基づく行為というよりは労働であり、資本主義的生産様式の中で重要な経済的機能を果たしていること、女性が家族内で行うことの大半が労働そのものであることを最終的に明確化させ、マルクス主義フェミニズムの理論整序にとって重要な契機となった点を評価している。しかしながら、主婦の条件が女性全体に一般化された点、家事労働に重点を置くがために女性の雇用労働の過小評価がみられた点を、鋭く批判する。そのために「労働市場よりもむしろ家庭のほうに注意が払われ」、「論争全体が一種の袋小路に突きあたっているように見える」と厳しく批判し、現実の女性の雇用労働にこそ肉薄すべきだと提起したのである（Beechey 1987=1993:6-9, 208-209）。

他方、日本では一九八〇年代以降に、欧米が一九七〇年代に経験したこの論争が注目されるようになった。早い時期の紹介としては久場嬉子（1979）、竹中恵美子（1980）、渋谷敦司（1983）等があり、上野千鶴子の精力的な論考（上野 1990）によってこの論争はポピュラーなものとなった。(13) 従って日本では、英米でのこの論争に関する情報は一九七〇年代末以降にもたらされ、上野は、一九九〇年代半ばにさしかかった時点にあってさえ「『家事労働論争』はいまだに終わっていない」（上野 1995:698）とした。この言明からみて取れるように、日本では一九九〇年代半ばにあっても、家事労働論争に依然として強い影響を受け続けていた。だが上記のように欧米の論者たちは、少なくとも一九七〇年代後半以降にはすでに、これに対して否定的な総括をし、その限界を突破する道へと踏み出していた。

（4）家族内性別分業決定論という問題

欧米のこの論争に早い時期から着眼していた竹中恵美子は、この論争に依拠しながら、女性労働論の理論的整序を行っている。そこでは「資本制と性別分業との統合の物質的基礎である労働力商品化体制」というカテゴリーを取り出し、そこに「女性の賃労働化の特殊条件」（竹中 1989:6）を位置付けようとした。「雇用における性別分業の究極的原因」を、「労働市場の成立そのものが、労働力の直接的生産単位としての家族を内的存在条件とし、労働力の再生産労働を女性の排他的機能とする性別分業を内包した労働力商品化体制に基礎をおいている点にある」（竹中 1989:26）とした。すなわち女性が家事・育児という再生産労働を一手に引き受ける担い手のまま、労働市場に出て行かざるをえないことを「女性の賃労働化の特殊条件」ととらえたのである。これは、先述したオークリーの先駆的提起にあるように、労働者家族にも主婦が誕生していたこと、すなわち近代家族が成立していたことを踏まえており、日本における従来のマルクス主義的な女性労働論と家族論の限界をのりこえようとする理論化であった。従来の研究では嶋津千利世（1978）に代表されるように、労働者家族内部の性別分業自体を重視することなく、女性が働きに出ることを女性解放の基盤としてとらえるようなシンプルな把握にとどまっていた[14]。これに対して竹中は、家事労働の性別分業関係を議論の正面に据えることによって、従来の限界の突破を図った。

しかしそこから一挙に女性の雇用労働市場における位置付けを論じようとして、論を急ぎ過ぎたのではないかと思われる。それは竹中が、家族内の性別分業から「労働力商品化体制」を経由してただちに、女性の雇用労働における不平等な地位や低い賃金の根拠付けを行っている点に認められる。家事労働の無償的性格が、労働力の価値の抑制を通じて資本の利潤生産に寄与するだけでなく、家事労働を背負っている女性労働者は、「低賃金の景気調節弁的労働力として利用」されるとするのである（竹中 1989:55）。すでにみた家事労働論争の影響を、強く受けていることが明らかであろう。大沢真理は竹中のこうした立論を、「女性労働が特殊な周辺領域であるという問題構成」だとして批判した（大沢 1993:20）。それは、竹中の立論が結局は、性別分業に根ざした「産む性」としての女性の特性から、労働市場における男女の賃金格差を論じる論の運び方に対して疑問を投げかけ、説明論理としての不十分性を問うものであったと思われる。すでに述べたように、ビーチらが家事労働論争を否定的に総括したのも、この点と関わっていた。女性の雇用労働上の位置付けに関与する諸要因は多様であって相互に複雑に絡み合っているにもかかわらず、家族内の性別分業が雇用労働における女性の地位を規定するという労働供給サイドに偏っていることに対する批判であったといえよう。これは、「家族内性別分業決定論」というべき一面的な解釈に対する批判だと解することができるだろう。

竹中の欧米の家事労働論争から導き出した議論のうち、とりわけ女性の雇用労働の把握・位置付けに際して「家族内性別分業決定論」に傾きがちな方法に対しては細心の注意を払い、言葉の正しい意味でのジェンダー視点から現実の労働関係の実証研究へと向かう必要があると考える。これを乗りこえる研究の方向性およびその方法的手がかりは、家事労働論争に対する批判的総括を踏まえたいくつかの実証研究に学ぶことができる。そこには、労働過程分析へのジェンダー視点の本格的導入へと向かう真摯な営みを見出すことができる。

3　性別職務分離の研究へ

（1）労働過程分析へのジェンダー視点の導入

欧米では家事労働論争に対する否定的総括の後にようやく、本章が主題とする雇用労働のジェンダー分析、とりわけ性別職務分離研究に強い関心が向けられるようになった。性別職務分離が中心テーマとして浮上したのは、労働力の女性化が進展してもなお、労働市場における処遇の改善がなされないのは、職務配分において性別の偏りがあり、一般に「女性職」と呼ばれる女性比率の高い職業・職域・職務は、報酬も社会的評価も低く、そこに女性が集中することから生じている。従って職務配分がいかになされるかを解明しない限り、是正が不可能だとの問題意識に基づくものである。[15]こうした研究方向に誘う上で大きな役割を果たしたのは、ハイジ・ハートマンの提起であると思われる。ハートマンは、労働市場における女性の地位を家事労働の担い手たる女性の家族内地位と直結させる従来の議論を批判し、労働市場で作動する男女間の力関係と、それが家族領域にはねかえっていくプロセスをとらえるべきだとした。そのために、一九世紀から二〇世紀へと至る世紀転換期におけるアメリカとイギリスの労働組織と労働組合の歴史的事例を取り上げ、女性の労働市場への参加に制限を加えていく上で決定的な役割を果たしたのは、男性組織だと主張した（Hartmann 1976）。[16]そして性別職務分離こそが、労働市場における男性の優位性を保証する主要な手段であったとするハートマンの主張は、その後の研究にインパクトを与えた。結果として、労働の場における労働関係とジェンダー関係が交錯する実相に迫り、性別職務分離の実証研究へと多くの研究者を誘うことになったのである（Witz 1993）。

その代表的な論者として、先にも触れたヴェロニカ・ビーチに注目しよう。ビーチは、家事労働論争から距離をとっていく中で、一九七〇年代後半からハリー・ブレイヴァマンの労働過程論（Braverman 1974=1978）を再評価し、熟練の解体、産業予備軍、二重労働市場といった概念を利用しながら、ジェンダー視点を投入することによって既存の理論枠組みを作り変えようとした。[17]労働過程をめぐる論争は欧米における労働過程の実証研究への道を切り拓くきっかけを与えたが、ジェンダー視点の導入に熱意を持つ研究者たちもまた、労働過程の実証研究に従事していた。(18) とりわけ特定の産業、職業、職場を対象とした女性労働に関する事例研究が提示されるようになった一九八三年に発表した論稿で、、ビーチは、それらの批判的検討を通じてジェンダー視点を徹底させる方法論を提起した(Beechey 1987=1993)。

ビーチが強調してやまないのは、職業構造における女性の地位を家族内の性別分業から「読み取る」ことの重大な誤りについてである。このことは、公的領域と私的領域とを区別し、前者を男性に、後者を女性に結びつける支配的なジェンダーイデオロギーを、研究者自身が当然の前提として受容することになるからである。彼女は、労働過程をジェンダーが形成され、再形成される場であるという視角を堅持し、「労働過程それ自体の中でのジェンダーの解釈」を徹底して行う必要があると主張した。性別職務分離、すなわちなぜ特定の職業・職域・職務に女性が雇用され、別の職業・職域・職務に男性が参入するのかを説明するためには、多様な要因分析が不可欠であるからである。もちろんたとえば「女性職」の中にはケアワークのように、家族内性別分業の延長線上での「自然な」分離という外観を持つ場合がある。しかし、不熟練・低賃金職種に女性を配置させる際には常に、労働費用戦略を含めた経営戦略や、男性熟練労働者を中心とした労働組合の慣行等が関与している。そうであるにもかかわらず職場の性別分業を、家族内性別分業の延長線上にある「自然な」前提とみせるメカニズムそれ自体が、分析されなければならないのである。従って固定観念をできるだけ排除して、歴史分析および現状分析を含めて、性別職務分離に関する実証研究の積み上げの中から、労働過程で作動する男女間の力関係やイデオロギーに関与する諸要因の解析が求められるのである。

こうした方法を提起したビーチは必然的帰結として、これまでの労働研究のメインストリームの研究に対する批判へと踏み込んでいく。従来の研究が、女性労働を扱う際に家族重視モデル（あるいは家族責任モデル）に依存してきたことに対する批判の刃は、当然にも、これまでの男性労働研究の偏りに対しても向けられることになる。従来のメインストリームが用いてきた「労働者」モデルは、ユニセックスを装いながら、実は、「男性的な労働者概念」に依存してきたのだとビーチは喝破する。そこでは、当然のごとく職場重視モデルが用いられ、「男性は性をもつものだとは見なされず、職場や家族やコミュニティとは切り離されたものとして」扱われてきたと批判するのである。こうした研究状況を克服するためには、男性もまたジェンダー化された主体であることを重視し、男女双方に対して同一の分析枠組みを用いることが不可欠となる。従ってビーチの提起は、女性労働研究にとどまらず、事実上、労働過程分析へのジェンダー視角の導入によって労働研究全体の方法的革新を求めるものであったといえよう(19)。

(2) なぜケーススタディなのか

性別職務分離に関する最も先駆的かつ代表的な研究は、シンシア・コウバーンのものであろう。コウバーンは、技術革新が職場内の性別職務分離に与える影響に着目し、ロンドンの四つの新聞社の印刷部門を取り上げて、綿密なケーススタディを行っている(Cockburn 1983)。彼女がケーススタディにこだわるのは、職務が性別に分離され、その分離状態が生き延び続ける力を説明しきるためには、「特定地域の、小規模の職場それ自体の内部で男女関係に働くメカニズム」に深く分け入って分析すべきだという方法的立場からである。その問題意識の根底には、前述したハートマンに対する批判意識があると思われる。ハートマンは男性労働組合こそが性別職務分離の基本的エイジェンシーだとしたが、コウバーンはむしろ、個人としての男性が職場や労働組合の内外で、女性職を分離して女性よりも優位性を保とうとしてとる行動を克明に記述し分析する必要があると考えていた。それは彼女が、ハートマンの主張に、マルクス主義フェミニズムの資本制と家父長制という図式を念頭においての、男性集団による支配を家父長制に還元させようとする意図を見抜いていたからではないかと思われる。還元主義的予断を排して、労働過程に働く諸要因を調査研究から析出すべきであり、周到なケーススタディこそがそれを可能にするとの考えが根底にあったのである。

コウバーンはまず、印刷業の歴史、男性の組合の形成と機能、技術革新のプロセスを歴史的に考察している。次いで一九七〇年代以降の技術革新のなかで熟練の解体と再編過程に注目し、熟練工と不熟練工の対抗関係と男女の対立関係を詳細に描き、「熟練」と「男らしさ」が変化していく様相を描き出している。コウバーンが明らかにしたのは、不熟練職種や半熟連職種に女性が集中するのは、彼女たちが家族的責任を抱えているからではなく、男性による熟練職種からの女性の排除行為・言動によるという問題である。技術革新によって女性労働者が職場内で急増してもなお、男性熟練工組合が「女性はすべきではない」「女性はしてはならない」として熟練職種から女性を遠ざけてきたからである。そこには自分たちの守備する職務・職域を「熟練」と名付け解釈し、手放すまいとする動機と力関係が働いており、職場内における男性至上主義を持続させようとする男性個々人と男性組織とが関与しているとする。また女性たちの側の、こうした男性へゲモニーへの「同意」が、これを下支えしている。コウバーンは以上のような歴史分析と現状分析を通じて、性別職務分離をめぐって作動する力学を物質的過程とともにイデオロギー的過程をも含めて縦横無尽に考察し、その後の研究にとっての優れた雛形を提示した。

またローズマリー・クロンプトンとケイ・サンダーソンは、いくつかの職業群のケーススタディによる比較研究を行っている（Crompton and Sanderson 1990）。それは、学歴や資格を伴う上位の職種から、最下層の労働市場を形成している職種までが取り上げられており、女性労働者層の階級・階層的分化をも描き出そうとする野心的意図を持つ研究である。具体的には、女性の伝統的専門職としての薬剤師、高学歴女性が新規参入した専門職としての会計士、銀行業の管理職候補と一般事務、典型的な「女性職」であり公的セクターに属するが政策的要因によって大幅に衰退しつつある学校給食婦、資格不要の労働市場に属し性別に関わりない参入がみられるホテルやファーストフード等の調理賄い業である。それぞれの職業ごとに、女性の進出状況、教育・訓練、技術革新の影響、職務分離状況、キャリア展開の幅、男性の差別的な排除行為に対する抵抗の度合い等が記述されている。

こうした比較研究を全体として総括すれば、下位の職業ほど男性の参入によって脱ジェンダー化の動きがみられるのに対して、上位の職業では、銀行事務職や薬剤師のように、管理職を男性だけが占める形での垂直的分離が露わになってもなお、女性の側がこれを受容するパターンが見出された。これに対して会計士や銀行の管理職候補のように、職場の中で男女が肩を並べて働いており、男女間の機会の平等化ルートがたとえ建前だけだとしても作られている場合、実際の差別的慣行やキャリア見通しの欠如に対する女性の側の憤激と抵抗には、激しいものが窺われる。以上の研究を通じてクロンプトンらが主張するのは、これまでの性別職業・職務分離を説明する様々な説は、たとえばハイジ・ハートマンの男性集団による排除論が代表するように、あまりに荒削りに過ぎるという問題である。各々の職業・職務ごとに一定程度の類似性はあるとしても、普遍的な説明論理はありえず、職業分離の複雑な実態を解明するためにはケーススタディが不可欠であり、できることならば相互の比較検討が必要だとしている。

こうした先駆的な調査研究に続いて次々に本格的な研究が生み出され、セクシュアリティ、権力、組織文化にも注目した職場分析がなされている。重要なのは、丁寧なケーススタディによってしか明らかにしえない性別職務分離のメカニズムを解くという課題である。

（3）性別職務分離研究の方法的視点

以上のイギリスを中心とした研究動向を踏まえれば、日本の女性労働研究に求められているものはおのずと明らかであろう。性別職務分離のケーススタディを、特定の産業、職種、職場にまで降りてジェンダー視点を駆使して遂行するという課題である。筆者は、以上の国内外の女性労働研究に関わる先行研究に学んで、性別職務分離の実証研究にチャレンジすることにした。

そのための方法的視点の第一としては、ヴェロニカ・ビーチが家事労働論争の批判的総括を通じて主張した、「労働過程それ自体の中でのジェンダーの解釈」に徹することである。これは別言すれば、労働過程内在的なジェンダー分析に徹するということである。とりわけ女性労働を研究するに際して陥りがちな、家族内性別分業から労働過程における女性の地位を読み取ろうとする「家族内性別分業決定論」を、自覚的に排除すべきだと考えた。

さらにシンシア・コウバーンやローズマリー・クロンプトンらが調査研究に基づいて主張したように、特定産業の企業における職場にまで降りた分析を、ケーススタディとして取り組むべきだという点を重視する必要がある。とりわけ日本の職場分析を考える際には、企業がとる行動が重要な位置を占めることを重視しなくてはならない。国家の女性労働への関与についての比較分析を行った深澤和子は、日本は雇用平等および福祉サービスに関わる国家の関与がきわめて弱く、「雇用管理に直接権限を持つ企業の自由を最大限保証」する点に特徴があること、従って当面、「ジェンダー平等を実現するための手段として位置づけられている積極的是正措置策定の基礎をなす」のは企業であらざるをえず、その職場にまで降りて企業および男女労働者という各アクターの労働編成をめぐる動きをとらえなければ、ジェンダー平等をもたらす萌芽と可能性を具体的に見出すことはできないとした（深澤 2003：72-73）。ジェンダー平等の推進者であり、雇用者でもあり発注者でもある国家の政策形成責任を明確に位置づけつつも、日本における労働編成の具体的な姿やそこに働く力関係を把握する中から、着実な是正措置を見出していくという、現実的で柔軟な視点が提起されている。こうした視点を生かすならば、日本の労働関係の実態を個々の企業レベルの人事管理制度や賃金制度、教育訓練、職務配置といった企業の実践と男女労働者のあり方の両面を、ケーススタディを通じて把握する必要がある。そこに求められるのは、個別的には様々なバリエーションを持つ企業組織が、いかなる諸制度と諸条件の組み合わせによって性別職務分離体制を構築しているのかを切り出すことであろう。またその際労働者個人はもとより、作業チームや労働組合、経営体の経営戦略と技術革新および政策変更やその再構築など、様々な主体の関与をできる限り広く想定し、相互の絡み合いを解析する必要がある。そこからいかにしたら変動可能性を導き出すことができるのかを、探ることが求められている。

次節では、インテンシブなインタビュー調査を通じて、日本の性別職務分析に迫ろうとした筆者自身によるアプローチを整理し、そこで発見した問題および克服すべき課題について記述したい。そして第五節では筆者の研究以降の優れた三作品を取り上げて、研究の到達点を明らかにしたい。

4　日本における性別職務分離研究の模索

筆者は、一九九二年からおよそ一〇年間、日本の職場におけるインタビュー調査から、どのような要因とメカニズムのもとで男女への職務配分がなされ、日々の仕事が遂行されているのかを明らかにする調査研究を実施した（木本 2003）。日本において、この分野での参照しうる先行研究がなかったため、先述のビーチの提起を手がかりとし、日本的雇用慣行の現実を踏まえながら探索的な研究に着手したのである。

調査研究の対象として、小売業を選定した。顧客もマジョリティが女性であるこの業界では、女性労働への依存度が高く、女性労働の多様なパターンが抽出できると考えたからである。まずは百貨店の研究に、次いで総合スーパーの研究へと進んだ。

(1) 性別職務分離の現状分析

対象として選んだ百貨店A社は、当該業界のなかでも女性活用の経験の蓄積があついという定評を得ていた。人事部を中心として、労働力配置の全体像に関するデータ収集、労務管理の歴史、現状と課題についてのインタビューを重ね、最終的にはひとつのショップ内の学歴別、雇用形態別、職階別の男女労働者に集中的にインタビュー調査を行った。人事部や商品部の聞き取りをもとにした社内の諸制度と職場構造の把握と、インタビューから浮かびあげられる諸主体のあり方を連結させてとらえようとしたのである。(20)

この調査研究を通じて浮き彫りにできたのは、「販売は女性、管理は男性」という著しく非対称な性別職務分離の状態についてである。女性は販売と販売の付帯業務（レジ、用度、伝票整理、掃除等）という広がりのない職務を勤続年数が高まっても担いつづけ、「飽き」と「虚しさ」につきまとわれていた。これに対して男性は変化に富む品出し、納品・返品作業、タイムサービスの運営等を男性同士のチームで遂行し、こうした下積みの仕事を経てマネジメントの担い手へと昇っていく。残業・休日出勤も女性に比してきわめて多く、「彼らは職場を背負って立っている」との女性正社員のコメントにみるように、職場内での女性とはきわだって異質な存在であった。人事部は、高卒・短大卒の女性正社員における有給休暇をフル活用しての大型レジャーの享受の姿を語り、昇進意欲に欠けること、通路をはさんで隣にあるショップへの異動さえも嫌がる姿勢を、「女性は仕事に対して特有の姿勢をもっている」とみていた。だが彼女たちが男性とはちがって、勤続年数を高める意欲が強くないのは、新入社員時代からの職務配置、訓練のされ方に、男性とはまったく期待値が異なることを体感させられてきたためである。飽きや退屈感に悩まされながらの職務遂行の中で時間をやり過ごしつつ、バブル経済期の影響も受けながら大型レジャーに没頭する姿が見出された。彼女たちが、昇進を目指さず現状維持を選べば賃金カーブは停滞する。「そういえば結婚がある」という「退職への誘い」が頭をよぎりはするが、すでに晩婚化が大都市圏では顕在化していた。

男性がこぞって、昇進の階段を駆け上がっていくのとは対照的な女性の姿があった。人事部はこれを、女性の入職前からの結婚願望のなせる技だとしていたが、これだけでは説明がつかない。むしろ、きわめて厳格な性別職務分離の結果、醸成された姿勢だとみるべきであろう。筆者は、こうした形で職務がジェンダー間にきわめて不均衡に「偏在」していることを「職務の過度のジェンダー化」と名づけ、女性正社員の意欲をそぐ結果につながるという意味で、非効率的な職場状況を問題として指摘した[21]。

こうして上からの職務配分を通じて男女別および学歴別に相互に分離されつつ、同時に諸主体の意識の上でも相互に分離し合う姿をとらえることができた。とりわけ二〇歳代前半の女性正社員の派遣販売員[22]に対するまなざし（「離婚や夫の事業の失敗で、生活のために働いている人たち。（自分たちとは）社会層が違う人たちだ」）は、大きな発見であった。同じ職場に一〇年以上勤続していても派遣販売員と正社員との間の仲間意識が薄いだけでなく、派遣販売員は世代差と生活歴の違いのために、あたかも「異邦人」のような目を向けられていたからである。他方で「販売のプロ意識」が高いと評される派遣販売員は、正社員女性について、「販売力がない」「ボッとしている」と酷評する。このことは、上からの分離線が男女、学歴、雇用形態、勤続年数の違いに基づく職務配分のあり方によって引かれているが、労働者の内部でも相互に分離し合う線引きが明瞭な形でなされていることを物語っている。職場内には分離線が、上からも下からも、多層的に引かれているのである。

百貨店の事例研究によるこうした分離線の発見は、次なる研究対象を調査していく中で、筆者を労働組織分析へと導くことになった。企業組織が利潤追求を目的としているとしても、人と人とが織りなす労働組織内の諸関係はそれだけでは説明しきれない複雑性を伴っていることが明らかになったからである。

(2) 労働組織のジェンダー分析

次なる調査対象としては、一九七〇年代初頭には百貨店を抜いて小売業界で首位に躍り出ていた総合スーパーを選んだ。中でも、「女性活用」政策を一九九〇年代半ば頃から積極的に推進していた総合スーパーX社を研究対象とした[23]。

総合スーパーX社の地方中核都市に立地するA店の労働者諸階層のインタビューからみえてきたのは、店舗内を二分する分離線であった。店長が売り場巡廻の際に、主任・課長という指示命令系統を飛び越えてパートに直接指示出しをすることに対する反応の違いから、それがみえてきたのである。店長の下にいる課長とその下の主任は、ある売り場の主任が職場を回しきれていないことを知っていたため、理解し好感を込めたコメントを寄せた。これに対して勤続六年のパートは「(店長は) 現場や商品のことをわかっていないのに」と反発。一度目は指示に従ったが、店長がいなくなるや無視する対応をとったという。こうしたパートと同質の反発を店長に対して示した一般職正社員の大半は女性であり、彼女たちは、他の店舗への異動のないコースを選び、基本的に昇進はありえない。そのうちのひとり (勤続一九年) は、店長の上記の行為への反発を語ると同時に、「この店を愛しているのはパートだ。主任などは三年で異動していく人たち。しかし自分たちやパートはずっとここで働いてきて、店に対する思いは深い」と断言した。もちろん彼女たちとパートの間には大きな処遇上の格差があり、両者間に強い共感関係があるとはいえないものの、異動し昇進していく自分たち以外の正社員との大きなギャップについて、彼女はパートを引合いに出しながら語ったものと思われる。

店舗内で働く人々を二分する分離線は、店舗間異動の有無にあったのである。X社の店舗に限定した場合、他店舗に異動するのは正社員中三五％であり、異動しない一般職正社員は六五％となる。正社員の最末端に位置する一般職ですら、パートに心情的には寄り添っているのであれば、店長から主任に至るまでのマネジメント上の意思が、この分離線を乗りこえることは至難の業となろう。少なくとも一般職の正社員女性とパートにとっては、この店舗のみが唯一の職場であり、愛着が深い。しかも、店舗運営上の日常的な「基礎体力」は、異動しない一般職の女性正社員とパートの力量によって決まる。従って、この分離線を乗りこえうるマネジメントの可否が問われることになる。他方、店舗のボトムにいる女性たちは仕事に精通しているという誇りと店舗への愛着心を基盤として、時に抵抗行為を引きおこすことがある。パートは店舗内で、権力的地位から最も遠い存在ではあるが、主任の異動を促す抵抗行為をもなしうるのである(24)。それは、彼女たちの力量を軽視する、やる気に水を差す、誇りを傷つけるといった上司の言動に接した場合に、繰り出される。

こうした点に鑑みて、労働組織の内的構造をジェンダー視点からより深く解析する必要性を痛感するようになった。これまで労働過程という用語を用いてきたが、労働が労働組織の中に埋め込まれている以上は、組織という具体的コンテクストへの理解が必要になると考えるに至ったからである。ハイアラーキー構造から成る組織体の内部に、保有する資源、権力において差異があるアクターたちがおり、それぞれのポジションから相互に関わり合っている点に注意を向ける必要がある。労働組織において、絶えず上から下に向かっての打診・伝達・説得が行われ、それぞれの組織内地位に立つアクターたちがこれに応答・交渉し、時には無視し抵抗することもある。組織文化は組織内で共有されている意味、考え、価値や信念であり、メンバーを統合するために上から作り出されるが、組織内の諸個人が各々の多様性に基づいて組織文化を解釈し、関わり、時に抵抗の姿勢を示す。つまり労働組織には、組織文化をめぐって争うスペースがあるとみるべきである。

こうした組織文化をめぐる争いという側面にも目を向けて労働組織内の応答―交渉関係に着目し、その動態的把握によってこそ、刻々とうごめく組織内の労働関係に深く分け入ることが可能になろう。このことを通じて、性別職務分離の現実の姿をリアルに摑み、ひいては労働組織の内部へのジェンダー関係の織り込まれ方とその変容過程を明らかにすることができるのではないかと考えるに至った[25]。

(3) 労働組織の変容過程(1)――「女性店長づくり」

こうした労働組織におけるジェンダー関係の変容過程をとらえる上で、一九九〇年代半ばから「女性活用」政策を強力に推進していた総合スーパーX社は、うってつけの調査対象であった。一九九〇年代半ばから店舗の最末端の職制である主任への女性登用が推進され（「女性主任づくり」）、一九九九年には女性主任比率は四〇％に達した。一九九〇年代半ば過ぎには、「女性店長づくり」を掲げるトップマネジメントの強力な主導のもと、一九九〇年代後半までに九名の女性店長が出現した。同社の労働組合もこれに呼応し、女性店長を囲む座談会を企画するなどした。男女共同参画社会基本法（一九九九年）へと向かう国家施策の動きとこれを支える時代の空気が、追い風となった。

とはいえこの女性店長づくりは、客観的にはきわめて困難な課題へのチャレンジであった。同社の労働組織の根幹をなす人事管理システム自体が、「男性中心主義」に則って運用されてきたからである。店舗のスクラップ・アンド・ビルトに対応して頻繁に、しかも大規模に生じる社員の異動に際して、X社では、男性社員のみをこれに耐えうる人材であり、幹部候補生と位置付けていた。これに対して長期勤続の女性正社員は、特定の店舗の定型的な業務に、従って低い資格に釘付けにされ、店舗のボトムに置かれてきた。その中で「有能」と認定された女性正社員は早々に店舗から、本社や支社のオフィスワークを中心とする業務の担い手として抜擢された。彼女たちは、店長になること自体がその上を目指すための登竜門たりうるという人事管理上根付いてきたルールから、全く外れた位置に固定される結果をもたらしたのである。こうした人事管理システムのもとでは、はりきって入社した女性も、女性を男性と同等に育成しようとする姿勢がない男性上司の言動のもと、勤続を重ねるほどに意欲がそがれざるをえない。「女性店長づくり」は、こうした男性中心主義の組織文化への真っ向からの挑戦であったのである。この組織文化に馴染んできた男性店長の多くは、きわめて冷ややかにこの動きをみており、登用された女性店長について「どうせお飾りだ」「すぐにつぶれるさ」と囁いていた。だが女性店長は、自分たちのマネジメントスタイルを編み出していった。

店長になった女性九名のキャリアパターンは、二つに分けることができる。第一グループは「女性店長づくり」がなされなくても、やがては自力で店長になったであろう人々である。彼女たちは、店長職につくという目標を見据え、店舗からはずれされないように異動希望を表明し続けてきた。これに対して、人事部や商品部からいきなり抜擢され店舗経験が希薄なまま店長職に就いた第二グループは、店長抜擢が告げられた際、驚き狼狽しながらも、最終的には「失敗したら退職するまでだ」との覚悟で臨んだ。この二つの異なるキャリアパターンを有する人々が、「つぶれる」どころか良好な成績を示しえたのは、前述した店舗内のボトムの人々の引く分離線を乗りこえるべく、ここに働きかけるマネジメントを実践したからだということができる。[26]両者はいずれも、店舗内のボトムにいる人たちとのコミュニケーションを重視するアプローチをし、主流のマネジメントスタイルのオルタナティブを作り出す戦術をとったのである。[27]

（4）労働組織の変容過程(2)――局面変化と言説変容

そうした中で男性店長の、女性店長に対する同情的でもあり、やや侮蔑的ともいえるコメントが変化する局面が現れた。一九九〇年代に店長になった九人の女性が、良好な成績を出し、しかも二〇〇〇年の最優秀店長賞を女性店長の一人が獲得したことで、この空気は決定的なものとなった。数値指標を徹底的に検討して導き出された受賞ではあったが、そこには明らかにトップマネジメントの明瞭な意思が働いていたと思われる。毎年度ごとに受賞者がいるとは限らないこの賞を女性店長に受賞させることで、実績を上げさえすれば男女を問わず処遇するという意思を、男性店長にみせつけたのである。そこに込められた「女性を侮るな」というメッセージは、男性中心主義の組織文化への真正面からの挑戦となった。こうした局面変化に対応して、男性店長の言説に変容が見出されるようになった。女性店長の努力を「女のやり方」というステレオタイプに押し込み、「まるで女性店長のような店」というフレーズが男性店長同士の会話に出現するようになった。新人店長は男女を問わず小規模店からスタートし、より大規模の店舗が任されていくのだが、小規模店で頭角を現すようになった女性店長のやり方は、きめ細かなコミュニケーションと顧客サービスが巧みな点にあるとする言説である。そして男性店長であってもそのようなマネジメントを心がけて成功したケースを、「まるで女性店長のような店」と評する、半ばからかうようなフレーズも登場するようになった。そこには、女性店長はせいぜい小型店止まりであって、そのやり方では、大型店のマネジメントには通用しないとの線引き意識が見出される。男性店長は、女性店長が採るマネジメントスタイルを「女性的なもの」と位置付け、多数の部下を率いて瞬時に部下を動かすことが求められる大型店では、怒鳴りつける、部下を泣かせてでも数字を達成させるという高圧的なスタイルしか通用しないと信じていたからである。これはメインストリームを歩んで店長に昇格した男性が、過去に、男性上司から教わってきたマネジメント手法であり、これによる成功体験を彼らは共有していた。だがこれ自体が最も効率的であるかどうかは、検証されてきたわけではない。

こうして女性店長の努力や頑張りが認知されるようになっても、「女性」「男性」という括り方が慣習化しているため、それらを「女性型」として括ることによって、「男性型」と差別化しようとする。女性店長の予想を越える力量発揮を目の当たりにした段階で、男性とは異なる「女性性」の中にマネジメントスタイルをも閉じ込めようとする実践、別言すればジェンダー差に拘泥した実践が、繰り返されるのである。ここに、ジェンダーを執拗に再生産しつづけるメカニズムを見出すことができる。ジェンダー関係の変容を導くのは、容易なことではない。だが一〇年、あるいは一五年というスパンでみたときには、確実に死滅していく言説がある。前述したように一九八〇年代にはX社では女性主任は不在であり、その時まかり通っていたのは「女性に主任が務まるわけはない」との言説であった。これは、女性主任の登用が進む中で死語と化した。また「女性に店長が務まるわけはない」も抜擢された女性店長の奮闘によって、死語と化していく可能性がある。ジェンダーをめぐる日常的実践はたえず再生産されていくが、しかし一定の年限を経たのちには、古い言説は事実によって乗りこえられ、亜種の言説を生み出しつつ、やがて死滅していくことになるとみることができよう。

(5) 残された課題

以上の筆者の手探りの試みは、一連の事実発掘や方法的視点の深まりを伴いつつも、様々な点で再考すべき課題を残している。先にも触れたように、インタビュー調査によって職場の労働関係の深い層にまで降りて分析しようと試み、労働組織の応答―交渉関係や組織文化を把握しようとした結果、上からの職務配分による分離線のみならず、下からも引かれている分離線という複雑な動きの一端をとらえることができた。また「女性店長づくり」という上からの組織文化への挑戦に対して、これに呼応する女性店長のそれぞれのキャリアパターンに即した対応形態や、それを眺めている男性店長のリアクションを追いかける中で、組織文化が少しずつではあるが変容していく様相を観察することができた。こうした把握は、「労働過程それ自体の中でのジェンダーの解釈」を徹底して行うという方法によって可能になったと思われる。

しかしながら、なるべく多様なアクターに目を配ろうとしてきたが、結果として次の点で不十分さを残したと思われる。その一つは、労働組合の独自性への目配りが不十分であった点である。労働組合関係者にもインタビューを重ねてきたが、トップマネジメントの政策を補完する役割を越えるような、労働組合独自の視点と実践をとらえきることができず、重要なアクターとして十分に考察に取り込むことができなかった点である。もう一つは、正社員とパートの処遇上の格差問題に迫ろうとする点での不十分さである。店舗のボトムに位置する一般職正社員女性とパートとの関係性について、調査の過程で考える契機は何度もあった。たとえばパートの何人かは、「給料日が来るたびに、正社員の女の子の顔を見たくもない」と語っており、パートと一般職正社員女性との処遇格差への不満を表明していた。結果としてこうした点をそれ自体としてつきつめるよりは、女性店長が、みずからのキャリアを踏まえて編み出していったマネジメントスタイルの意味付けに思考時間の多くが費やされることになった。女性店長のマネジメントの目線では、「店舗のボトムにいる女性たち」としてパートと一般職正社員女性とがまとめて語られており、この層のボトムアップ自体が女性店長のマネジメントにとっての要諦であったことの意味をいかにとらえるべきかに、思考時間の大半がとられていたのである。女性店長の中にもパート出身者も複数名いたことを改めて思い起こしてみるならば、一般職正社員との対比におけるパートとしての体験について、より深く考察すべきであったと考える。以下で取り上げる三つの研究は、木本（2003）のこうした不十分な点を越えるような考察がなされており、学ぶべき点が多い。

5　二一世紀日本における到達点と課題

（1）性別職務分離研究の潮流

筆者自身の調査研究のうちで最初に取り組んだ百貨店調査の研究発表（木本 1995）ののち、一九九〇年代後半以降、日本企業を対象とする性別職務分離に関連して実証研究が出されるようになった[28]。学術誌や学術書に論文として掲載されたものを挙げれば、次のとおりである。合場敬子は生産工程従事者（合場 1998）、駒川智子は銀行事務職（駒川 1998, 2000, 2011, 2014）、宮下さおりは印刷業（宮下 2000）、深澤和子は建設業の施行管理（深澤 2000）、笹谷春美はホームヘルパー（笹谷 2000）、千葉悦子は農家女性労働（千葉 2000）、筆者は家電メーカー現業職（木本 2004）等となる。これらのケーススタディの後、浅海典子は事務職（浅海 2006）、鵜沢由美子は専門職（鵜沢 2011）、山根純佳はケアワーカー（山根 2011, 2022）、金井郁は生命保険の営業職（金井 2015）、そして大槻奈巳はシステムエンジニア（大槻 2015）を研究対象として取り上げている。これらの研究のうちの多くは、インタビュー調査を軸としている。

大槻（2015）はこの他、医療・介護サービス職の職務分析も手がけている。ただしこれは性別職務分離の研究としてというよりも、同一価値労働同一賃金を目指す研究の基盤となる職務内容の分析であり、職務評価を実施する基準を確定するための調査研究である。森ます美、浅倉むつ子がリードする日本での同一価値労働同一賃金の実現を目指そうとする研究グループの調査研究は一九九〇年代後半には着手されるようになった（ペイ・エクイティ研究会 1997）。その後、様々な研究者の共同研究への参加を得て、職場にまで降りた職務内容の調査研究が精力的に推進されてきている(29)。そこでは、先述した医療・介護サービス職の他、スーパーマーケット販売・加工職、家電量販店の販売職・レジカウンター職が取り上げられ、綿密な調査研究がなされている。その中で、職務内容の調査研究の副産物として性別職務分離状態の発見もなされており、学ぶべき点が少なくない。こうしてみてくると、一九九〇年代およびそれ以降は、筆者自身が日本および欧米の女性労働研究史のサーベイから抽出した課題である性別職務分離研究の提唱・実施とその波及の流れが一方ではみられるが、他方では、同一価値労働同一賃金の実現を目指すという重要な研究目的を持つ職務内容分析が推進されてきていることになる。産業、企業そして職場に降りての女性労働の実証研究を重視し、丹念なケーススタディを重ねることを通じて、女性労働の現実に迫ろうとする実証研究の潮流が形成されつつあるということができるだろう(30)。

以下では、広い意味での性別職務分離の研究に軸足を置き、ある程度の年月をかけて複数の職場の実相に迫って分析しきった学術書を三冊取り上げ、二一世紀に拓かれつつあるこの研究ジャンルの到達点をとらえていきたい。それぞれの研究の問題意識、研究方法、研究対象の設定、導き出された結論を取り上げながら成果を確認し、今後に残された課題について考えるためである。ここで取り上げるのは、首藤若菜（2003）、金英（2017）、禿あや美

(2022) である。以上の三冊以外にも労働とジェンダーに関する優れた学術書が出されているが、本章では、ジェンダー視点からの職務分離研究が軸に据えられ、問題意識、方法論ともに一貫性をもって、手堅い実証研究として展開されている著作に絞り込むことにした。

(2) 男女混合職化のケーススタディ――首藤若菜 (2003)

首藤若菜 (2003) は、ブルーカラーの性別職域分離に取り組んだ研究である。これは、すでに述べた筆者自身の単行本の半年後に出版されている。一九九〇年代後半から調査が着手されたものと推察され、木本 (2003) を批判的に参照したことが明示されている。本書は、「性別職域分離」に着目し、労働市場における男女の職域を分かつ諸要素を明らかにすることによって、男女間の職域分断を縮小させ、統合へと向かう男女平等化への道筋を探ろうとの問題意識に導かれている。首藤は独自の方法的視点を携えて、「性別職域分離」に挑もうとするのである。すでに本章の注(15)で触れたように既存研究において性別職務分離は、水平的分離と垂直的分離という、二つの位相の異なる分離を想定してきた。首藤はこれを踏まえつつも、前者を「職種分離」と呼び、後者を「キャリア分離」と呼び、両者が統合された姿を「職域」と設定している[31]。それは日本の職場慣行と実態に照らせば、男女が一時的には同一職種・職務内で肩を並べながらも、女性がそこに滞留するのに対して、男性はそこから抜け出して上位の職種へと異動していくキャリア展開が認められる。首藤は、こうした男女を分かつ「キャリア分離」を重視しようとするのである (首藤 2003:8-18)。確かに日本的雇用慣行下での男女間の異なる処遇を把握しようとすれば、現段階の分離状態の把握に留まらず、時間軸を投入して技能形成や職種転換を含むキャリアを見通す必要がある。こうしたタイムスパンの投入は、「統合と分離再編のスパイラル」という把握にもよく表れている。女性が男性の職種に参入してもなお職務内容が限定付けられるなど、統合の後にさらなる分離が再編成された形で登場し、統合と分離の再編が繰り返されることが「スパイラル」と表現されている。首藤は、こうした時間的な動きを見定めつつ、分断を乗りこえて統合へと向かう道のりの把握を重視しようとしているからであろう。

以上の方法的視点を携えて首藤は、研究対象を男女が混合して働く職場と設定し、生産工程・労働作業者と運輸職に従事する狭義の「現業職場」を、中でも鉄道業と自動車産業とを中心に、さらに電機産業、運輸業をも加えて研究対象としている。日本における先に触れた一九九〇年代後半以降の性別職務分離に関わる研究が、経済のサービス化の動きを体現しつつある職種、あるいは女性の高学歴化に関わる職種が取り上げられる傾向がやや強いともいえる中、ともすると埋もれてしまいがちな現業職種をとらえようとした点に独自性がある。戦前期以来、そして高度成長期を牽引する形で多数の女性が従事してきた生産工程等を中心とするブルーカラー労働者に注目する意義は大きいと思われる。とりわけ均等法の成立（一九八五年）とともに改正された労働基準法では残された深夜業の禁止規定が、最終的に廃止をみた一九九八年の労基法改正以降、これらの職場が男性のみの職場からいかなる変貌を遂げたのかを明らかにすることは、重要な課題である(32)。

本書は、上記の四産業を取り上げ、さらにそれぞれ複数の企業と労働組合への調査を通じて収集した豊富なデータをもとに、最終的には、性別職域分離を促す三つの要因仮説を検討している。それは深夜勤務禁止規定、男女の体力・筋力差、統計的差別の理論であり、追跡調査を重ねたとする鉄道業と自動車産業の事例を中心に次のように考察されている。第一については、どこの職場でも女性に深夜勤務が開かれるや、女性にもこれを課すルール変更がなされ、女性採用者数を一気に増やしている。この点をみても深夜労働の禁止規定自体が、性別職域分離の形成因であったことは明らかであろう。第二の男女の体力・筋力差をめぐっては、男女混合職化が推進された事例のほとんどで、女性の参入以前に技術革新や新技術の導入が進められており、体力・筋力の性別格差が職務遂行に違いをもたらすとの考えが支配的であったことが知られる。首藤によれば、この前提自体の真偽が確かめられることはなかったが、性別筋力差をなかなか克服しえなかった自動車産業においても、「女性には無理」と考えられてきた伝統的な男性職場への配属を希望した女性たちは、たとえば重量物の運搬作業において試行錯誤しながらも「コツの習得」によって対応できるようになり、女性が配置されうる職種が広げられたという。このことは性別筋力差が全く影響しないとはいえないものの、女性たちはしだいに男性と並んで業務をこなすようになり、逆に、経営者や現場監督者の「過保護」に苛立ち、平等化を要求したという。首藤はこうした検討を通じて、「社会的性差部分と実在の筋力的性差部分とを峻別し、女性の労働能力を再認識させる必要がある」（首藤 2003：239）と主張する。つまり鉄道業にみるように筋力差・体力差は問題なくクリアできている場合と、自動車産業のように依然として課題を抱えている場合とがあるが、嫁入り前の女性にこんな仕事はさせたくないといった「伝統的なジェンダー観」が過剰に入り込んでいる点に、首藤は注意を喚起する。そして男女混合職化への不安が一歩一歩解消される中で、「さらなる男女混合職化を呼び込んでいる」（首藤 2003：241）と評する。

最後の第三要因としての統計的差別の理論については、一般的熟練職種ではなく企業特殊的熟練職種に焦点を合わせて検討している。この中核をなす熟練職種への女性の配置が、女性の短期離職の可能性が高いとの想定のもとで回避されてきたからである。鉄道業についてみると、最も序列の高い運転士に女性を配置する会社が現れたが、そこでは男性よりも早期に、すなわち「促成栽培的」な形での配置がなされた。この場合、異常事態への対応に耐えうる力量が弱いという不安がつきまとうものの、女性への技能形成への投資はなされ続けた。その結果、一〇年という「中期勤続」が達成され、高い技能を持つ女性の育成に成功している。しかも彼女たちは、経営側の「せめて一〇年は」という期待を乗りこえて、勤続をさらに伸ばそうとする勢いであるという（首藤 2003:246）。他方、筋力的性差の影響が残る自動車産業では、女性の短期勤続（三〜四年）の流れは止まらない。こうして産業および企業によって差異はあるものの、男女混合職化を推進した職場では、女性が高い技能を取得し、中期的勤続を達成し、男女間の技能水準の接近によってキャリアの男女間の壁が取り払われつつある。最終的には、中期勤続が制度として位置付けられ、キャリアとして認定されるようになった事例にみるように、容易には後戻りしない男女混合職化の動きがさらに拡大し定着する可能性が示唆されている。

以上のように、現業職場の一九九〇年代後半以降の変化を、産業別に、個々の企業と職場それぞれの特性を踏まえつつ、男女混合職化の歩みを描き出す論の運びは鮮やかだといえよう。しかも先述したように、一定時期の性別分離状態の記述に留めるのではなく、分断と統合が様々に組み合わされながら展開していく動態的過程を見定めようとする方法的視点を本書が有している点は重要である。またアクターの一つとして労働組合については、法規制に固執するという点で保守主義に傾きがちである点、執行部の女性比率が示す女性の代表性の実現度に応じて対応の仕方に違いがみられる点等、行き届いた観察がなされている。首藤が、労働組合を重要なアクターの一つと位置付けてインタビューを重ねたことを窺うことができる。

ただやや残念に感じたのは、アクターとしての女性主体のあり方に、もっと肉薄してほしかったという点である。男女混合職化の過程を力強く担った女性たちとは、一体いかなる人たちだったのか、興味が尽きないからである。「女性でもこの仕事（バス運転手）になれるのかと驚き、ぜひやりたいと思った」という志望理由を挙げた女性とは、どのようなバックグラウンドを持つ存在なのか。この研究のスタート時点では首藤は、こうした重要なアクター自体を掘り下げる分析枠組みを持っていなかったのではないかと思われる。調査の途上でその点に気づいたのか、男女混合職を希望する女性は、「そもそも意識の高い女性」の可能性もあるとする（首藤 2003:247）。あるいは勤続を重ねる女性の場合、相対的高賃金をその要因とすることはできず、ロールモデルの有無、職場慣習、ライフサイクル上の地域的差異等、分析を深める必要があるといった書き込みがなされている（首藤 2003:254）。男性についても、女性の参入に対する「強い抵抗感・縄張り意識」（首藤 2003:245）に関する記述も見られる。男女混合職化というエポックメイキングなプロセスを担った女性および男性諸主体への関心が調査過程で頭をもたげてきたのではないかと、筆者が考えるゆえんである。首藤の時間軸を投入した方法的視点を生かしつつ、さらに男性ならびに女性労働者の主体像への関心を常に念頭におく労働社会学研究とつなぐことは、今後の課題であり、このジャンルの研究をより豊かで魅力的なものにすることになるということができるだろう。

（3）主婦パートの処遇格差の再生産——金英（2017）

首藤の研究では、正社員女性と正社員男性が主として分析されているが[33]、次に取り上げる金英（2017）は、スーパーマーケットの主婦パートタイマーに的を絞った研究である。既婚のパートタイマーが多数雇用されているスーパーマーケットの既存研究によって、その高い熟練水準をもって管理的業務をも担う基幹労働力化の進行にもかかわらずきわめて低い処遇水準に留めおかれていることは、すでに明らかにされている。金は、パートの基幹労働力化の進展の中で「職務と処遇の不均衡」が再生産されているのは何故かを、真正面から問う。この問いを解くために、「こうした矛盾した現実を再生産させる同意の装置や行為主体に対する分析」（金 2017:15）が不可欠だとの強い問題意識から、調査研究に取り組んでいる。そのための分析概念は後述するが、本書の豊富なデータは、一九九九年二月から二〇〇三年八月までに七社を対象とした調査から得られたものであり、二〇〇〇年前後の時点に焦点を定めてまとめられている。

上記のような問題意識から、同意の装置や行為者戦略に踏み込む必要性を意識している金は、そのために三つの分析概念を設定する。まずは「主婦制度」である。これは、家族責任を専担する女性が労働市場に出た際に、一人前の労働者とは位置付けられず、「主婦労働者」であるがゆえに低賃金労働力の提供者であって当然とする「制度の束」である。その主な柱は、「男性稼ぎ主型」に則った税制度、社会保険制度、内部労働市場の賃金体系等である。もう一つは「主婦協定」であり、主婦であるパートタイマーの家庭優先性の保障を主内容とするものである。すなわち主婦としての家庭責任が果たせるように配慮しさえすれば、高熟練パートが低賃金処遇におかれても問題はないとする行為戦略である。こうした「主婦制度」と「主婦協定」に基盤を与えているのが、主婦規範だとされている。「職務と処遇の不均衡」に大きな問題を見出す金は、パートの基幹化が進めば主婦協定の土台が弱体化し、ずれ、葛藤、亀裂が生じることになるとする。ここに第三の分析概念としての「非公式権力」が、発現する土台があると想定している。すなわち組織化されていない個人主体によって採られる、公式的な規範や権力を無視する日常的な対応戦略を把握するために、これが導入されるのである（金 2017:2-17, 12-14)。しかも企業の行為戦略とパートタイマーが対峙する闘争的なアリーナが設定されている点が、ユニークである。企業経営側は、「家庭優先性」の一線を越えない形でパートタイマーの基幹化を構想・推進しようとする。そのもとで、パートタイマーは対抗的な戦略を行使しようとする。こうした争いの磁場が、三つの概念のセットからあらかじめ設定されることによって、その動態が、本書を通じて描かれるだろうとの期待感を読者に抱かせることに成功していると思われる。

本書はまず、経営側のパート基幹化の試行錯誤を、「主婦協定」との関わりにおいて分析する。家庭優先性という点での正社員との違いを踏まえて、企業は、パートの熟練向上を促そうと、外部労働市場と比して相対的に高い賃金と雇用の安定性を適用しようとする。だがこれは「内部化」を図ろうとする方向を向いてはいるが、限られた範囲内であって「制限的内部化」に留まっている。より正確にいえば、勤続と熟練を積むにしたがって正社員との賃金格差が広がる仕組みになっているのであって、それは「疑似」内部化にすぎず（金 2017:136）、主婦パートの同意を得ることはできないとする。他方、労働組合は、基幹労働力となったパートが長期勤続の中高年フルタイムに近い存在であることを重視し、組織化戦略の方向に動いている。ただし労働組合の視点が、男性正社員の働き方を物差しとして労働組合への排除／包摂を考えている限り、限界を有するとされている。

金が注目する行為主体たるパートタイマーのバックグランドについては、第四章において多面的な分析がなされている。ここでは同意の維持がどこまでできるのか、亀裂が生じる局面と非公式権力がいかに繰り出されるのかが、当然にも重大な関心事となる。主婦パートの就業経験や家族構成、学歴や働き方に対する考え等が分析される中で、パート勤務という現状への諦観や公式権力を受容せざるをえない状況が抽出されるとともに、結婚・出産による就業中断を後悔しつつ、再就職するならパートではなく正社員として家庭との両立を果たしたいとする人々がかなりの数存在していることが描かれる。こうした分析を通じて、「ロングタイマー」の際だった特徴が浮かび上げられるに至る。週三五時間以上働くロングタイマーの「20年以上働いてきて新入社員より低い」という、賃金に対する不満と怒りは激しく表出される。また自己承認を求めて現行の位階制度の中で上位を狙う人々もおり、パート内部での昇進・昇格差に敏感になった先に「いじめ問題」の発生もあるという。また両立支援制度に守られた女性正社員に対して「やっかみの視線」が送られもする。最終的に金が見出したのは、ロングタイマーの「おしゃべり共同体」という「陣地」である（金 2017:305）。これは、帰宅前に食堂でおしゃべりを交わし、休みの日には一緒に遊びに行くという親密な関係性に基づく結束力ある集団であるという。彼女たちはあらかじめ相談の上で、新主任を

「手なずける教育」という挙にも出る。具体的には、売り場の裏にある冷蔵庫に連れて行き、「お前が正社員だけど、この店のことは私たちがずっとよく知っている。ここでは私たちのやり方があるからね」と言い渡し、新主任は全員泣きながら冷蔵庫から出て行くのだという。ここに端的に、「非公式権力」の行使をみてとることができる。このことは同じ店舗の管理的職位にある人々は知っており、ロングタイマーがもつ力量を認めるがゆえに、こうした「手なずけ行為」を黙認しているという。

最後に二〇〇〇年代の「改正人事制度」は、異動範囲を基準とした社員区分制度への変更であると同時に、非転居社員の昇格・昇進の上限を拡張させている。後者についてはパートタイマーにとっては「制限的内部化」の上限を高めることになるとはいえ、非公式権力発生の根が絶たれるわけではないと金は見立てる。他方、異動範囲による社員区分化は、女性正社員に最も大きな変化をもたらすことになり、女性労働者の総パート化を導くことになると批判する。

こうした主婦パートタイマー像、とりわけロングタイマー像は、調査データに基づいて丁寧に抽出されている。わけても膨大な書き込みがあったであろうアンケート用紙を読み込み、回答者の心情にも寄り添いながら描いていく金の姿勢は読者に十分に伝わってくる。膨大なエネルギーを要した分析であるだけに、多くの発見がなされたのだと思われる。中でも最も重要な発見は、「おしゃべり共同体」であろう。特に主任を手なずける行為に関する記述をみれば、金がなぜ「非公式権力」と名付けたのか、理解することができるだろう。金によれば「おしゃべり共同体」と新任主任とが張り合うことはスーパーマーケット業界では「常識」であり、こうしたパートによる非公式権力の行使は企業によって認定されているという（金 2017：309）。先述したが、筆者自身による総合スーパーの労働組織分析においては、一時的・散発的な個人的抵抗や集団的抵抗に言及しているが、金がとらえたこの「手なずけ」行為については、職場では認知されているのだという。金はここに着眼し、これが大きくなり過ぎることから生じる亀裂を縫合するために、各企業は「制度改正」に取り組むことになるとしている（金 2017:315）。ここでいう制度とは、「制限的内部化」にすぎないとして金が批判を加えてきたパート処遇の改善の取り組みや上記の二〇〇〇年代の「改正人事制度」を指している。パートとの「亀裂の縫合」が起動因となってパート処遇に関わる制度改正がなされるとの解釈は、分析論理を突き詰める運び方としてはシャープである。だが「常識」として織り込み済みの事柄であるとすれば、それはやり過ごされ、制度改正には必ずしも結びつかないのではないかとも考えられよう。制度改定を促す要因としては、当該業界がおかれた競争環境動向を視野に含んでとらえる必要があり、とりわけこの業界を規制してきた大店法の二〇〇〇年の廃止という規制緩和や店舗の長時間営業化への対応等も含めて、全体構図を見定めることも欠かせないのではないかと思われる。

金が重視する「非公式権力」の発動が現状に対する変革力につながると位置付けることができるとすれば、その戦略的可能性について、より立ち入った説明と解釈が求められるだろう。とりわけロングタイマーが自分たちの「陣地戦」(34)を展開するために、「おしゃべり共同体」の外にいる主婦パートを味方につけようとする道を採ることもあり得るのだろうか。その「ボス」と呼ばれるリーダー格が労働組合員であることが多いとの記述から考えるならば、労働組合を巻き込んでのこの道の探求はいかなる可能性を持っているのか。より深い考察が欲しくなるのは、この点が本書のハイライトをなすと思われるからである。

（4）パートと正社員間の分業と秩序——禿あや美（2022）

禿あや美（2022）は、金英とは全く異なるアプローチによって、パートタイム労働者をはじめとする非正社員と

正社員との処遇格差が解消されないのはなぜかを問題としている。禿は、従来の労働研究においてこの格差問題に光を当てえなかったのは、職務研究への関心が弱化したためだとした。すなわち日本の正社員が属する「内部労働市場」において賃金が担当職務で決まらないことから、研究関心は「能力」「人柄」「人格」に向かい、職務への関心から離れていったのだとする。また非正規労働者の「外部労働市場」において年齢や勤続が反映される賃金制度が適用されないのは、熟練が未形成であり低技能で定型的な職務を担う労働者にすぎないからだと把握されてきた。すなわち正社員と非正社員とが別個な枠組みで扱われてきたのである。ここに、職務と処遇の格差問題が現実的に可視化される事態が生じてきているにもかかわらず、メスを入れることができないまま放置されている真因があるとして、既存研究を鋭く批判する。これに対して禿は、女性労働研究がジェンダー視角からの労働過程分析を中心課題と設定し、産業、企業、職場に降りたケーススタディによって性別職務分離研究を推進してきたが[35]、上記のような労働研究の関心とは「すれちがい」が起きていたとする（禿 2022:19）。これを突破し、正社員だけではなく、パート等の非正社員をも内包する全体像をとらえ直すことが、禿が狙う課題として設定されている。野心的な企てだといえよう。

そこでの中心的課題は、正社員と非正社員の分業、職務分担、賃金をはじめとする序列化を枢要な要素とする秩序が、どのように構築され維持されてきたのかを明らかにしようとすることに置かれる。そのために、電機産業と小売業におけるパート処遇制度の形成過程についての綿密な歴史分析を行っている。まずは早い時期からパートを取り込んできた電機産業に焦点を合わせ、臨時工、とりわけ女性臨時工を多数雇用していた一九五〇年代から、一九六〇年代の労働力不足と労組による「臨時工の本工化闘争」を経てパート活用へとシフトしていった変遷過程を跡付けている。臨時工は正社員と同じ労働時間、製造ラインで同じ職務を担当していたため、処遇格差の合理性に疑義が挟まれることになり、本工化による解決が図られた。これに代わるべく投入されたパートは本工化を回避できるように、主婦として設定し、その労働時間や仕事内容を正社員とは区別した。だが製造業に顕著なパートの長時間労働の傾向をみれば、企業は、主婦が家庭と両立しつつ働くことが可能な就業形態だとはいいつつも、実際には労働と家事労働との「調和」を主に考えていたわけではないとする（禿 2022：45）。非常に鋭い指摘であるといえよう。製造業のパート導入の狙いが、若年労働力不足を補う低賃金労働者としての活用にあったことが明らかにされるのである。一九七〇年に成立した電機産業ＥＬ社のパート処遇制度（「定時社員制度」）では、「三十五歳前後の子供から手が離れた家庭の主婦」が想定されていた。労働時間は正社員より短い七時間とされ、一年間の有期雇用契約ではあったが労働組合に組織されていた。職務範囲に限定をかけること、正社員と混在させて働かせないようにすることが、常に強く意識されていた。だが定時社員が勤続を重ね、機械化が進む中で、仕事範囲が単純な補助作業を越えて正社員と同じ本体作業へと広がっていった。そうした中にあっても、正社員とパートの人事・処遇制度は別立てであり続け、パートは実質的には雇用保障を得てはいたが、有期雇用形態が維持された。定時社員を正社員と区別し続ける上で、職務の限定は重要な要素であったことが明らかにされている。

次いで小売業については、一九七〇年代から二〇〇〇年までの時期がカバーされる。パートの基幹労働力化がますます強化されていることは、小売業の先行研究がすでに明らかにしてきた。これを踏まえて禿は、ＣＯ1社（生協）とダイエーを対象として、基幹労働力化に対応する人事・処遇制度の改定過程を辿り、企業内におけるパートの位置付けと企業内序列の変更・修正、およびそれに伴って浮上した問題を明らかにしようとする。紙幅の都合で以下では、前者を中心に取り上げる。

ＣＯ1社では一九七〇年代にパート比率が高まる中で、正規職員が管理的業務を、パートが実務を担うという線引きが曖昧化していった。一九八〇年代には急激な店舗展開が推進され、正規職員の数を抑制してパート依存度を高める道が追求され、管理業務を担う「チーフパート制度」が新設された。それとともに、正規職員への登用の道も制度化された。賃金制度については、一般パート、チーフパートともに基本時給に職種給や査定による努力給が加えられ、チーフパートには職位給も加算された。労働組合は、こうしたパート職員の職務拡大を正規職員並の処遇の実現への基盤ととらえ、パート労組の活性化を励ました。「チーフパート制度」をめぐる交渉過程で労組は、労働運動上初めてといわれる「パート職員から正規職員への道」を押したのである。労組はパートの職務拡大に積極的な意味付けを与え、労組が合同化する道を開いたが、そのことが新たな対立関係を生み出すことになったという。上記のようにパートと正規の賃金差を縮小させる取り組みがなされてはきたものの、両者の職務上の接近によって、基本的な賃金差が解消しないという問題を先鋭的に可視化させることになったからである。人事・処遇制度が正社員と別立てにされたままであって、両者の対立関係は深まっているという（禿 2022:165）。

一九九〇年代にも、八〇年代の基本路線が踏襲され、経営社側は「ローコスト運営」という動機に突き動かされていた。正規職員の処遇制度の整備がなされ、地区店長制（一店舗一店長から二〜三店舗に一店長の配置）が導入され、そのもとでパートの職務範囲はさらに拡大した。それに対応して、八〇年代と同様にパートの処遇改善も取り組まれはした。だが両者の職務のいっそうの重なりによって、正規職員の「能力」不足問題が露呈し、現場の指揮・命令系統に混乱が生じていったという。それは、正規職員の育成に意が注がれてこなかったために、実務能力が欠如したままいきなり管理・判断業務を担うという矛盾の露呈でもある。同一労組内に組織されているがゆえに対立関係が持ち込まれ、人間関係の悪化にまで至っているという。これは、両者の職務の重なりの深化がもたらした企業内秩序の混乱であり、同一労組内にある以上は、両者を包摂できる新たな論理によっての突破が焦眉の課題となっているると主張する。(36) 以上のように禿は、企業および労働組合の膨大な史資料を丹念に読み解く中から、職場内で生じている深刻な混乱と対立を丁寧にあぶり出している。

最後に禿は、正社員とパートタイム労働者の分業や担当する仕事の難易度、責任の程度の違いを把握し、職務内容と実際に受け取る賃金額との関係を明らかにしようとする。そのために、同一価値労働同一賃金を目指しての職務評価調査の手法を用いて測定を行っている。そこから得られたのは、正社員とパートタイム労働者とでは職務と賃金決定の間に大きな落差があるという結果である。正社員は、役職や職位に応じて勤務評価点が段階的に高まり、また賃金も役職別にみれば職務評価点と近い水準にある。職務に求められる知識や責任等の「職務の価値」に基づいて、賃金が支払われていることになる。これに対してパートの場合は、難易度の高い職務であってもそれが賃金に反映されることはなく、パート賃金の地域相場に枠付けられつつ、役職に就いたとしても賃金の積み増しがなされるだけであって、職務基準になってはいない。こうした知見に基づいて禿は、すでに正社員処遇において実施されている職務の価値を軸とする公平性基準を、パートタイマー労働者にも拡張して、職務基準を導入することができるはずだと提起している。

以上の禿による歴史分析と職務評価分析は、職務を中心とする職場の分業編成の全体像を見据え、人事・処遇制度の変遷とその動因を把握することを通じて、そこでいかなる序列付けがなされ、合理性、公平性が得られる秩序だてがなされてきたか／なされなかったのかを把握しようとする研究であるといえよう。研究上の「別立て」扱いを取り払っての一体的分析に徹し、従来の限界をのり越えることに果敢に挑んでいる研究なのである。しかも史資料に基づく丹念な実証研究という点でも、価値ある研究だと思われる。職務と分業、そして序列付けが職場内秩序を作り出すことに着眼し、パートタイム労働者を包含して分析しきった点から、本文の記述においては「ジェンダー」が繰り返し用いられてはいないが、サブタイトルが静かに語っているように、ジェンダー視角にたっての「分業と秩序の形成史」に関する重要な研究であると評することができる。こうした方法を採ったからこそ、小売・流通業の研究対象となった企業にみるような、パートの基幹労働者化が、企業内秩序に混乱や対立を露呈させ、職場秩序の混乱の危機がもたらされつつあることを浮き彫りにしえたということができる。こうした方向に現実の職場が向かっているとすれば、正社員においては可能となっている職務の正当な評価に、パートタイマーを組み込んでいくことも可能ではないかとの禿の主張には、共感を覚えつつも、その実現に至る道筋をどう考えればよいのかと考えざるをえない。本書を踏まえて、より希望ある未来が見通せるような視点からの提起が欲しいと、本書を閉じた時に強く感じた。この点に関連して、次項でも言及したい。

(5) むすびにかえて

以上の三作品は、第四節で述べた著者の探索的研究段階を優に越えているということができる。まず三作品ともに、すでに記したように労働組合をアクターとして正当に位置付けている。とりわけ禿あや美（2022）の分析においては、企業秩序にとって労働組合を欠かすことができないアクターとして位置付け、分析枠組みの一角にしっかり据えている点で、従来の労働研究を注意深く踏まえていることを見て取ることができ、安定感のある分析力が発揮されている。また正社員とパートをはじめとする非正規社員との格差問題については、とりわけ金英（2017）と上記の禿あや美の研究において、全く異なる方法を駆使して真正面からとらえられている。すでに述べたが金は、「職務と処遇の不均衡」が再生産されているのは何故かとの問いをたて、同意の装置や行為者戦略に踏み込んでの分析に挑んでいる。また禿は、企業秩序に着眼し、人事・処遇制度の歴史的変遷を、正規職員とパート職員とを切り離すことなく辿ることを通じて、現段階の問題点を鋭く摘出している。異なるアプローチ方法を採りつつ、共通の格差問題に対してそれぞれにメスを入れているのである。

他方、首藤若菜の研究は、男女混合職化の動きに時間軸を投入し、変容ステージの諸段階を意識した方法が用いられている。男女間で分離された職域が女性の参入によって統合に向かっても、ただちに男女統合職場が編成されるというよりも、そこに進出した女性の職種に何らかの限定がかけられる。つまりは統合化に伴って分離の再編成が図られる。こうした過程が繰り広げられていく動きを、各々のステージごとに追い上げつつ、やがて統合化へと向かう道筋を捉えていこうとする射程を持っており、きわめて現実的なフォローアップの方法が提示されている。日本的雇用慣行を基盤としてきた産業、企業においても、また非現業職場の分析においても適用可能な方法的視点であると考えられよう。男女混合職化に向かう変容可能性を探ろうとするこの方法は、時間的経過による変化のステージをとらえていく上で妥当性があるといえるだろう。それだけに、先にも触れたが、こうした動きを担う主体のあり方を付け加えて肉付けすることによって、さらに生き生きとした動態的把握が可能になるのではないかと思われる。

こうした主体という観点については、禿あや美の研究は有していない。様々なアクターの主体的側面に着眼せず、人事・処遇制度の歴史的推移を実証的に丹念に辿るアプローチから、パートの基幹労働力化が職場秩序の混乱を招いている深刻な現実に迫っている。これによって読者は、現代日本における小売業の危うい側面をみせつけられ、切迫した事態をみつめざるを得ない。正規職員の「能力」不足問題の露呈、同一労組内における正規職員とパートとの対立関係、人間関係の悪化といった深刻な事態が摘出されているからである。そこに留まらず職場で起こっている具体的な内実と様相、それに対しての各々のアクターの対応や悩み、評価、乗りこえ方への展望等が、もう少し踏み込んで記述されていたなら、事態の迫真性がより浮かび上げられる分析たりえたのではないかとも考えられる。禿がこだわる「合理性、公平性が得られる秩序」は、こうした「混乱」の中から、どのように立て直されていくことになるのか。禿は、正規職員とパート職員との利害関係の対立が乗り越えられるためには、両者を包摂できる新たな論理が不可欠だとし、究極的には、正社員において実現できている職務基準のパート職員への適用を構想している。こうした到達すべきだと考えるゴールが仮に明らかだとしても、そこに向かっていく道筋は様々にあり得るのではないだろうか。両者の対立の基盤、対立の現局面での発現形態、そこで関わり合っている様々なアクターが向いている方向性等、労働組織の人間的側面や感情的側面にまで降りてとらえる中から、「包摂できる新たな論理」を探りそこに近づきうる道筋も探求できるのではないだろうか。諸主体の問題を、労働のジェンダー分析に繰り入れることは、望ましい近未来への道筋へと至る補助線の発見を可能にするのではないかと思われる。

主体への接近という点では、金英の研究は興味深い。現実の労働市場と職場・職務の分析に、社会制度や社会規範を組み込んで行為戦略とストレートに結びつけようとする着想は、これまでほとんどなかったのではないかと思われる。先述したが、主婦制度、主婦協定、抵抗戦略という三つの概念セットから成る方法的枠組は、パートタイマー自身の行為戦略と経営側のそれとの対抗関係の把握に至るのだろうとの期待感を読者にかき立てる設定である。そして豊富なデータを読み込んでの多面的な分析からパートタイマーの属性を明らかにしつつロングタイマーの独自性に辿り着いていく分析には、説得力がある。ただし「おしゃべり共同体」の言動は現状では、企業からも黙認され認定されているとのことではあるが、このポテンシャルが先鋭的な形をとって発現する局面があるとすれば、それはいかなる条件のもとで、であろうか。すでに述べたように、この共同体メンバーと他のパートタイマーとの共感関係、労働組合をも動かしていく可能性について、さらに知りたくなる。そのためにはケーススタディ・メソッドの徹底が、より重視されてよいのではないかと思われる。企業を越えたパートに共通した特性を読み込むだけでなく、また社内で認知されている「おしゃべり共同体」に関する指摘にとどまらず、個別の企業の内部での「おしゃべり共同体」をめぐる諸アクターの動きに、たとえ一事例だけでも踏み込んだ把握と解析がなされていたなら、よりヴィヴィッドな現実が切り出せたのではないだろうか。またこれを位置付ける上で、「合理性、公平性が得られる秩序」といった禿のアプローチを生かしながら主体的側面にも迫ることも可能であり、そこから新しい知見を生み出すことができるのではないかと思われる。

最後に、第二節の末尾で論じた「家族内性別分業決定論」に陥らないという点に注意を払いながら、女性の家事・育児役割といった家族との結びつきも意識的に脇において、労働過程内在的な分析に徹するという方法的スタンスは、以上の三研究において貫かれている。わけても金は、「おしゃべり共同体」のメンバーが、帰宅前に食堂でおしゃべりを交わし、休日には一緒に遊びに行くという親密な関係性を描くことによって、家事・育児に追われて、終業時刻とともに家に駆け戻るという「主婦パート」像にまとわりつくイメージを、彼女たちが脱している姿を端的に描いていることになろう。ライフステージの変容のもとで、家事・育児責任による時間的制約からはとうに脱しており、しかも基幹労働力化によって仕事能力を高度化させてきているにもかかわらず、「主婦制度」と「主婦協定」を前提とした処遇条件の枠付けに縛られているジレンマの深刻さを、受け止めることができるのである。正社員が働いている時間帯に、あえて職場空間内部の食堂で「おしゃべり」を続けるという彼女たちの行為の意味について、掘り下げてみる価値があるように思われる。

家族内性別分業決定論と距離をとるからこそ、みえてくる世界があることは上記の三作品においても確認しうることであり、今後とも重視すべきだと考える。だがもちろん現実の女性労働者は、家族領域と労働領域とを往還していることを考えれば、両領域の高次の、意識的な再接合へと進む方法を拓くことは、今後の不可欠な課題となるだろう。労働過程から家族的諸条件に環流していく諸要素とともに、家族的諸条件の側から労働過程に環流していく諸要素の、双方を視野に含みつつ、複眼的な視角をもって女性労働者の労働—生活世界とそこでの彼女たちの体験を把握していくことは、今後のさらなる重要な課題である(37)。翻って男性労働者に目を向けるならば、歴史的にみて男性労働者は家族的諸条件とは切断されて把握される傾向が女性よりも強かったにしても、ワークライフバランスの重要性が唱えられている現代にあっては、労働過程に跳ねかえっていく家族的諸条件を探索することは、今後の男性労働研究にとっても欠かすことができない視点になってきている。その意味では、女性労働研究における方法の深化は、労働研究全体の射程の広がりと方法的彫琢に貢献することにもなるだろう。

最後に格差社会との認識が広がっている今日的な社会状況を踏まえるならば、男性／女性、正規／非正規、高学歴／低学歴、労働需要の高い地域・業種／低い地域・業種、日本の人間／外国人といったかたちで、相互に分断されている現実世界を見据えつつ、これを統合的に理解し、把握していく方法上のさらなる深まりが求められる。そこではジェンダー内部の格差と分断という問題にも分析のメスを入れることが焦眉の課題となるが、それと同時にジェンダー間の分離と、学歴、世代・年齢等のその他の社会的分離とがいかに交差しているのかを把握する努力を欠かすことはできない。こうした点も含めて、労働の場におけるジェンダー平等への方途を解明しようとする実証研究は、多くの可能性を開花させつつも発展途上にあるといえるだろう。自由に闊達に持ち味を発揮する方法の探求によって、ジェンダー平等な労働世界、ひいてはジェンダー平等な生活世界の実現に寄与しうる研究を目指していきたい。

注

(1) 翻訳書として、クラウディア・ゴールディン『なぜ男女の賃金に格差があるのか――女性の生き方の経済学』(鹿田昌美訳、慶應義塾大学出版会、二〇二三年)がある。
(2) 年功賃金、長期雇用、企業内組合の三本柱からなる日本的雇用慣行は、労働研究の根幹に位置するものである。研究史の全体像については、野村正實(2007)を参照されたい。
(3) 性別定年制に関する最新の研究としては、大森(2021)を参照されたい。
(4) この用語は、朝日新聞の取材チームが作ったものであり、その人間から会社生活を引き算するとゼロになるという「働き過ぎ」状態を含意している。長時間労働に邁進する男性の働き方を表現する用語として一九七〇年代後半に広く定着した(朝日新聞東京本社社会部 1983)。一九八〇年代半ばには「企業戦士」という、より激しい表現が現れている。
(5) 大企業労働者家族の物質的基盤についての考究は、木本(1995)を参照されたい。
(6) 一九九一年のバブル経済の崩壊以降に、新規学卒者として労働市場に出た世代を指す。二〇二三年時点で、大卒の場合四一~五二歳、高卒で三七~四八歳に該当する。なお「就職氷河期」は、一九九四年の流行語大賞であった。
(7) こうした課題設定については、木本(2016)を参照のこと。なお早川紀代は、日本の近代から現代に至る女性労働の歩みに射程を伸ばして、「女性たちはどこで、どのように働いてきているだろうか」との視角から論究している(早川 2019)。
(8) マルクス主義フェミニズムを持ち込んだ先駆的研究の代表的論者の一人、上野千鶴子(1990)の書名が、端的に物語っているとおりである。なお本章では、女性労働に関わる多様な研究の中で、フェミニズム・女性学視点およびジェンダー視点からのアプローチの研究成果を中心に取り上げることになる。
(9) 上記の女性労働の歴史を、男女間分業の関係も含めて、資本主義化と消費社会化の中でとらえる上で、深澤(2003)、Cowan(1983=2010)、森(2013)、Glucksmann(1990, 2000=2014)を参照のこと。
(10) 以下で述べる研究史のサーベイは、『大原社会問題研究所雑誌』の五〇〇号記念特集に寄稿した木本(2000)をベースとした木本（2003）の第一章を、大幅に修正・加筆したものである。

(11) 嶋津千利世（1978）が、その代表的な論考である。

(12) この論争については、Vogel（1984）、Donovan（1985=1987）、Sargent（1981=1991）、Beechey（1987=1993）を参照。日本への紹介としては、久場（1979）、水田（1980）、竹中（1989）、丸山真人によるドゥーデンとヴェールホーフの論文の編訳（ドゥーデン&ヴェールホーフ 1986）、上野（1990）、古田（1997, 2019）を参照のこと。

(13) 上野（1990）は、『思想の科学』に一九八六年三月から一九八八年一月まで連載されたものである。

(14) なお嶋津の立論を基本的に引き継いでいる家族論への批判的検討としては、木本（1995）第三章を参照されたい。

(15) なおこの性別職務分離は、クロンプトンとサンダースの研究によれば、水平的分離と垂直的分離に分けて考察されている。水平的分離は、「女性職」の学校給食婦、「男性職」の廃棄物処理労働者の例にみるように、報酬や社会的威信による序列付けが介在しない場合である。垂直的分離は、医師と看護師にみるように、同じ医療従事職の内部が、専門的知識や技能的資格、管理能力配分において明確な序列付けがなされ、報酬、権力行使の権限に大きな差異が生じている場合である。教師でみても、初等教育に女性、中等教育以上に男性が多数集中し、管理職も圧倒的に男性が占有している場合は少なくなく、垂直的分離のひとつの典型をなしている（Crompton and Sanderson 1990 : 32-35）。

(16) ハートマンの取り上げた歴史的事例の位置付けと解釈をめぐっては、多くの批判を生んだ。その批判と反批判を通じて、論点が深められた論争のひとつについては、木本（1995）第四章を参照されたい。

(17) 労働過程論争の概要は、Tompson（1983=1990）、鈴木（2001）を参照のこと。

(18) なおハリー・ブレイヴァマンの提起（Braverman 1974=1978）に端を発する労働過程論争は、労働過程学会（現・国際労働過程学会）が組織されるきっかけを作った。そこでは当初からジェンダー視角は重要なものとして位置付けられており、第二回研究大会（一九八四年）では「労働におけるジェンダー」がメインテーマとして掲げられ、多数の研究者が報告している（Knights and Willmott 1986）。家事労働論争に対する否定的総括のすぐあとに、ジェンダー視点からの労働過程の実証研究に基づく学会報告が繰り広げられていたことに、筆者は驚かされた。なお近年の国際労働過程学会（第四〇回、二〇二二年四月、於Padra）では、三一の一般報告中、八報告が、女性労働およびジェンダー分析の視点にたつものであった。

(19) こうしてジェンダー視点を生かした労働過程分析のための調査設計上の枠組みにまで言及したビーチ自身は、残念ながら病のため、自身の手による調査研究を遂行することができなかった。

(20) 一九九〇年から着手したこの研究成果については、日本労働社会学会研究大会で報告（一九九四年）の後、『日本労働社会学会年報』第六号に寄稿し（木本 1995）、木本（2003）第三章に収録した。本項では、これを大幅に圧縮し修正・加筆している。

(21) なお大卒女性は、高卒・短大卒女性とは全く異なる状況におかれていた。大卒女性については、木本（2003：69-71，80-84）を参照されたい。

(22) 派遣販売員は、第二次世界大戦後の流通機構における百貨店業界の優位性が生み出したものであって、長い歴史を有している。派遣販売員は、百貨店に商品を納入する業者に雇われ、当該商品の専門知識を持つ販売員として百貨店の売り場に投入されていた。

(23) 調査期間は、一九九七年から二〇〇二年である。なお以下、「労働組織の変容過程」の項に至るまでは、科学研究費・研究成果報告書（木本 2001）をもとにした木本（2003）の第四章、第五章を、大幅に圧縮し修正・加筆を施している。

(24) たとえばA店ではかつて、パートを怒鳴りつけるばかりの主任が、着任早々に他店舗異動になったことがある。パートが、一斉に口を利かないという挙に出たためである。

(25) 組織文化のとらえ方については、スーザン・ハルフォードらの組織文化の流動化という視点を参照した（Halford and Leonard 2001）。また日本の銀行産業を取り上げ、『女性社員のしつけ方』や人材開発マニュアルが規定するジェンダー別規範、服装、態度にみられるジェンダー・ステレオタイプの分析を試みたホーン川嶋瑤子は、職場内の性別分業を「最も頑強に支えている企業組織とその文化」の問題に注目すべきだと、強調している（ホーン川嶋 1995）。

(26) 第一グループの女性店長は、男性中心主義の職場環境に反発し、男性店長の「高圧的」な怒鳴りつけるマネジメント姿勢に批判的であった。従って部下とのコミュニケーションを密にとろうとし、また店舗巡回中にも意識的に「パートがボソボソ言っている主任への不満にも耳を傾け」ようとした。また、店舗経験やマネジメント能力を培う機会が乏しかった第二グループは、「どこまでもアマチュアでやろうと開き直り」、自分自身よりも現場をよく知っている女性正社員やパートというボトム層に教えを乞い、「現場の痛み、パートの痛み」に耳を傾けようとした。

(27) 女性店長を追いかけて、全国的に女性店長インタビューを重ねることができたことは、得がたい体験であった。「女性店長づくり」をめぐってうごめいていく労働組織のあり方を体感することができたからである。もちろんヴェロニカ・ビーチの提起に学んで、男女店長を必ず同数、インタビューすることに心がけたことはいうまでもない。男性店長の少なくない人々は眉をひそめて、トップマネジメントの提唱がいかに困難であるかを語った。経験の不十分な女性を無理矢理店長に抜擢することに伴う周囲の当惑ぶりや、店長に指名された女性たち自身が不安を抱えていると、口々に語っていた。ところが当の女性店長は、多少の愚痴をこぼしつつも様々な工夫と努力を熱心に語ってくれた。

(28) すでに触れたように、木本（1995）の後に、性別職務分離という用語が用いられるようになったが、それ以前には、労働における性別分業、労働過程のジェンダー分析、女性職／男性職等が用いられていた。なお筆者自身は、job segregation by gender の訳語として「性」よりも「ジェンダー」を用いた方がよいと考えて、一連の調査研究を単著にまとめる際には「ジェンダー間の職務分離」という用語を用いてきた（木本 2003）。その後のこの研究分野の定着度合に鑑みて、本章では性別職務分離を用いている。

(29) 同一価値労働同一賃金の研究について詳しくは、森・浅倉（2010）および森・浅倉（2022）を参照されたい。

(30) こうしたケーススタディに対する疑義が、藤原千沙・山田和代（2011）によって表明されている。二〇〇九年までに公表された筆者のものを含むいくつかの研究に対して、多様な産業・職業、多様な就労形態・雇用形態があることはわかるとしても、「これらの女性労働のリアリティ」は、「すべての女性にとってのリアリティではないかもしれない」という形で疑義が表明されている（藤原・山田 2011：26-27）。「かもしれない」と表された真意の理解は難しいが、各々の研究が対象として取り上げた事例の代表性への疑義なのであろうか。ケーススタディを積み重ねるアプローチは、労働研究では少なくない。それは、職場の現実に近づくためにはそこからスタートする他はないと考えるからである。研究の設定、調査・分析方法にまで分け入った内在的な検討と批判によってこそ、女性労働研究の発展がありうるのではないだろうか。

(31) 以下の記述では、キーワードについては基本的に、それぞれの著者の用語法を用いるものとする。

(32) 首藤は、こうした職場に関する研究上の「放置」に批判的である(首藤 2003:36)。だが、本章で述べてきたように、性別職務分離という視点を持ち込んでの実証的研究が日本ではようやく一九九〇年代から始まったという点に照らせば、ひとつひとつ事例を積み重ね豊富化させていく研究は必要不可欠であると考えなければならない。そうした意味においても、首藤による現業職場研究へ力強い参入は、大いに歓迎されるところである。筆者もまた、関西家電メーカーにおける組立工の性別職務分離分析を試みている(木本 2004)。

(33) ただし首藤も非正規社員への目配りを怠ってはおらず、正社員男女間の混合職化の進展は、正社員男女間の分離を縮めることに寄与するが、正社員女性と非正規社員との分離線が引かれたことになる点に注意を促している(首藤 2003:257)。だが男女混合職化と非正規労働者との関わりについては、さらなる考究が求められよう。

(34) アントニオ・グラムシを想起させる「陣地」「陣地戦」というタームを敢えて用いた意図について、解説がほしいところである。グラムシについては、松田博(2021)を参照。

(35) 禿がここで挙げている研究は、木本(2003)、首藤(2003)、大槻(2015)、森・浅倉(2010)等である。

(36) もう一つの事例であるダイエーの場合は、一九九〇年代の不況を背景に、店舗の閉鎖、正社員の大規模リストラを重ねた。ローコスト化を動機とするパート活用の深化を図り、職務内容をもって社員区分することが意味をなさない事態がより進行した。そのもとで二〇〇二年に提案された新制度では、正社員とパートタイム労働者の処遇区分の一本化が図られている。そこでの処遇区分は、「働き方」(労働時間の長短と転勤の可否)である。これを問題視した金英の視点と同様に、批判的な検討がなされている。禿の場合、二〇〇七年改正の「パート労働法」の検討も行い、こうした人事制度の持続可能性に疑問を投げかけている。

(37) 筆者自身は、そのための方法論の探求を意図して、織物業に従事してきた既婚女性の体験に寄り添ってライフヒストリーを聞き取る共同研究に取り組んできた。その成果として、木本（2012, 2018, 2021）を参照されたい。

文献

合場敬子、一九九八、「仕事の内的報酬のジェンダー差とその構造――日本の職場における考察」『日本労働社会学会年報』九：一二七-一四九。

朝日新聞東京本社社会部、一九八三、『会社人間のカルテ』新潮文庫。

浅海典子、二〇〇六、『女性事務職のキャリア拡大と職場組織』日本経済評論社。

Barrett, Michèle, 1980, *Women's Oppression Today: Problems in Marxist Feminist Analysis*, London, Verso.

Beechey, Veronica and Perkins, Tessa, 1987, *A Matter of Hours: Women, Part-time Work and the Labour Market*, Cambridge, Polity Press.

Beechey, Veronica, 1987, *Unequal Work*, London, Verso.（＝一九九三、高島道枝・安川悦子訳『現代フェミニズムと労働――女性労働と差別』中央大学出版会。）

Benston, Margaret, 1969, "The Political Economy of Women's Liberation" *Monthly Review*, 21(4): 21-24.

Braverman, Harry, 1974, *Labor and Monopoly Capital: The Degradation of Work in the Twentieth Century*, New York, Monthly Review Press.（＝一九七八、富沢賢治訳『労働と独占資本――二〇世紀における労働の衰退』岩波書店。）

千葉悦子、二〇〇〇、「農家女性労働の再検討」木本喜美子・深澤和子編著『現代日本の女性労働とジェンダー――新たな視角からの接近』ミネルヴァ書房、八六-一二七。

Cockburn, Cynthia, 1983, *Brothers: Male Dominance and Technological Change*, London, Pluto Press.

Cowan, R. Schwartz, 1983, *More Work for Mother: The Ironies of Household Technology from the Open Hearth to the Microwave*, New York, Basic Books.（＝二〇一〇、高橋雄造訳『お母さんは忙しくなるばかり――家事労働とテクノロジーの社会史』法政大学出版局。）

Crompton, Rosemary and Sanderson, Kay, 1990, *Gendered Jobs and Social Change*, London, Unwin & Hyman.

Donovan, Josephine, 1985, *Feminist Theory: The Intellectual Traditions of American Feminism*, New York, Frederic Ungar Publising Co., Inc.（＝一九八七、小池和子訳『フェミニストの理論』勁草書房。）

ドゥーデン、B＆ヴェールホーフ、C・v、一九八六、（丸山真人編訳）『家事労働と資本主義』岩波現代選書。

深澤和子、一九九三、「労働力の女性化とソーシャル・ポリシーの変容に関する研究（その1）」『阪南論集』二九(二)：一〇九‐一二一。

深澤和子、二〇〇〇、「非伝統的職種への女性の進出――建設業の施工管理労働」木本喜美子・深澤和子編著『現代日本の女性労働とジェンダー――新たな視角からの接近』ミネルヴァ書房、一五五‐一七四。

深澤和子、二〇〇三、『福祉国家とジェンダー・ポリティックス』東信堂。

藤原千沙・山田和代、二〇一一、「いま、なぜ女性と労働か」藤原千沙・山田和代編『労働再審③　女性と労働』大月書店、一一‐三九。

古田睦美、一九九七、「マルクス主義フェミニズム」江原由美子・金井淑子編『ワードマップ・フェミニズム』新曜社、三一八‐三三九。

古田睦美、二〇一九、「サブシステンスの視点から労働を捉え直す」『日本労働社会学年報』三〇：八‐二五。

Glucksmann, Miriam, 1990, *Women Assemble: Women Wokers and the 'New Industries' in Inter-war Briain*, London, Routledge.

Glucksmann, Miriam, 2000, *Cottons and Casuals: The Gendered Organisation of Labour in Time and Space*, York, sociologypress.（＝二〇一四、木本喜美子監訳『「労働」の社会分析――時間・空間・ジェンダー』法政大学出版局。）

Goldin, Claudia, 2021, *Career and Family: Women's Century-long Journey toward Equity*, Princeton, Princeton University Press.（＝二〇二三、鹿田昌美訳『なぜ男女の賃金に格差があるのか――女性の生き方の経済学』慶應義塾大学出版会。）

Halford, Susan and Leonard, Pauline, 2001, *Gender, Power and Organizations*, New York, Palgrave.

Hartmann, Heidi, 1976, "Capitalism, Patriarchy, and Job Segregation by Sex," *Signs*, Volume 1, Number 3, Part 2: 137-169.

早川紀代、二〇一九、「女性はどこで、どのように働いてきているだろうか――近代・現代」総合女性史学会・辻浩和・長島淳子・石月静恵編『女性労働の日本史――古代から現代まで』勉誠出版、四八-六七。

広田寿子、一九七九、『現代女子労働の研究』労働教育センター。

ホーン川嶋瑶子、一九九五、「労働市場構造、企業組織・文化におけるジェンダー作用と女性労働」脇田晴子／S・B・ハンレー編『ジェンダーの日本史』下巻、東京大学出版会、六四五-六七八。

禿あや美、二〇二二、『雇用形態間格差の制度分析――ジェンダー視角からの分業と秩序の形成史』ミネルヴァ書房。

金井郁、二〇一五、「なぜ女性の仕事は易しいと評価されるのか――生命保険営業職の位置づけをめぐって」『季刊　家計経済研究』一〇七：二六-三五。

金英、二〇一七、『主婦パートタイマーの処遇格差はなぜ再生産されるのか――スーパーマーケット産業のジェンダー分析』ミネルヴァ書房。

木本喜美子、一九九五、『家族・ジェンダー・企業社会』ミネルヴァ書房。

木本喜美子、一九九五、「性別職務分離と女性労働者――百貨店A社の職場分析から」『日本労働社会学会年報』六：二三-四九。

木本喜美子、二〇〇〇、「労働とジェンダー」『大原社会問題研究所雑誌』五〇〇（労働問題研究の現在）：二二-五一。

木本喜美子、二〇〇一、『職場におけるジェンダー関係の形成メカニズム――職務のジェンダー間分離を中心に』科学研究費補助金基盤研究C（平成九年度～一一年度）研究成果報告書（課題番号0961072）。

木本喜美子、二〇〇三、『女性労働とマネジメント』勁草書房。

木本喜美子、二〇〇四、「企業社会の形成とジェンダー秩序――日本の１９６０年代」歴史学研究会編『歴史学研究』七九四：一〇五-一一八。

Kimoto, Kimiko, 2005, *Gender and Japanese Management*, Melbourne, Trans Pacific Press.

木本喜美子、二〇一二、「織物女工の就業と家族経験」『大原社会問題研究所雑誌』六五〇：三三-四八。

木本喜美子、二〇一六、「女性たちはどこでどのように働いてきたのか――女性労働研究の課題と方法を再考する」中谷文美・宇田川妙子編『仕事の人類学――労働中心主義の向こうへ』世界思想社、二四九-二七四。

木本喜美子編著、二〇一八、『家族・地域のなかの女性と労働――共稼ぎ労働文化のもとで』明石書店。

木本喜美子、二〇二一、「ふたつの継続的就労女性像と働く意味――織物産地の経験をもとに」『家族社会学研究』三三(二)：二一二-二二二。

Knights, David and Willmott, Hugh (eds.), 1986, *Gender and the Labour Process*, Brookfield, Gower.

久場嬉子、一九七九、「家事労働と資本――最近のヨーロッパにおける諸研究についてのノート」『東京学芸大学紀要、第3部門、社会科学』三〇：一九-三一。

駒川智子、一九九八、「銀行における事務職の性別職務分離――コース別人事管理制度の歴史的位置づけ」『労働社会学会年報』九：一五一-一七五。

駒川智子、二〇〇〇、「コース別人事管理制度の変容――都市銀行の〈女性活用〉」木本喜美子・深澤和子編著『現代日本の女性労働とジェンダー――新たな視角からの接近』ミネルヴァ書房、二一六-二四一。

駒川智子、二〇一一、「事務職にみる女性労働と職場の変化――「女性活用」の限界と可能性」藤原千沙・山田和代編『労働再審③ 女性と労働』大月書店、八七-一一六。

駒川智子、二〇一四、「性別職務分離とキャリア形成における男女差――戦後から現代の銀行事務職を対象に」『日本労働研究雑誌』六四八：四八-五九。

松田博、二〇二一、『グラムシ「未完の市民社会論」の探求――「獄中ノート」と現代』あけび書房。

水田珠枝、一九八〇、「女性解放の視点（七）マルクス主義フェミニズム」『未来』第一七〇号。

宮下さおり、二〇〇〇、「技術革新とジェンダー間分業――印刷業とＤＴＰ」木本喜美子・深澤和子編著『現代日本の女性労働とジェンダー――新たな視角からの接近』ミネルヴァ書房、一二八-一五四。

森ます美・浅倉むつ子、二〇一〇、『同一価値労働同一賃金原則の実施システム――公平な賃金の実現に向けて』有斐閣。

森ます美・浅倉むつ子、二〇二二、『同一価値労働同一賃金実現――公平な賃金制度とプロアクティブモデルをめざして』勁草書房。

森杲、二〇一三、『アメリカ〈主婦〉の仕事史――私領域と市場の相互関係』ミネルヴァ書房。

野村正實、二〇〇七、『日本的雇用慣行――全体像構築の試み』ミネルヴァ書房。

Oakley, Ann, 1974, *Housewife*, London, Allen Lane.（＝一九八六、岡島芽花訳『主婦の誕生』三省堂。）

大森真紀、二〇二一、『性別定年制の史的研究――1950年代～1980年代』法律文化社。

大沢真理、一九九三、「日本における『労働問題』研究と女性」『現代の女性労働と社会政策――社会政策学会年報　第37集』御茶の水書房、三‐二一。

大槻奈巳、二〇一五、『職務格差――女性の活躍推進を阻む要因はなにか』勁草書房。

ペイ・エクイティ研究会、一九九七、『商社における職務の分析とペイ・エクイティ研究報告書――Women and Men Pay Equity』。

Sargent, Lydia (ed.), 1981, *The Unhappy Marriage of Marxism & Feminism, A Debate on Class and Patriarchy*, Boston, South End Press.（＝一九九一、田中和子訳『マルクス主義とフェミニズムの不幸な結婚』勁草書房。）

笹谷春美、二〇〇〇、「『伝統的女性職』の新編成――ホームヘルプ労働の専門性」木本喜美子・深澤和子編著『現代日本の女性労働とジェンダー――新たな視角からの接近』ミネルヴァ書房、一七五‐二一五。

首藤若菜、二〇〇三、『統合される男女の職場』勁草書房。

渋谷敦司、一九八三、「最近の欧米における婦人解放理論の展開についての一考察」『立命館大学産業社会論集』三六：一一一‐一三七。

嶋津千利世、一九七八、『婦人労働の理論』青木書店。

鈴木和雄、二〇〇一、『労働過程論の展開』学文社。

竹中恵美子、一九八〇、「労働力再生産の資本主義的性格と家事労働──家事労働をめぐる最近の論争によせて」大阪市立大学『経済学雑誌』八一（一）：四九-七一。

竹中恵美子、一九八九、『戦後女子労働史論』有斐閣。

竹中恵美子、一九九三、「総括　現代の女性労働と社会政策──論点のサーベイ」（『現代の女性労働と社会政策──社会政策学会年報　第37集』御茶の水書房、一〇九-一二四。）

竹中恵美子、一九九四、「変貌する経済と労働力の女性化」竹中恵美子・久場嬉子編『労働力の女性化──21世紀へのパラダイム』有斐閣。

竹中恵美子、一九九五、『女性論のフロンティア──平等から衡平へ』創元社。

田中洋子、二〇一〇、「主婦モデルから就業-ケア共同モデルへ？──出産後の就業継続をめぐる日独の比較」『社会政策』一二（一）：七一-八五。

Thompson, Paul, 1983, *The Nature of Work: An Introduction to Debates on the Labour Process*, London, Macmillan Press.（＝一九九〇、成瀬龍夫・青木圭介ほか訳『労働と管理──現代労働過程論争』啓文社。）

戸塚秀夫・徳永重良編、一九九三、『現代日本の労働問題──新しいパラダイムを求めて』ミネルヴァ書房。

上野千鶴子、一九九〇、『家父長制と資本制』岩波書店。

上野千鶴子、一九九五、「『労働』概念のジェンダー化」脇田春子／S・B・ハンレー編『ジェンダーの日本史』下巻、東京大学出版会、六七九-七一〇。

鵜沢由美子、二〇一一、「女性労働と専門職」藤原千紗・山田和代編『労働再審③　女性と労働』大月書店、一六一-一八六。

Vogel, Lisa, 1984, *Marxism and the Oppression of Women: Toward a Unitary Theory*, New Jersey, Rutgers University Press.

Witz, Anne, 1993, "Women at Work," Robinson, V. and Richardson, D. (eds.) *Introducing Women's Studies: Feminist Theory and Practice*, Basingstoke, Macmillan, 239-257.

山根純佳、二〇一一、『なぜ女性はケア労働をするのか』勁草書房。

山根純佳、二〇二一、「ケアワークにおけるジェンダーの再編――『長時間労働する身体』と『ヘゲモニックな男性性』」『社会学評論』(七二)四：四三三-四四八。

第3章　移民研究とジェンダー研究の統合
——ケアワークとしてのセックスワーク考——

青山　薫

1　移民研究・ジェンダー研究・移民性労働

（1）本章の背景——移民研究とジェンダー研究

考古学や自然人類学によれば、人は発生いらいいつでも移動してきた。そして一度の移動が海を越え山を越える長距離になることも珍しくなかった。そうして生き延び、進化してきた人類は、「ホモ・モビリタス」とも呼ばれる（片山 1999）。そんな人の移動の普遍性に照らして、現在の社会構造にしばられる私たちの移住・移動にかんする常識は偏狭だ。たとえば、たった一〇〇〇年ほど前、現在のスウェーデンに当たる地域とビザンツ帝国やアラブ世界の間で戦闘とともに交易を担い、移動を繰り返したバイキング戦士のジェンダーについてである。かなりの影響力を示す埋葬品とともに発掘されたある戦士が遺骨から女性だったと判明したのだが、このことは、結果を知らされた私たちだけでなく、これを明らかにした研究者本人にとっても常識を覆す驚きの「発見」であった（Hedenstierna-Jonson et al. 2017)。

翻って現代の人の移動研究は、フェミニズムが学術世界に浸透した一九八〇年代後半に、国境を越える移民のうちの半数が女性であることを「発見」し、「移民の女性化（Feminisation of Migration）」と呼んだ。きっかけは、アメリカの移民人口における女性の割合が、一九八四年の統計で五二％超になったことだった。翌年、*International Migration Review* 誌が初の女性移民特集を組み、その中でサスキア・サッセン（Sassen-Koob 1985）がこの現象を概念化した。サッセンの論文は、いわゆる富裕国に移民する女性家事労働者の増加に初めて焦点を当てた画期的なものといわれた。それから一〇年で「移民の女性化」概念は移民研究全体に浸透する。移民研究の最重要書の一つであるスティーブン・キャッスルズとマーク・ミラーの『移民の時代（The Age of Migration）』（Castles and Millar 1993:9）が、「移民の女性化」を世界的なパターンとしたことがその理由の一つである。以降、移民を研究するには移民の性別と性別による経験の差、その性別を分ける構造としてのジェンダーについて考察することが通例となった。その中で「移民の女性化」は、後述するとおり、単に移民女性の数の増加を表すのではなく、現代的な資本主義が要請する労働力のグローバルな需要と供給の拡大をも意味する概念に発展した。

一九八〇年代以降の移民研究とは、グローバル化時代における移民研究である。グローバル化によって、国境を越える人の移動がある程度自由化され、量的に増え、そのことがかえって、国籍と市民権を通して人権の効力を左右したり、移動や労働の自由を認めたり奪ったりする国家の裁量を際立たせた。そしてこれらが、二〇世紀までに確立した世界的な不平等を維持しようとする権力であることが再認識された（Zolberg 1989）。世界的な不平等は一方で、個人が、より良い賃金を求めて「グローバルな南」から「北」へ国境を超えて移動する機会を増す。同時に、「北」や「南」の都市部で、少子高齢化に伴う労働力不足、女性の就労拡大、福祉国家の縮小が起こりつつあった。

そこで、グローバル化時代の移民研究では、労働問題研究としての側面が強くなっていった。日本における移民研究の先駆的な一冊が、『外国人労働者論――現状から理論へ』（伊豫谷・梶田編 1992）であったことは偶然ではない。本書は、外国人労働者受け入れに対する出入国管理に留まらない国家の介入の性質を明らかにし、たとえば、外国人労働者の不自由にも低賃金にも国家の政策が中心的役割を果たしていることを問題にした。ここで、梶田と伊豫谷は賃労働者に限らない国境を越える人の移動にも注目し、これが常態化した社会を射程に入れた国際社会学についても先鞭をつけた（宮島ほか 2023：2-3：青山・森 2023：369-370）。

一九九〇年代になると、批判的アイデンティティポリティクスの移民研究への影響も明らかになった。「移民の女性化」の文脈では、ポスト植民地主義フェミニズムの流れをくむ理論と方法論が顕在化した。それは（現在まで続く）中心的移民理論と移民の処遇が、国際政治における覇権国家であり世界的不平等の優位にある国家の理論であることを指摘し、「グローバルな北」で覇権を握る男性が、「グローバルな南」から来る女性たちを「啓蒙」や「救済」の対象にし、男性はもちろん「北」の女性に対しても下位に位置付けることを批判した（Chant 1992：Buijs ed. 1993）。また、多様な移民女性の間にも格差があり、国家が国民・市民と認める者からみた逸脱の度合いによって、犯罪者にも被害者にもされることを浮き彫りにした。たとえば、結婚や妊娠出産の権利を剝奪される家事労働者、迫害・被害を認定される限りにおいて在留が許可される難民申請者や人身取引のサバイバー、みずから進んで性サービスを提供し金品を得たことで強制送還される「外国人売春婦」を想像すればよいだろう（青山・森 2023：371）。

そして現在、グローバル社会はまたいくつかの新たな移民の動向をみている。うち一つは、世界的な出生率の低下に伴う動向である。日本はこの点で他国より劇的な変化を経験しつつあり、政府は二〇一九年に初めて公に労働力不足を補うための移民政策に乗り出したとも評されている。特に介護職について後述するように、「特定技能」の在留資格を新設し、それまで拒んできたいわゆる単純労働に従事する移民を受け入れることによって、「移民政策はとらない」としてきた建前を変更したのである（上林 2019:1）。これらの動向によって、世界で、世界の中の日本で、「現代的な資本主義が要請する労働力のグローバルな需要と供給の拡大」という意味での「移民の女性化」が、移民研究とジェンダー研究の組み合わせを今どうシフトさせているのかを学ぶことも、本章の関心である。

（2）目的と問――労働としての移民性取引

以上から、本章は、「移民の女性化」の概念化から四〇年を振り返り、移民研究とジェンダー研究の統合によって得られた知見について概観する。そして、「移民の女性化」が開いた道を、その道程で生み出されあるいは交差して、その後の移民研究・ジェンダー研究に影響した重要な概念と理論および具体的な研究と社会運動の実践に即して評価する。おもに取り上げるのは、「移民の女性化」のほか、「再生産領域のグローバル化」（伊藤・足立 2008）、「グローバルケアチェイン」（Hochschild 2000）、「親密性の商品化」（Constable 2009）とこれらにつながる現象・経験・調査・研究・理論である。私自身が追究してきた移民セックスワークとこれについての研究もこの中にふくまれるが、このことは、本章にとって次の意味で重要だ。

先行研究においても、移民による性労働あるいは移民を巻き込んだ性取引が「移民の女性化」の一端に数えられることは少なくなかった。そして、グローバルな性取引を「再生産の必要を満たすための［社会における］集団的戦略」（トゥルン 1993:163）や「再生産領域」（伊藤・足立 2008:9–10）、「再生産労働に関わる親密な関係」（Constable 2009:50）、あるいは「親密性の労働」（Boris and Parranas 2010:2；落合 2012:25）の中に位置付ける論考もすでに存在している。また、「性」が「親密性」と、「性の商品化」が「親密性の商品化」と重なることは自明視されてきた感がある。しかし、一般に、性労働が親密性を商品化する労働の代表とされる保育をふくむ家事や看護・介護と同様、ケアワークとして認識されているとはいい難い。家事・看護・介護などに比べて性的行為は人の世話とは認められにくく、前者に関わる労働に比べて性行為に関わる労働はそもそも労働と認められにくい。ここには、性規範とそれに基づくタブーやスティグマが関係している（青山 2014：2018）。そしておそらく、性的欲望とケアの折り合いの悪さが関係している。関連して、現存する大多数の国家は、移民の労働を制限する中でも、特に売買春をはじめとする性取引に関わるものを違法化し禁止している（NSWP 2019）。移民性労働はこの二点で、さらに他のグローバルなケアワークと分けられている。

本章はこれを疑問視し、先行研究がとらえた再生産労働／領域あるいは親密性の商品化との関係を基礎に、現代社会におけるグローバルな性労働がケアワークに重なることを明らかにする。そして、このことによって、「移民の女性化」とグローバル化のその後の展開を今一度総合的にとらえることを目指す。そこには、「女性化」された労働の中でも移民による労働の中でも、とりわけ周縁化されてきた性労働の労働としての位置を、移民研究とジェンダー研究の統合の中に定めるという目的もある。

なお、これらの目的に照らして本章は、「ケアワーク」を、国際労働機関（ＩＬＯ）の定義（ILO 2018:6）を基に「直接的または間接的に人の世話をする労働」とする。直接的なケアワークには育児や介護や看護などが、間接的なケアワークには掃除や洗濯などの家事労働がふくまれる。そして「移民」を、国際移住機関（ＩＯＭ）の定義を活かして「一時的か恒久的かにかかわらず、また様々な理由により、本来の住居地を離れて移動する人」（IOM 2024）とする。ここには難民もふくまれる。ＩＯＭの定義は migrants についてのもので、日本語では文脈に応じて「移民」のほか「移住者」や「移動する人」と訳されているが、本章では、様々な理由で移動する人の意味で「移民」を使う。IOMの定義はまた、国内で移動する人も「移民」にふくめているが、本章は、その目的に則し、原則として国境を越える「移民」のみについて議論する。国家が管理する国境との関係が入ると「移民」は容易に「不法」滞在者のあつかいを受けるが、本章における「移民」は、いうまでもなく、正規移民同様に非正規移民をふくむ。

また、本章は、右の定義から、「移民による労働（移民労働）」を次のように広くとらえる。「移民労働」は、具体的には、被使用者としての外国人労働者の労働だけでなく、留学生のアルバイト、外国人妻や夫や帯同家族による様々な活動をふくむ。さらに、密航者であれ人身取引の被害者であれ難民（申請者）であれ、この人たちが携わる賃労働も無賃労働もふくむ。「移民労働」には、移民せずに行う労働と同じように偏りがあり、誰がどんな労働をし、それにつれてどんな処遇を受けているかは、その人や家族のジェンダーや年齢や階層や学歴や出身地、そしてもちろん当該国における法律上の滞在資格に左右される。

（3）本章の構成

以下本章は、第二節で、まず「移民の女性化」とは何かを、この概念がつくり出された時代のグローバル化というマクロな政治経済的背景に照らして考察する。そこでは、グローバル化によって拡大する格差に脅かされる市井の人々の生存が女性の肩にかかる「生存の女性化」（Sussen 2003）が「移民の女性化」を呼んだことを考慮する。また、「移民の女性化」とは、産業資本主義における性別役割分業そのままに「女のしごと」とされた労働ほかの現象、あるいは「再生産領域」と呼ばれるものが、グローバルに再編成される（伊藤・足立 2008）過程でもあったことを明らかにする。関連して考えるべきなのが「グローバルケアチェイン」である。「グローバルな南」の女性の有償無償のケアが「北」によって収奪される連関を表す「ケアチェイン」概念（Hochschild 2000:131）は、生存がかかった「移民の女性化」によっては世界的な不平等も女性間の格差も克服されないことを指摘している。しかし本章では、ケアの鎖の末端で収奪される人に個人的かつ社会的ケアを提供する論理についても紹介する。

第三節は、ケアのグローバルな賃労働化が、「親密性の商品化」（Constable 2009）の原因であり結果であった、という批判についての検討から始まる。「親密性の商品化」は、産業資本主義からポスト産業資本主義（あるいは認知資本主義）への変化に適応するジェンダー化された労働の最たる形である。しかし、この理論は、親密さを「愛」や人格から切り離して売り買いすることへの道徳的批判自体を、近代社会において独特に構築されたものとして相対化する。ここに、別の系譜で近代以降連綿と続いてきた売買春批判とこれに対抗する議論が重なる。そこで本章では、グローバルなセックスワークと人身取引の両方を射程に入れた私自身の研究を引き、先行研究における（女性の）「性の商品化」概念を「親密性の商品化」概念に類する、特に売買春を代表とする性取引に特化したものとして紹介する。また、親密性または性的行為と「愛」または人格の結びつきを称揚し性取引を奴隷制に等しいとする批判に対抗する、「性的自己決定権論」と「セックスワーク論」を提示する。しかし、この理論上の二項対立とはうらはらに、当事者の実際の経験の上では、性取引がある場合には当事者に力をあたえ人間性を維持する労働をもたらし、別の場合には極端な収奪を受ける奴隷状態につながることがある。本節は、このような場合を把握する方法と理論を示した上で、性取引について、二項対立に替わる「連続体論」による理解が適切と主張し、この点から「セックスワーク研究」（Kempadoo 2005）に与する。

第四節では、まず、グローバルなケアワークの典型として、移民による介護・家事労働研究の具体例を取り上げ、

第二節と第三節で触れた概念と理論に深く関連する成果を共有する。そして、移民セックスワーク・人身取引研究の成果について詳しく振り返り、家事・介護労働研究の成果との共通点を確認する。ここでは、「移民の女性化」において、「グローバルな南」の側から建設的批判を続けてきたポスト植民地主義フェミニズムに端を発する移民のエイジェンシーの評価を、あらためて重視する。

第五節では、本章が、クィア研究・セクシュアリティ研究と移民研究の接続について議論できなかったことを明記し、トランスジェンダーセックスワーカーや男性セックスワーカーをふくむ、被支配的な地位にある性的マイノリティや男性の移民経験についての研究が、もっと必要であることを指摘する。また、これも言及できなかった結婚移民についても、クィア研究・セクシュアリティ研究に接続して考察する必要があることを書き留める。しかしこれらは、すでに先駆者のいる課題であり、約束されている近未来のこの分野の展開への期待でもある。

まとめの第六節は、第一に、「再生産労働」とケアと「親密性の労働」の関係を再考し、性労働を「ケア」でなく労働の意味を込めた「ケアワーク」に、そして「親密性の労働」にふくめる提案を行う。そして、第二節でみた移民家事労働者の国際運動の目標である「ディーセント・ワーク」（あるいは「まともな仕事」）を取り上げ、性労働を「ディーセント・ワーク」として評価する回路を求める。第二に、産業資本主義において「愛の労働」として「女性化されたケアワーク」が、ポスト産業資本主義（認知資本主義）体制においては性・人種・国境を越えて流動化したというクリスティナ・モリニの議論にかんがみ、「移民の女性化」の現在をとらえる。そして、「親密圏の複数性」（齋藤 2008）に注目し、複数の親密圏によって、特にマイノリティが「親密性の商品化」の負の側面を克服する可能性を提示する。それは、商品化される親密性のなかに性労働とケアワークが分け隔てなくふくまれることと、その現実の中で、とりわけ大きい不法化やスティグマ化による性労働への負の影響を軽減することの提案でもある。

他方、性的欲望とケアの接続によって性労働をケアワークに位置付けようという本章には、このことによって性労働を脱欲望化した嫌いがある。その点を、性的欲望とケアの折り合いの悪さを乗り越えるにあたっての今後の課題として本節を結ぶ。

2 「移民の女性化」とその後

(1) 「移民の女性化」とは何だったのか

おそらくは近代のほとんどを占める長い期間、ジェンダーは国境を越える移民を理解する上で重要な要素とはみなされていなかった。グローバルな移民の中心は男性労働者とされていた。この移民の理解が変わり始めたのは一九八〇年代で、先述したとおり、*International Migration Review* の「移民における女性」特集号（一九八四年）がきっかけといわれる。いらい、「移民（移住）の女性化」という表現が一般的になり、ジェンダー研究と移民研究が明示的に接合され相互的に発展することになった。しかし、この表現は誤解を招くものともいわれてきた（Tittensor and Mansouri 2017:11-12)。

地域によって偏りはあるが、世界の平均では、女性が移民の半数以下であるという割合は一九六〇年代から現在までほとんど変わっていない。一九九〇年代から二〇〇〇年には半数に近づいたものの二〇一〇年代に減少傾向に入り、最近（二〇二〇年）では、コロナ禍の特殊環境ではあるが、女性移民の割合は四八・一％と低くなっている（IOM 2024)。言い換えれば、「移民の女性化」概念は数値的な事実とは別の理由によって支えられ、ジェンダー研究と移民研究を接合する形で展開したのである。それは第一に、一九七〇年代まで文献などにほとんど登場しなかった移民女性の経験や発言が、八〇年代になって初めて積極的に記録され、研究対象になり、政策決定にも影響をあたえるようになったことだ。ここには、もちろん第二波フェミニズムの思想と運動が影響していた。現実の女性差別との闘いにねざすフェミニズムは研究の世界にも浸透し、まず人文社会系の研究分野でそれまでの男性バイアスを批判的に検証し、女性も移民をふくむ社会現象の重要なアクターであるとして焦点をあてるようになった(Kelson and De Laet 1999:1-3)。

他方、世界的には女性が移民のマジョリティになったことはないものの、先の一九八四年のアメリカの統計にみたように、地域によっては女性が移民の過半数を占める、あるいは急激に増加するということが起こってきた。一九九〇年から二〇二〇年代にかけて、ヨーロッパと北米の受け入れ国では女性移民が男性移民を上回り、東アジア・太平洋と南米・カリブ海地位地では男女数が拮抗し、南アジアでは女性の移民が急増して女性数が上回るようになっている(McAuliffe and Triandafyllidou, eds. 2021)。このような地域間の移民の流れにおける性差の背景には、特定の労働分野において女性が支配的な移民カテゴリーであり、それがこの二、三〇年の間に増加したという事実がある。そこでフェミニスト移民研究は、移民経験におけるジェンダーによる差異をより具体的に明らかにし、やがて、「女のしごと」のグローバルな再編成を理論化したのである(Tittensor and Mansouri 2017:13)。

(2) 生存の女性化、再生産領域のグローバル化、グローバルケアチェイン

このような評価の一助になるのが、サスキア・サッセン(Sassen 2003)の「生存の女性化」概念であろう。サッセンによれば、「生存の女性化」は一九八〇年代に始まった。当時、国際通貨基金(IMF)・世界銀行は、「グロー

バルな南」の国々の債務返済支援を目的とする構造調整計画を導入し、債務国内市場の自由化と、公共事業の民営化などによる歳出の最小化を義務付けた。節約した公費を債務の返済に充てることが想定され、これに応えるため、各国は、特に教育や医療や福祉の分野において「利用者負担モデル」を導入し、サービスは著しく削減されたり偏ったりすることになった。これが失業と貧困の増加につながり、その結果、非正規経済における「生存の代替回路」が生まれた（ibid.）。主要な代替回路は、産業資本主義における性別役割分業に則ったいわゆる「女性の労働」であった。それはつまり、女性の移民を伴う家事・育児、看護・介護、性取引であり、国によっては外貨獲得の主要回路の一つともなった。同時期に、受け入れ国においてこれら女性化された職種の需要が増加していたことも見逃せない。要因は、少子高齢化による介護者不足・看護師不足、就労する国内女性に替わる外国人家事労働者需要、グローバルな交易と人の交流に始まる性取引のグローバル化などである（トゥルン 1993：Sassen 2003：青山 2007：Tittensor and Mansouri 2017）。

家事・育児、看護・介護、性取引、そして国際結婚もふくめた特定の「現象」が「移民の女性化」をとおしてグローバルに展開したことを、「現代社会を読み解く一つのカギ」とした伊藤るりと足立真理子（2008：9-10）は、この一群の「現象」を総称して「再生産領域」とした。サッセンのいう「生存の代替回路」とも重なるこれら「現象」に関わって移動する移民のする「仕事」は、「誕生から死亡までの人間の生命のサイクルのすべてにかかわる労働」であるとされる「再生産労働」概念だけではとらえきることができない。そこで、これらを包摂するために、対象となる現象全体を「再生産領域」としそのグローバル化を問題としたのである。足立は別のところで、「再生産領域のグローバル化」を、「現代のグローバル資本主義における中心―半周辺／周辺構造において、（生産的）労働力の商品化と国際移動をこえて、《再生産領域》に埋め込まれた本来商品として生産・交換不可能な、再生産労働（力）およびその身体資源をも擬制商品化・国際商品化する現象」としている（足立 2008：236-237）。

ここで想起すべきは、ケアワークのグローバル化についての先駆的研究者アーリー・R・ホックシールド（Hochschild 2000）が名付けた、「グローバルケアチェイン」であろう。この概念は、グローバル化が、地理的な距離を越えて親密な関係を築く機会とこれが奪われる可能性の双方を増大させたこと、特にケアを担う女性とその家族に変化をもたらしたことを示している。「ケアチェイン」は、「グローバルな北」でケアワークを担う移民女性個人のケアをとおして「南」からケアが収奪され、「南」では彼女の抜けた穴を埋めるために別の女性個人のケアも収奪される、という構造的連関を表す。しかし連関は最後には途切れ、鎖の末端にいる人は誰からもケアされない。「ケアチェイン」概念は、生存がかかった「移民の女性化」が、結局は送り出し国のより脆弱な立場に置かれている者に負債を押し付けることによって実現されており、世界的な不平等や女性間の格差を克服する手立てにはほど遠いことを示す。そればかりでなく、ケアを収奪した側がこれを商品として買うのと交換に、収奪された側でも親密な関係あるいは「愛」が、金に換えられていることも指摘する。グローバルなケア労働の要因であり帰結である「親密性の商品化」（Constable 2009）がここに成立する。

たとえば、移民労働をしている母と離れてフィリピンで暮らす子どもたちの調査をしたラセル・S・パレーニャス（Parreñas 2002）は、母親が帰国しても親密な関係を持つことが難しいことに子どもたちは気づくという。娘なら、母親が不在の間、弟妹をはじめとする家族の世話をする役割を担わなければならないことにも気づく。多くの子どもは、母親の不在を経済的利益によって正当化するが、そのとき母親との関係は、愛情を受けることから母親が買ってくれる物を受け取ることへと変化している。ここでは、移民女性のケアが商品化されており、彼女はその商品を売った金で買った物を「愛」の代替として子にあたえている。

しかし近年、この娘のように、不在のケアを代替しながら自分のケアを受けられない人——典型的には女性——のために、「ケアチェイン」の末端を拾い上げ、社会的・個人的ケアにつなぐ構想も出てきている。ケアが労働たりうることを認め、労働の価値やケアワーカーの職業意識を評価することは重要としても、それでグローバル市場での移民労働者の地位や賃金が劇的に上がり世界的な不平等を解消することはないし、労働を商品化するどんな議論の延長線上にも、「愛」とケア（人の世話）そのものを再評価する論理はない——そう論じるのは、労働市場における交差的な不平等の再生産について研究するマリヤ・イヴァンチェヴァとキャスリン・キーティングである。かれらは、不平等の解消に向かうには、ケアを提供する人自身のケアニーズを満たすネットワークを築き、金銭的な報酬に加えて、象徴的かつ物質的にその人の労働を承認すること、つまり、労働の正当な報酬とケアと連帯を合わせて、ケア労働者個人と社会の福利の中心として再評価することによってのみ、不安定労働と不平等・不公正を是正することができる、と続けている（Ivancheva and Keating 2021: 271）。この議論を理想主義と一蹴することができないのは、後述する実証研究のすべてが、ケアワーカーの労働条件の改善と、かれらが身体的ケア以上のものを提供していることの評価、受け入れ国で充実した生活を送るためのネットワークの構築の必要性を同時に指摘しているからである。

3　「性の商品化」から「連続体論」へ——二項対立を越える構造化論の応用

（1）「親密性の商品化」と「性の商品化」

グローバル化における「移民の女性化」を現代資本主義における「親密性の商品化」との関係で論じたニコー

ル・コンスタブルは、「愛」とケアは富裕国が貧困国から低コストで収奪する「新しい金」（Hochschild 2002）であるというホックシールドの議論を理論的支柱にしている。この点で、コンスタブルは、グローバルな性労働をケアワークの延長線上に位置付けている。しかしホックシールドとは異なり、これらのジェンダー化された移民労働について、「一定の女性に男性にはない移動の機会をもたらす、新しいジェンダー権力分布を説明する」という積極的な評価もしている（Constable 2009:50-52）。それは、コンスタブルが、「親密性の商品化」概念を、様々な地域の様々な文化におけるエスノグラフィから析出していることからくる。コンスタブルにとっても「親密性」は「愛」とケアと密接に関係しているが、彼女はこの関係を、文化的に構築されるものとみなすに至っているのである。親密な関係と金銭的価値の間に道徳的境界線を引く理念も、それ自体、近代に構築されたものとして相対化される。実際には、有償労働に基づく人間関係が複雑な親密さを伴ったり、「愛」や情動に基づくはずの親密な関係が商行為や物質的欲望と結びついたりすることは、性労働以外にも、近代の社会であっても珍しくないのである（ibid.:54-55）。

しかし、性的行為については、これを金銭との交換で行うことや人に行わせること、商業的に利用することが、道徳的に非難され、スティグマ化され、ときには犯罪化される地域・文化が現在でも支配的といえるだろう。そこが、家事・育児や看護・介護が提供する親密性と、性的親密性が異なるところといえる。性的行為・性的関係が、親密な行為・親密な関係の一端であることに、ここまでに参照してきたどの論者も反対はしていない。「親密性の商品化」が現代のグローバルな資本主義の特徴の一つであるとしたら、「性的な親密性の商品化（性の商品化）」も同様、ということになる。ところが、歴史的に長いスパンと広い専門領域でみると、性的な親密性は、ほかの親密性とは質の違う、より労働にしてはならない親密性であると示唆する議論が続いているのである。特に「性の商品化」の是非がフェミニズムを分断する課題であり続けていることは、移民研究とジェンダー研究の統合に主軸を置く本章にとって重要だ。

（2）「性の商品化」概念と売買春の相対化——日本における学術的議論の基礎

「性の商品化」は包括的な概念で、これにふくまれる実践は多種多様にあるが、うち最も普遍的な性行為の商業的取引の一つが売買春であるといっていいだろう。そして、売買春はフェミニズムにとって根本的かつ複雑な問題である。売買春は、性規範を問い、政治的・経済的権力、労働、親密性、自己決定、権利と自由、身体性、主体性に関する問題を提起し、それらすべてがジェンダー化され、セクシュアリティ化されていることを端的に表すからである。西欧・北米の文脈においては、たとえば国際廃娼連合と女性キリスト教節酒連盟の論争に、日本の文脈においては、たとえば『青鞜』とキリスト教婦人矯風会の論争にみられるように、売春はフェミニズムの歴史が始まっていらい、分断を誘う問題であったといえる（Aoyama 2024 forthcoming）。

「移民の女性化」が浸透した一九九〇年代から二〇〇〇年代は、ちょうど日本で売買春論争が再燃した時代でもあった。学術的には、橋爪大三郎による「売春のどこが悪い」（1992）と題した論文がまず議論を呼んだ。橋爪は、当時まさに社会問題になりつつあった性風俗産業への外国人女性の人身取引に論を発し、売春がみずからの自由意志に基づいて行われるのであれば、売春それ自体にも、売春に関わる人間にも、本質的な問題は何もないとした。そして、売春の問題は搾取、暴力、そして何よりもスティグマの結果としての「職業倫理の欠如」であると主張した（ibid.：25）。この論文が掲載された江原由美子編『フェミニズムの主張』（1995）は、売買春に焦点をあてたシリーズの第二巻「性の商品化」に結びつき、現代におけるこの分野の学術的基礎を築いた。アヤコ・カノウ（Kanō

2016:48, 211）が指摘したとおり、「性の商品化」という用語は、英語圏で同様の文脈で用いられる「客体化（objectification）」よりも有償性取引の特徴をよくとらえている。そして本書は、この分野の理論的指標をこの時点でほぼ網羅していた。自由意志と強制のあいまいな境界線、多様な行為者の利害の対立、様々な性的商品やサービスの特性の違い、従ってそれに対する判断の違い、誰が何を売っている／買っているのかという根本的な問い、売春と生殖や結婚・家族制度との関係、道徳をふくみ保守的規範とも通底しうる社会的統制の是非など、様々な論点を「性の商品化」概念で束ねてのことである（江原編 1995:313-324）。中でも注目すべきは、売春者の人権を侵害しない自由意志による売春は存在しうる、という橋爪の主張の基礎に、この第二論集の八人の著者が誰も反対はしていない（江原編 1995:314）点であった（Aoyama 2024 forthcoming）。

（3）「性の商品化」批判から人身取引の取り締まりへ

他方、一九九〇年代当時から現在まで、売春を「男権主義的セクシュアリティ」（杉田 1999）を体現する女性差別・女性に対する暴力の一形態、あるいは差別・暴力そのものとみなし、社会が許容すべきでないとするフェミニストも多い。その根拠は、おおまかには次の数点に集約される。⑴経済的強制――ほとんどの売春は経済的困窮が理由であり自発的な選択ではない（MacKinnon 2007など）、⑵同意不能――そもそも性的・経済的な男性支配の中で、女性が売春に真に同意することは不可能である（Cowling and Raynolds 2004など）、⑶性支配・暴力の再生産――売春の許容は、男性の女性支配と社会における女性に対する暴力をますます助長する（Barry 1995など）、⑷長期的悪影響――売春者への心理的・身体的悪影響が長期的で、生涯続く場合もある（Dworkin 1993など）、⑸人種・階級差別の表出――売春には人種や階級の要因も大きく関係しており、マイノリティの女性ほど標的になりやすい

(Nelson 1993など)、である。

日本では、売春をはじめとする「性の商品化」はなんらかの性の本質を貶めるものと批判する女性運動の議論がめだった。たとえば、弁護士の角田由紀子は、アメリカの売春をする女性たちみずからがスティグマを克服するために編んだ手記集『セックス・ワーク』の日本語版に解説を書き、こう問いかけている「人間が肉体と精神の統一体であると考えるとき、性が人間の尊厳の核にあると考えるとき、この核を侵害されることなく、性的サービスという労働ができるのだろうか」(角田 1993:423)と。ここで反語法が強調しているのは、「人間の尊厳の核を侵害することなく性的サービスという労働はできない」ということである。また、日本からアジアへのセックスツアーや世界的な人身取引に対する反対運動をけん引してきたアジア女性資料センター(AJWRC)は、一九九六年の機関紙「セクシュアル・ライツを考える」特集号巻頭で次のように書いている。

日本の性をめぐる状況は、すさまじいの一語につきるのではないでしょうか。「従軍慰安婦」や基地暴力やアジア女性の人身売買からセクハラ、夫の暴力までさまざまな性暴力、そして、「援助交際」やテレクラなどの売買春やポルノなどの性の商品化、性情報・性風俗産業の巨大化……。まさに、物質主義の消費文化、私生活を奪う企業社会、孤立して希薄な人間関係、男女の意識の落差といった日本的現実の中で、性意識、性行動は多様化しています。……「性の商品化」を擁護するような論調も目立ちます。(AJWRC 1996:2)

角田の解説とこの巻頭言に重なるのは、性取引を人格に対する侵害としていることである。対極にある理想も隠喩されている。「人間の肉体と精神の統一および尊厳の中核を侵害しない、サービスに供されない性」、「物質主義的でない、売買され消費され暴力を受けない性」、とでもまとめられるものである（Aoyama 2024 forthcoming）。そして、この理想こそが、「親密な関係と金銭的価値の間に道徳的境界線を引く」近代的構築物（Constable 2009:54）として、論争の中で対象化を求められたものだった。性取引による暴力や人格的侵害に反対する点は、どんなフェミニストにも共通している。争点は、この理想には、「愛とケアと親密性が商品化されていない前資本主義社会へのノスタルジー」（Constable 2009:54）についても、金銭と交換されない性が人間性そのものであるような「人間性のすべてを〈性〉化する」罠（加藤 1995:267）についても、性が「愛」に基づいていなくてはならない、という考え方自体が「性に関してかなり抑圧的な規範」（瀬地山 1992:53）であることについても、自覚がない点であった。

売買春を中心とする「性の商品化」批判において理想化された性は、後述するように、二〇〇〇年代中盤以降には、「グローバルな北」における中産階級のシスジェンダー・ヘテロセクシュアル性規範に重なる、というポスト植民地主義あるいは交差性フェミニズムからの批判にもさらされている。AJWRCも、二〇一二年の同機関紙「風俗産業と女性」特集号では、右記とは異なるセックスワーク論（後述）の視点を提供している（AJWRC 2012）。

他方、グローバルな性取引に反対する社会的実践の点では、取り締まりの厳格化という変化が起きた。日本周辺では、一九八五年のプラザ合意による円高を基調として、「移民の女性化」の一環で、主として他のアジア諸国の女性が日本の性風俗産業に「出稼ぎ」にくる潮流が形成されていた。これが「性の商品化」議論の発端であったが、そこには、通貨高に乗って人生の機会を広げるようとする他のアクターも多く関わっていた。送り出し受け入れ両国にいる仲介者やポン引きなど、移民を搾取することで利益を得る者もふくまれる。これらが大規模になりシステムとして機能するようになるにつれ、移民の過程で極端な搾取や暴力が報告され可視化されるようになった（青山 2007：Aoyama 2009）。女性運動は、これを犯罪として摘発し、特に売春を強要される移民を被害者と認め、前者の処罰と後者の救済に動いた。

世界的にも、一九八〇年代末に設立された、女性の人身取引に反対する国際ＮＧＯであるＣＡＴＷなどが、売春を従属、搾取、暴力そのものと定義し、廃止主義の主張を広めていた。国連人権委員会（ＵＮＣＨＲ）も調査を実施し、日本他いくつかの国の状況を現代の（性的）奴隷制と名付け、その後二〇〇〇年の「人身取引禁止議定書（パレルモ議定書）」採択につなげた（Aoyama 2009: 25, 49–52）。

日本政府は二〇〇二年に議定書に署名し（ただし承認は二〇一七年と遅い）、二〇〇四年に人身取引禁止行動計画を策定した。議定書の人身取引による搾取の定義は、売春そのものではなく他者に売春させ搾取することを問題にしているのだが、移民として売春に関与していた人々は、行動計画によって悪影響も受けた。人身取引に取り組むという名目で性風俗産業に対する取り締まりが強化されたため、そこで「不法就労」していた「グローバルな南」出身の移民は、摘発を避けるために以前にも増して地下に潜らざるを得なくなったからである（青山 2018: 83–92）。同様のことが、アジア各国で観察されている（GAATW 2007；Aoyama 2024 forthcoming）。

（4）「性的自己決定権」と「セックスワーク論」の現場から

「セックスワーク」という言葉は、『セックス・ワーク』の出版前にアメリカで生まれ、出版と前後して国内外に広まって、売春を生業とする当事者の労働者としての権利を主張する運動の要となったと考えられている。同時期に起こったいわゆるエイズ・パニックが、国際的なセックスワーカーの権利運動が日本をふくむ世界中に広がった第一の理由である。ＨＩＶ感染に対する脆弱性がゲイ男性へのスティグマを悪化させたことはよく知られているが、セックスワーカーもまた感染源のレッテルを貼られた集団だった。ＷＨＯをはじめとする国連機関も、当初、売春者を予防介入の対象である「高リスク集団」としていた。しかし、セックスワーカーの権利運動によるロビー活動や共同研究の結果、いくつかの国連機関は、HIV／エイズの流行による影響を大きく受けるセックスワーカーを意思決定の中心に据えるよう姿勢を変えた。セックスワーカーの権利運動と国連の一部とのこの新しい関係の一端に、セックスワーカーの世界的なネットワークが形成され、セックスワーカーが国際会議に参加するようになった。二〇〇〇年代半ばまでに、ILO、UNAIDS、UNDP、UNFPA、WHOが労働としてのセックスワークの概念を推進するようになった（Aoyama 2024 forthcoming）。

日本社会でも、「セックスワーク」という言葉が少しずつではあるが浸透しはじめ、実際に性風俗産業でサービスを提供する人々が公の場で発言し始めた。その一人である桃河モモコは、みずからの経験をもとに、セックスワークは、人格ではなくみずからの性を使ったサービスを売る「正当な仕事である」という政治的主張を展開した。売春と人身取引や性暴力を混同する言説に反し、彼女は、労働者の権利意識から生まれた「セックスワーク」の呼称を使うことによって、正当な労働としての売春と奴隷制度や人身取引の一部としての売春とを区別する、と主張したのである（ド・ラ・マドレーヌ 2018：22）。結果、当事者運動をつうじてセックスワーク当事者が売買春論争に参加するようになったことの意義は大きい。

たとえば、『売る、売らないはワタシが決める――売春肯定宣言』（松沢／スタジオ・ポット編 2000）という論集は、当事者と支援者の立場から、売春に反対する人々の論を一つ一つ具体的に批判し、その姿勢を問う公開質問状であった。そして、本書のタイトルは、もちろん、日本のウーマンリブ運動の一つの結節点であった優生保護法改悪阻止運動のスローガン、「産む産まないは女（わたし）がきめる」の本歌取りである。焦点は、国連機関などが提唱してきた「性と生殖の健康と権利」の、そして国際NPO世界性科学会（WAS）が提唱して国際的になった「性的権利」の骨子の一つである「性的自己決定権」である。この論集は、「性的自己決定権」を普遍的な人権の一部と考えるならば、フェミニストであれ誰であれ、セックスワーカーがみずからの身体と性を利用して労働することを認めるべきだ、という宣言なのである（Aoyama 2024 forthcoming）。

（5）セックスワーク研究の登場

学術研究の世界でも、二〇〇〇年代以降、売春その他の性的サービスにかんする研究に、単に対象としてでなく積極的な参加者として当事者を巻き込むことが世界的な規範となった（青山 2020）。こうした動向に呼応し、カマラ・ケンパドゥーらは、一九世紀いらい続いてきた売春とセックスワークに関する政治的・倫理的・学問的議論を統合し発展させるため、「セックスワーク・スタディーズ」を提唱した（Kempadoo 2005:261）。

セックスワーク・スタディーズ（セックスワーク研究）は、セックスワーカーが自発的に参加し、当事者の立場からセックスワークを理解し、改善するための実践であることを特徴とする。そしてこの立場から、好むと好まざるとにかかわらずグローバル資本主義の中で生き延びねばならない私たちの日常に鑑み、売春をはじめとする性的サービスを売って生活することは他の職業よりも搾取的・暴力的であるとは限らない、と主張する。特に、植民地支配の歴史とその結果である格差によって周縁化された「グローバルな南」出身者にとっては、むしろこの行為が性労働として正当に認知されることがプラスになる、とも主張する。自分たちが受けた経済的損失に挑戦し、挑戦することによって売春とセックスワークに対する偏見を徐々に払拭し、スティグマを見直させ、ひいては支配的な性規範をゆっくりとでも変化させるツールになりうる、というのである（Kempadoo 2005：青山 2020：Sanders et al. 2022）。

こういった主張は、藤目ゆき（1997）が図式化した「市民的女性運動」としての廃娼運動に対抗する「無産女性運動」の論理をグローバル化したもののようにも映る。しかし、二一世紀の「無産」セックスワーカーたちは、階級格差に異を唱えただけではない。そこに人種主義批判を加えただけでもない。グローバルなセックスワーク研究はむしろ、フェミニズムにおける二項対立的なジェンダー関係の把握にまで疑問を呈した。そして、ここを焦点化したところにセックスワーク研究の時代に即した特徴がある。「性の商品化」あるいは売買春を男性が女性を買う本質的な搾取と暴力あるいは人間の尊厳の喪失とする中産階級発の近代的性規範は、その中で性をとおした男性の女性に対する支配が貫徹する、ジェンダーの二項対立を所与の前提としている。このような女性支配は、廃娼運動の一九世紀にも現代にも現実に存在する。そして、その男対女の性支配関係が当該社会において強ければ強いほど、これを中心的問題として批判するフェミニズムには、二項対立自体を強化してしまうジレンマがある。そこでセックスワーク研究は、女性における被支配者としての経験を他の被支配者における経験との共通項にして、ジェンダー以外の権力による支配と差別とそれらが折り重なる構造を見出し、同時に是正することに重点をおく。そのことで二項対立的ジレンマを克服しようとする。要するに、性差別の経験を、複雑な権力関係の正確な理解に活かし、差別される人々同士の連帯と共闘を達成しようという構想である。セックスワーク研究はこの点でインターセクショナルなフェミニズム（Crenshaw 1989）に連なり、フェミニズム理論を洗練させるという政治的・学術的役割も自覚しているのである（Kempadoo 2005：Aoyama 2024 forthcoming）。

（6）二項対立から「連続体論」へ

セックスワーク研究の提唱に先立って、「性の商品化」・売買春批判は、グローバルな性取引の廃止主義に立つ法政策に結びついていた。一九九九年のスウェーデンを皮切りに、これらを一体として廃止するために客と仲介者など第三者を犯罪化する、いわゆる「エンド・デマンド（end demand）」政策である。人身取引を禁止するパレルモ議定書が、このような売買春に対する新たな取り締まり（新廃止主義）の基礎となっている。この環境で、国家・国家間政治の場においては、売買春が「性的奴隷制」であり得ることと売春が「労働」であり得ることは同時に存在しないように考えられ、強制か選択かの二元論が採用され、いずれも極端なものとして主張される傾向が強くなった、と国際政治学においてジェンダー化された移民と市民権について発言してきたヘリ・アスコラ（Askola 2017：27）は主張する。

これを受けて、学術的な議論はまた新たな進展をみた。移民による性取引研究の地理的拡大、この現象がグローバル社会における不可避の課題であるという認識の広がり、ポスト植民地主義フェミニズムの影響を受けた当事者参加行動調査という方法の広がり、質的・量的方法両方を取り入れた方法論の拡大である。そのような実証調査によって、グローバルな性取引の経験の多様性が明らかになり、（多くの搾取や暴力を証言したとしても）当事者がそれを人身取引や強制売春だったと考えるケースは多くないことがわかってきた。結果、学術的な議論の焦点は、売買春あるいは「性の商品化」が是か非か、グローバルな性取引は移民セックスワークか人身取引（あるいは性的奴隷制）か、という対立から離れ、二者の境界は曖昧であり、現実はより複雑であるという理解へと移っている。特にヨーロッパでは、移民セックスワーカーとかれらが働く場所に焦点を当てた人類学的・社会学的な研究が増え、後述するとおり、性取引に関わる人の移動をあらかじめ人身取引または性奴隷制と捉えることに対して警笛を鳴らし、より注意深い解釈を促している。

私自身は、一九九〇年代にＡＪＷＲＣでボランティアをしたことをきっかけに、国境を越える女性の売春と人身売買（女性運動の現場ではこう呼ばれることが多い）、そしてこれを取り巻くフェミニスト間の論争に興味を持ち、二〇〇〇年代に入って研究をすることになった。そして、移民セックスワークか人身取引かの二元論のただなかで自分の考えを定めきらないうちに、タイと日本でのフィールドワークに出た。フィールドワークは、移民として性取引をする人々の経験が多様であることを示していた。そして同時に、この人たちが、女性であり貧困層出身であり「グローバルな南」からの移民であり性風俗産業に携わることが交差して発生する、特有で構造的な脆弱性を共有していることを示していた。これがセックスワーク研究の焦点に重なることは後で知った。そこには、コンスタブル（Constable 2009）が参照している先行研究のいくつかと同じく、稀にだが確かに、奴隷状態というべき過酷な暴力と徹底的な搾取に代表される人権侵害が存在していた。そして同時に、自発的に「仕事」としてセックスワークを行い、報酬を得、故郷の貧困やしがらみから脱し、家族の現在や自分の将来をより良くし、親の恩に報い、地域社会で一目置かれるようになるという目標も、現実も、存在していた。そこで、最初の調査研究は、次の結論にたどり着いた。強固な社会構造との相互関係において、（通常はいかなるときも無にはならないはずの）当事者のエイジェンシー（行為する力）が発揮されない状態を「社会的な死」であり奴隷状態（O'Connell Davidson 1998）であるとし、これを結果する「人身取引」と、十全に、しかも構造による悪環境を好転させるような形でエイジェンシーが発揮される「移民（移住）セックスワーク」は、時と場合の条件次第でどちらも起こり得るし、一人の人の人生の中でも起こり得る、というものである。換言すれば、両者は変化するなだらかな連続体をなしている、といういわば「連続体論（当初は中間地帯論）」である（青山 2007：Aoyama 2009）。

アスコラは、別の文脈から偶然にだが、「このような（連続性の）理解に由来する戦略は、人身取引を刑事的に抑制する方法を見つけるだけでなく、女性の性的搾取を最小限に抑え、防止する方法を模索し、搾取を助長する既存

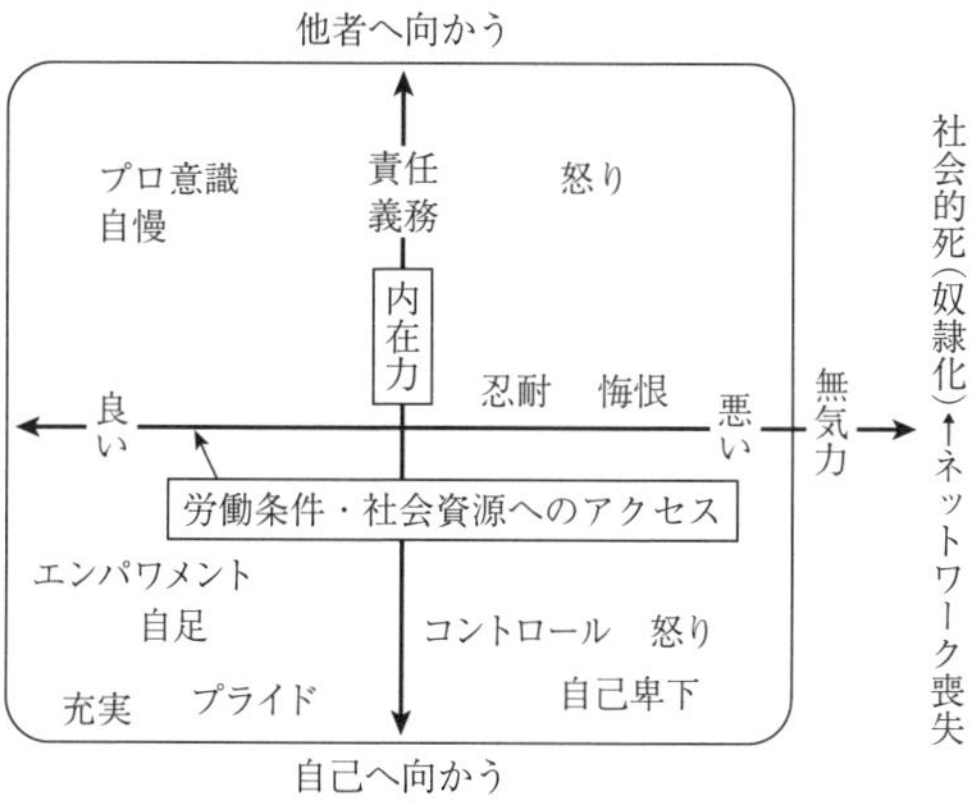

図３－１　当事者が経験した移民性取引に関わる認識

横軸：仕事の条件と社会資源（ネットワーク）へのアクセスの良し悪し
良い方へ向かうほど「仕事」の認識が高まり、悪い方へ向かい、最悪の場合ネットワークから切断されると「すべてを失い囚われた」と認識する。客観的には奴隷状態となる。
縦軸：内在力（ケイパビリティ）の向かう方向
横軸との組み合わせで自己、他者それぞれへ向かったときの態度や感情を変化させる。

出典：青山（2007:58）に加筆。

の男女不平等を解消し、売買春を支える性差別的イデオロギーにも挑むものである」（Askola 2017:41）と主張している。雲をつかむような主張と映るかもしれない。しかし、移民による性取引が搾取や暴力にさらされやすいことと、これが「まともな仕事」——後述するディーセント・ワーク——であり得ることを同時に認識し、当面この仕事をする必要のある／したい当事者が搾取・暴力を極力避けながら仕事を続け生活の糧を得る方法を探すことは、十分現実的である。これを積み重ねていくとしたら、現場で起こっている差別の解消をつうじてやがては構造的な不平等を変化させることにつながる——少なくとも可能性がある——という意味で、先のセックスワーク研究とも重なり、アスコラの主張は支持できる。

　雲をつかむ梯子の一段として、グローバル経済・社会の中で下位に位置付けられた当事者の状況を改善することを支持し、そのためには当事者の立場を中心に考え、今、そこで、プラスの方向へエイジェンシーが発揮できる環境を目指すこと、そのためには現実に手の入る社会的・経済的手段——それが移民性労働であれば移民性労働——をより良くする方法を探ることを、私は目標とするようになった。そして、このために、当事者の経験を奴隷状態にするか「仕事」(セックスワーク)と呼べるものにするかを変化させる条件を精査することになった。ここで、最初の研究でおおまかに導き出したそのような条件のカテゴリーが、賃金や自由度などの労働の条件(よし悪し)と、人間関係を代表とする社会資源を表すネットワークの条件(よし悪し)であったこと(図3-1)が、次の計画に結びついた。

(7) 構造化論の応用

以上を背景に近年取り組んでいるのが、二〇二四年現在進めている共同研究である(青山・ルバイ 2023)。特に、移民が移動を開始する時点からの経験を追い、かれらが海外に移住してセックスワークをしたり、性取引の中で搾取されたり、暴力に遭うこともあるという事実を精査する方法・方法論については熟考した。具体的には、移民セックスワークと性風俗産業における人身取引の両方に関係する移民への聞き取りを行い、かれらのネットワークを描き出し、かれらの脆弱性、回復力、豊かさなどがどのような関係においてどのように現れるかを明らかにするのである。そこには、グローバルな性取引を支える構造と複数のエイジェンシーが現出する関係が表れており、かれらの社会資源が埋め込まれている。

ここで、移民セックスワークと人身取引(性的奴隷制)の二項対立を越えようとする実証研究を支える理論として、「より強力な構造化論(stronger structuration theory)」(Stones 2005)について特筆しておきたい。社会を構成する構造とエイジェント(行為体)の関係を、エイジェントの行為力(エイジェンシー)が構造を維持・強化もすれば変化もさせ、構造がエイジェント（とその行為）を規定もすれば変化もさせる、常に相互的かつ動的な「構造化」として把握する「構造化論」を構築したのはアンソニー・ギデンズである。構造化論の中核とされる「構造の二重性」概念は、構造化の媒体であると同時に結果でもある構造の性質を表す。構造は、「記憶の痕跡」としてエイジェントの内部に存在すると同時に、行為の結果の集積として外部にも存在するのである。しかし、ギデンズの理論は、とくに構造化のもう一方の主役であるはずのエイジェントに関して意図して抽象的なものとなっている（Giddens 1979：1984）。この点について何人かの後継者たちは、「構造の二重性」を「構造とエイジェントの二重性」とも呼んでエイジェントの存在とその行為についてより具体的に考察してきた。そして、たとえば、ギデンズは「エイジェントの行為に絶え間なく情報をあたえている他者とのネットワークの『亡霊』［目に見えず意識に上るとも限らない関係・関係性］について十分に考慮したことがない」（Thrift 1996:54：Stones 2005:93）と批判してきた。「より強力な構造化論」を提唱したロブ・ストーンズはそのような批判的後継者の一人であり、現実に存在する社会的実践や諸問題、これらの関係者の具体的存在に注意を向け、実証研究に応用すべくギデンズの理論を発展させている。実践的なストーンズの理論における構造とエイジェントのダイナミクスの核にあるのは、エイジェントの行為または非行為を決定する関係ネットワークの存在である（Stones 2005:94）。図3－2のように、エイジェントは、人間・社会関係のネットワークのただなかに、初めから、常に、すでに巻き込まれており、その時その場のその関係についての自分の知識を動員し、その特定の文脈における他者の行為や言葉を解釈し、その時その場における権力や規範や意味――ギデンズにおけるエイジェント内に「記憶の痕跡」としてある構造の三型――といえるものの働きを想定して、最終的に何をするかしないかを決めるのである（ibid.:89-93）。

先述の共同研究は、ストーンズの理論に依拠したものである。したがって、この研究はまず、あらためてエイジ

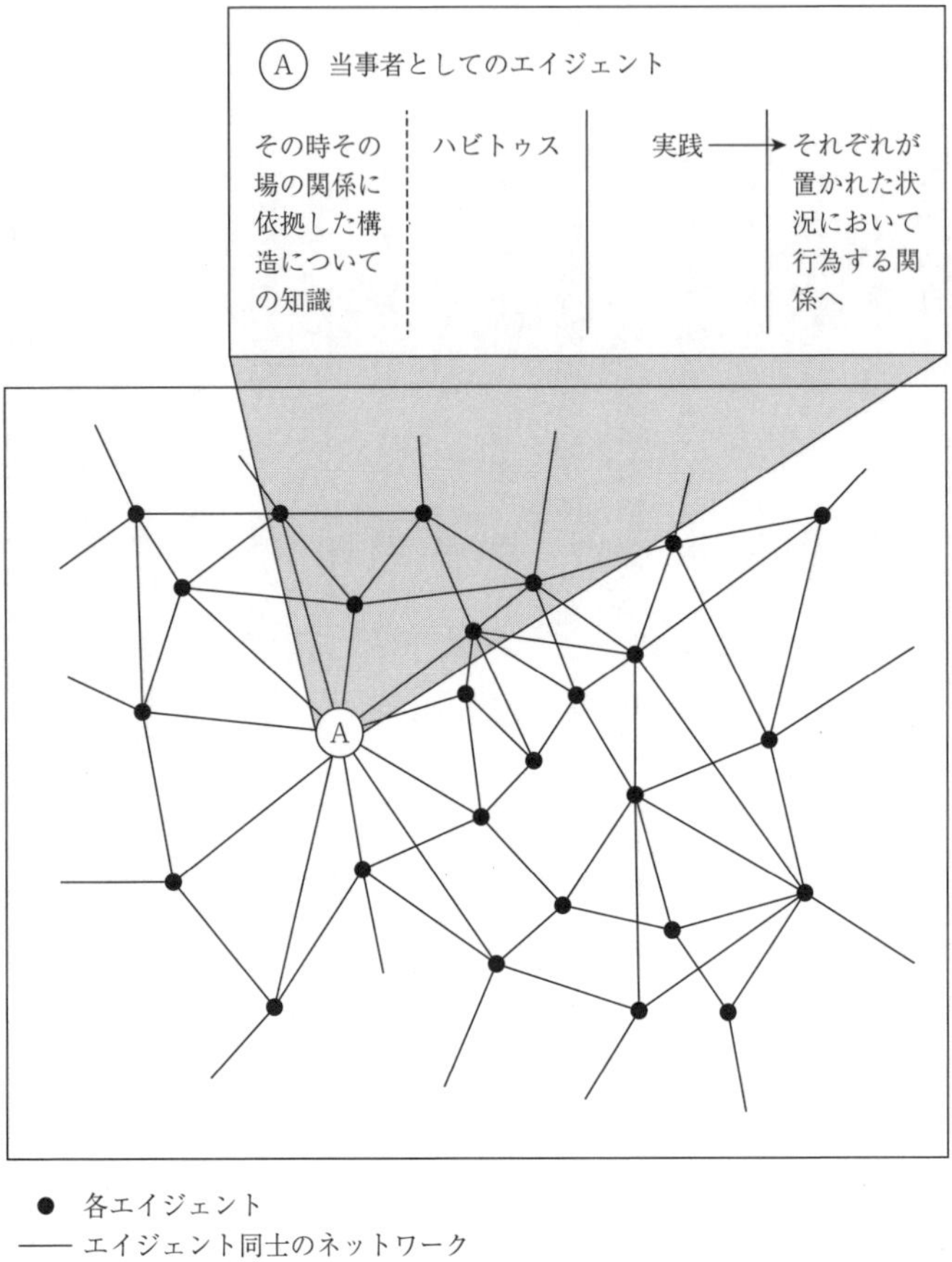

図 3 - 2　それぞれが置かれた状況において行為する関係（position-practice relations）の中にある当事者としてのエイジェント

出典：Stones（2005:94, Figure 3.4）の青山訳。

ェントとしての当事者に注目し、当事者を中心とする関係のネットワークをその時々の労働条件あるいは奴隷的な処遇を左右する親条件であると位置付けた。そして、ネットワークがグローバルな性取引を行う当事者にとってマイナスまたはプラスの資源に転換する点（他者＝他のエイジェント）と線（関係）を、聞き取りのデータから特定することができる、また、これができれば、長期的・巨視的には、先述のセックスワーク研究とアスコラが目指したような、性取引をもたらす構造をプラス方向に変化させる契機を見出すことができる、と考えた。結果として、どこで誰・何とするどんな行為・非行為が、当事者に脆弱性をもたらすのか、これを悪化させるのか、防ぐのか、克服することを助けるのか、といった詳細な条件と複数の送り出し国と受け入れ国におけるこれらの共通項を明らかにし、移民性取引によって奴隷状態に陥らないための具体的である程度普遍的な策を当事者（と支援者）とともに考え出し、次の世代に手渡すことが、この研究の究極の目的となっている。言い換えれば、それは、グローバルな性取引をもたらす社会構造との関係においてエイジェント自体が状況を巨視的にとらえ、少しでも有利にエイジェンシーを発揮するためのモデルを得ることである。

4　実証にみる「移民の女性化」から「セックスワーク研究」まで

（1）「移民の女性化」における地域差と職業差

「移民の女性化」は、平均的には、移民の中の女性数が男性数より多くなったという数的な事実ではなかったことはすでにみた。しかし、ティッテンソーとマンスーリ（Tittensor and Mansouri 2017:15）が概観したとおり、女性移民の数的増加は地域によっては事実であり、この地域差を理解するには、経済を中心としたマクロな構造的問題にも個人のミクロな経験にもとどまらず、メゾな地域差や職業差、所属集団の差といった観点からの考察が必要であった。つまり、移民に関連する政策や歴史・経済・宗教的環境——特に性規範——が国によって違い、かつ変化することについての考察である。送り出し国でも受け入れ国でも、きわめて多様な移民政策がとられており、多くの移民労働者が滞在しているにもかかわらず「移民政策はとらない」と公言する国もあれば、移民による労働力の調達を重視する国、いわゆる仕送りの経済効果を重視する国、文化的・宗教的理由から女性が移民しないよう「保護」する必要があると考える国もある。特にアジア地域では域内で差が出た。

一九八〇年代後半から一九九〇年代、東南アジアの多くの国々が急速な経済社会開発にさらされ、「発展途上国」から「新興工業国」あるいは「先進国」へと移行した。シンガポール、マレーシアが特に大きく「発展」したといわれ、タイがこれに続いた。先にみたプラザ合意などの影響もあり、世界規模の貨幣価値・賃金格差がいわゆる非熟練労働移民を誘発したが、その労働は特にジェンダー化されていた。大まかにいえば、性別によって望まれるあるいは就業できる職種が違い、職種の需要とそれに見合う移民労働力の供給の可能性によって移民の性別も偏るのである。「再生産領域のグローバルな再編成」に地域的特色があった、といってもよい。東南アジア域内格差は、典型的にはインドネシアとフィリピン（および後に加わるベトナム）からマレーシアやシンガポールへ働きに出る女性家事労働者、看護・介護労働者を多数生んだ。彼女たちはまた、台湾、韓国、香港、日本など東アジアへも渡航した（Sijapati 2015：安里 2016：巣内 2020）。そして、マレーシア・シンガポールの富裕層を顧客とするバタン（インドネシア）の性風俗産業が隆盛し、フィリピンの性労働者送り出しとタイの送り出し・受け入れの両方がグローバルになり、これらの組織化が知られるようになったのもこの時期である（Lin 1998：4-6）。

この節では、地域差と職業差を明確にするために、意図して「移民の女性化」の数的側面を再認識したあと、グローバルな全体像に照らし合わせながら、移民による介護労働と家事労働のローカルな経験について調査した先行研究例を共有する。そして、第二節と第三節で触れた概念と理論をとおして、これらと移民性労働・人身取引研究の共通点を確認する。なお、医療分野における看護労働は、アジアにおいても世界においても「移民の女性化」の大きな要素であるが、公的資格や職能組織によって他の「女のしごと」よりも保護されていることが一般的である。とくに移民の状況は介護労働者、育児・家事労働者、性労働者などとは異なっていて別途考察する必要があるため、本節では取り上げない。

（2）ケアワークの中の介護労働

少子高齢化社会でとりわけ不足が心配されている介護労働者だが、介護労働者は、賃労働者に限ったとしても、その世界的な傾向を総合的に把握することが難しい。まず、看護師のように、あるいは日本における介護福祉士のように、専門職としての公的資格が存在するとは限らない。また、高齢者を介護する者、障害者を介助する者、病児・障害児養護にあたる者等の区分が違う、働く場所も施設であったり個人の家庭であったり混在する、などの多様性によって、「介護者」の定義が定まらず、家事労働者と介護労働者、看護師と介護士の区別も一様にはできない。非正規と正規セクターの境界線もあいまいな場合がある。このように介護労働者が把握しにくいことについて、アジア一一ヶ国における移民による介護について調査したある報告書（Sato and Dempster 2022：23）は、この分野が「主に『女性のしごと』として過小評価されている」からであるという。

その限界をふまえ、UN Women が二〇〇七〜二〇一六年における四七ヶ国の「有給ケアワーカー」全体の統計とその分析（UN Women 2021）を取り上げるならば、教育、医療・福祉、家事労働の分野で働くすべてのケアワーカーの七〇％以上（うち一一ヶ国では八〇％以上）が女性である。また、ほとんどの国において、女性は労働市場の他の分野よりもケアワークにはるかに多く配置されており、ケアワーク以外の仕事に占める女性の割合は平均四〇％程度である（UN Women 2021:10）。有給ケアワークの有無、その質、それが提供する階層上昇の機会は、女性の生活と将来性を確保する重要な要素である。しかし、有給ケアワーク分野は、労働市場において最も不安定で弱い立場にある低賃金労働者人口の拡大によって推進されることが一般的である。さらに、移民労働者や少数民族は下層に位置付けられることが一般的で、これが女性間の格差もうみだしている、とこの報告書は批判する（UN Women 2021:1-2：10）。

アジアについては、上記の独立系シンクタンクによる調査（Sato and Dempster 2022:31-33）が、高齢者介護のための長期移民の状況に絞り、この二〇年余りの傾向を導き出している。主な受け入れ国は日本、韓国、台湾、香港（中国）、シンガポールの「高収入国」で、主な送り出し国はフィリピン、インドネシア、ベトナムの「低収入国」に加え、タイとマレーシアが増加している（調査全体にはスリランカふくまれている）。この流れの中で、(1)送金や雇用による女性のエンパワメントというプラスの影響と、虐待、搾取、借金などマイナスの影響がある、(2)受け入れ諸国は、非正規の「低スキル」家事労働者と正規の「高スキル」介護労働者を峻別することが多い、(3)これら移民は二国間協定等をつうじて組織化されるため、この分野全体の規制は困難である。

日本では、二〇〇八年に開始された経済連携協定（ＥＰＡ）いらい一〇年あまりの間に、「介護」の在留資格、技能実習制度、そして特定技能一号という四種の滞在資格に基づいた移民の回路を開いてきている（塚田 2022:37-41）。特に二〇一九年に新設された「特定技能」に「介護」をふくめたことで、外国人労働によって労働力不足の解消を目指す政策が公言されることとなった。介護福祉士の国家資格を取得しない限り短期間で帰国することを前提とするが、条件を満たせば家族帯同も定住もできるようになったことも大きな変化である。いらい、特に「特定技能」の資格による外国人介護労働者の入国は急増している。二〇二三年度には、受け入れ促進、悩み相談支援、現場への就労・定着促進などを目的とした「外国人介護人材受入環境整備事業」も始まっている（厚生労働省 2015b）。

定松文ほかの研究によれば、日本の状況もUN Womenの報告に呼応している。その多くを女性と移民が占める介護労働者は、低賃金と不安定な雇用、キャリア展望の不透明さ、長時間労働などの労働条件の悪さだけでなく、言語や習慣の壁、密度の濃い感情労働、さらにはこれらが重なって起きるハラスメントをふくめた人間関係上の問題に悩まされている。これらの環境は、カナダやアメリカなど他の受け入れ国と比べても悪く、移民介護労働者は、たとえ日本語の国家試験という難関を突破しても九割が帰国してしまう（平野 2018：米沢 2018：定松 2019）。介護福祉士の資格なく介護労働をする移民の、今後の待遇が懸念される。

世界的な、そして地方と都市の「介護不足」が浮上する中、女性は有給労働の内外で介護責任を負うなど、重なる脆弱性にさらされている。経済的に余裕のある少数の女性が介護労働者を雇用することで部分的な解決策を見出す一方、移民労働者が求められる。グローバルな格差は日本をみても明らかで、二〇一九年新設の特定技能資格保持者は、二〇二三年現在すべての介護分野の滞在資格保持者の過半数を占めているが、その国籍は、ＥＰＡ介護福祉士候補者も受け入れているインドネシア、ベトナム、フィリピンが七割、これにミャンマー、ネパールを合わせて九割以上を占める（厚生労働省 2024：4：13）。彼女たちは「グローバルな南」から来ており、彼女たちの娘や母親が、子どもや年長者の世話をするためにケアチェインの末端に位置付いていることが想像される。

（3）家事労働と連帯・共闘

ＩＬＯの移民家事労働者の統計に特化した報告書（ILO 2015）によれば、移民家事労働者の四人に三人が女性であり、移民先地域はジェンダーによって異なっている。移民家事労働者の男性の五一％がアラブ地域で働いており、続く三地域の南北および西ヨーロッパ、南アジア、サハラ以南アフリカがいずれも一〇％前後と、大きな偏りがわかる。女性は二四％が東南アジア・太平洋地域で働き、南北および西ヨーロッパ二二％、アラブ一九％、東アジア一二％とばらつきがある。「家事労働者」は、「家庭内または家庭のために働く労働者」と定義され、ここには料理や洗濯、子どもや高齢者の世話のほか、園芸、警備、運転などがふくまれる。地域によって移民が担う仕事が何か、そのうち何が「女のしごと」とされ「男のしごと」とされるかで、差が出ている。日本においては、パレーニャス（Parrenas 2002）やホックシールド（Hochschild 2002）が注目したナニーのように、雇い主の家庭に住み込んで、ときに家事労働の一環として子どものめんどうをみる仕事は、外国人労働に開かれていない。

東南アジアおよび東アジア地域において、世界的な経済格差のほかに女性の移民を促進するもう一つの要因は、多くの受け入れ国が、特に家事労働者について継続的な流入を促進しながら同時に彼女たちの定住・永住を困難にしている政策である（Tittensor and Mansouri 2017:18：定松 2020:48）。たとえば、シンガポールやマレーシアは受け入れ国として、家事労働者が特定の雇用主との契約を結ぶ年数を限っている。この契約は更新可能だが定住することはできず、別の雇用主のもとで働きたい場合は帰国して再申請する必要がある。台湾におけるベトナム人家事労働者について、巣内尚子（2020）は、正規労働者として入国―長時間低賃金労働やハラスメントに抵抗して逃げる―非正規労働に就く―身柄を拘束され強制送還される、という連関が「移住インフラ」に組み込まれているという。日本は、二〇一四年まで在留資格に関わる就労として家事労働を原則禁止していたが、六都府県の「国家戦略特区」に限ってこれを緩和した。特区内では家事労働ができる滞在資格を設け、労働基準法も適用した。しかし、滞在期限がありやはり定住の道はほぼ閉ざされている（Ogawa 2018：竹信 2021）。言い換えれば、受け入れ国の政策は、移民家事労働者に短期間の就労の後帰国することを強要し、結果として、女性の移民が繰り返される回路をつくり出しているのである（Tittensor and Mansouri 2017:18）。

しかし、家事労働者については、上述のイヴァンチェヴァとキーティング（Ivancheva and Keating 2021）が不安定・不平等・不公正の解消に向かうために必要とした、「労働の正当な報酬とケアと連帯と共闘」の契機と呼べる実践が示されている（伊藤 2020:317-318）。これを明らかにしたのは、再生産領域のグローバル化に伴う「移民の女性化」（同書の表現では「国際移動の女性化」）の中で、有償家事労働に着目した伊藤るり編著『家事労働の国際社会学』（2020）である。

アジア、ヨーロッパ、アメリカの地域的特性とそのうちの各国の特性を押さえつつ、各国における有償家事労働の現状と移民家事労働者の処遇を明らかにする本書は、その上で、移民家事労働者自身による組織化とネットワーク形成をトランスナショナルに捉える。ここでは、二〇一一年に採択された「家事労働者のためのディーセント・ワーク条約」（ＩＬＯ第一八九号条約）が基軸になっており、この条約と、ローカルかつナショナルかつリージョナルかつグローバルに展開する家事労働者運動の相互作用が描かれる（伊藤 2020:315-319）。各地域、各国についての詳細な研究で克明になる、ときに人身取引にもあたるような移民家事労働者に対する人権侵害が、移民の法社会的脆弱性に加えて、家事労働のときに非正規で、私的空間や関係において行われる性質から起こることもわかる。そして、これらを克服するために、社会的対話を起こし、この仕事の社会的価値を訴え、使用者を啓発し、メディアに訴え、身近な仲間と友人関係を築き、文化活動を行って、移民による家事労働を「ディーセント・ワーク（decent work)」にするための連帯を、当事者みずから構築してきたことが記されている（伊藤 2020：324-327）。そこではさらに、「グローバルな南」の労働者から収奪されがちなケアを再評価することと連帯が、切っても切り離せない関係にあることもわかる。

この運動からもう一点引き出したいのは、右記の「ディーセント・ワーク」概念である。「ディーセント・ワーク」は、ＩＬＯ発の労働概念で、権利が保障され、十分な収入を生み出し、適切な社会保障が与えられる生産的な仕事をいう。また、すべての人が収入を得るのに十分な仕事がある状態を指す（ILO 1999）。この概念の重要性は、移民性労働研究の現場においても考慮されつつあることとの関係において、本章の最後に再考する。

（4）性労働／セックスワーク

移民による性労働は、前述のとおり「再生産労働の一部」、「再生産領域」、「親密な労働」に関わる労働と考えられるものの、法が社会規範に抵触するとして禁止している国がほとんどのため、介護・家事と違って移民が就労する正規の市場がほとんどない。関連して、有償性労働を行っている移民も、他の資格で受け入れ国に滞在していることが一般的であり、移民性労働の実態をとらえることは難しい。

とはいえ、様々な試算は試みられている。たとえば、ヨーロッパ連合の資金で移民セックスワーカーのＨＩＶ／ＳＴＩ予防と保健活動を推進するネットワークＴＡＭＰＥＰが、二〇〇〇年代のヨーロッパ二五ヶ所国におけるセックスワーカーおよび移民に対する支援活動を駆使して行った大規模調査（TAMPEP 2009）によれば、セックスワーカーの特徴は次のとおりである。

性別でみれば、セックスワーカー（ＳＷ）のうち八七％が女性、七％が男性、六％がトランスジェンダーと圧倒的に女性が多い（二〇〇五年の調査とほぼ同率）。しかし地域差があり、西欧では、トランスジェンダーSWが一六％と比較的多く、南欧では、男性SWが一〇％と比較的多い。移民については、女性SWの約四七％、トランスジェンダーSWの四七％、男性SWの約三二％が移民である。性労働が「移民の女性化」と切り離せないことがわかる。さらに、EU原加盟国一四ヶ国に限れば、イタリア、スペイン、オーストリアなどではSWの八〇～九〇％、フィンランド、オランダ、ノルウェーなどでは六〇～七五％を移民が占めている。イギリスは四一％だが、ロンドンに限れば八〇％になる。また、多くの移民SWは域内からの移民で、出身地は中欧と東欧が約七〇％を占める。対照的に、中欧ではSWのうち移民は約一六～一八％しかいない（TAMPEP 2009:14-18）。

アジア地域についての移民性労働にかんする質的量的調査の両方とも少ない。日本に至っては、二〇二四年上半期現在、青山とルバイのもの以外にはなく、量的調査は皆無となっている。しかし、参考までに、TAMPEPと同時期に香港における女性セックスワーカーの調査を行ったウィリアム・C・ウォンらは、売春で逮捕される女性の九四％が大陸中国出身であることを明らかにしている（Wong et al. 2008:page 2/7）。また、オーストリアのセックスワーカー団体ネットワークであるスカーレット連合による限られた調査によれば、セックスワーカー六〇〇人弱の回答者のうち移民の割合は約七〇％、うち四四％がタイ、二六％が中国、九％が韓国の出身だった。回答者のほとんどが女性で、男性は一七人（うち六人が移民）、トランスジェンダーは八人で全員が移民であった（Scarlet Alliance et al. 2010:20-22）。

大まかにいえば、高収入の国や地域で働くセックスワーカーの大多数は近隣の比較的低収入の国・地域からの女性移民である。介護・家事労働分野と同じく性労働分野も、「移民の女性化」が不平等な「グローバルな南」と「北」の関係の中で起こっていることを表す分野である、といえる。ただし、近年の、ネット上で宣伝するエスコートサービス提供者を対象にした大規模調査（Rocha et al. 2022）によれば、移動の流れはＧＤＰの高い国へ向く傾向はあるが、送り出し国受け入れ国とも多岐にわたっている。ＧＤＰの高い国同士の間でも大きな移動が起きており、国の富裕度だけが世界的な移動の動力ではないことも示唆されている。インターネットを利用して客を募る英語利用のエスコートは、自律性が高いいわゆる「ハイクラス」のセックスワークであることが関係しているのかもしれない。

（5）セックスワーク研究の具体例

本章の焦点である移民性労働については、より詳しく研究例を評価しておこう。先に引いたケンパドゥーのように、これに従事する当事者の視座を重視して性取引あるいは「性の商品化」をめぐる状況の改善を目指すセックスワーク研究は、イデオロギー先行の演繹的研究であるとの誤解も招きやすい。しかし、この分野の研究の大半は、実証調査にねざしてこのような目的を持つようになったものだ。これらは、グローバル化によって地理的に拡大した性風俗産業における人身取引の現実と、そこで脆弱な立場におかれる人々を無視するものではなく、逸脱、スティグマ、犯罪者化や被害者化による複雑な経験を踏まえている。

たとえば、メディアによる「性売買」や「現代の奴隷制」の温床という表象が目立つジャマイカでも、フィールドワークの結果「性風俗産業が、人々に性労働を強要したり、欺いたり、性風俗産業に留まらせたりする『人身取引業者』や『奴隷商人』に依存していることを示唆する証拠はみつからなかった」と結論を下した研究がある。ただし、この研究は同時に、「私たちの調査参加者［移民セックスワーカー］たちは、暴力、資源や基本的権利へのアクセスの欠如、自由の大きな制限によって荒廃した生活について言及している」（O'Connel Davidson and Tailer

2022:239）とも記している。日本のフィリピン・パブでみずからホステスとして働いて調査を行ったパレーニャスは、人身取引や奴隷制の枠組みには当てはまらないが不平等な労働関係を表す概念として、自発的な「年季奉公の契約」を提唱した（Parreñas 2011）。ヨーロッパの様々な国や移民セックスワーカーの様々な集団で研究と活動をしてきたニック・マイ（Mai 2018）は、確かに搾取されてはいるが強制されているわけではなく、否定されるべきではないエイジェンシーを発揮しているナイジェリア人女性の状況を説明するために、「限定的搾取」という概念を提唱した。ベトナムのセックスワーカーを対象に数十年にわたるエスノグラフィ調査を行ったニコラス・レインツは、女性のセクシュアリティの家族による搾取と債務による移動および束縛、という一般的な結びつきを解体し、「仲介された移動」が移民セックスワーカーの安全を保証しうることを示唆している（Lainez 2020）。また、タイ人移民セックスワーカーに関する私自身の研究（青山 2007：Aoyama 2009）やフランスの中国人移民セックスワーカーに関する研究（Lévy et al. 2011：Le Bail 2015）においても、グローバルな性取引が比較的自由な労働になるか奴隷的になるかは、複合的な条件に左右され、奴隷化は起こり得るし防ぐこともできるとしている。

5　クィア移民研究への道

（1）クィアな批判・ホモナショナリズム・「再生産領域のグローバル化」ふたたび

「移民の女性化」が構造としてのジェンダーに焦点をあてていらい、女性だけでなく男性移民についての考察も増加しているが、親密性をめぐる問題にかんしては、女性の肉体的・精神的・感情的労働との関係で研究されることの方がはるかに多く、男性家事労働者・介護者や男性移民セックスワーカーについての研究は二〇一〇年代までほとんどなかった（Constable 2009:52)。しかし、上述のとおり、地域によっては、様々な仕事をふくむ家事労働者では男性移民の方が多いこともあり、男性セックスワーカーもそのうちの移民も無視できるほどの少数ではない。「男性の女性に対する支配」に特化した権力関係の理論だけではこれらの現象はとらえられず、特に女性を客とする男性セックスワーカーの存在や、彼らが直面する差別や搾取、暴力や危険を不可視化してしまう（Takahashi 2021：Woensdregt and Nencel 2022)。さらに、トランスジェンダーに焦点を当てれば、人口に対する割合が様々な国で〇・一〜〇・五％程度といわれる（World Population Review 2024）にもかかわらず、不均衡に高率の人が移民セックスワークに携わっていることがわかる。それがこの人たちの他の就労機会の少なさや貧困率の高さなどを表しているとしたら、性の二項対立とその不平等を構築するジェンダーが、その構造を否応なく逸脱してしまう人々に対して、誰に対するよりも暴力的なものになっている可能性を考えないわけにはいかない。

本章では議論することができなかったが、レズビアンフェミニズムとクィア研究によるアイデンティティポリティクス批判がここで活きてくる。移民研究は、移民における性差だけでなく、女性差別だけでなく、性的マイノリティの周縁化についても、また、被支配的な地位にある男性の周縁化についても問題にすべきである、とかれらはいう（Luibhéid and Cantú Jr. eds. 2005：Kosnick 2011)。

グローバル化時代の移民研究において「移民の女性化」概念が浸透した一九九〇年代から二〇〇〇年代はまた、クィア移民研究という学際的な学問領域が形成された年代でもあった。移民研究がシスジェンダー・ヘテロセクシュアル規範に引きずられてきたことに異議を唱える一連の研究は、ジェンダーとセクシュアリティが移民とそのプロセスの要であることを明らかにしてきた。同時に、セックスワーク研究がそうであったように、このプロセスが人種、階級といった他の差別カテゴリーと交差しつつ構成されていることも明らかにしてきた。具体的には、国籍を異にする同性カップルやＬＧＢＴＱ＋難民が直面する問題から、クィアダイアスポラの文化、トランスジェンダー移民の活動、ケアワーカーをふくむクィア移民労働者の組織化などについて検証し、反規範的な移民の経験を研究の中心に据えてきたのである（Luibhéid and Cantú Jr. eds. 2005：Luibhéid 2008：Lewis 2019）。

ここで注目されるのが、「ホモナショナリズム」概念である。シスジェンダー・ヘテロセクシュアル規範を批判するクィア移民研究は、規範に対抗するようでいながら実はマイノリティを抑圧する「ホモセクシュアル規範（homo-normativity）」も同時に批判する。その特徴が、「ホモナショナリズム」概念に集約されているからである。「ホモナショナリズム」は、ホモセクシュアル規範とナショナリズムを短縮した造語で、ジャスビア・プアー（Puar 2007:2）が提唱し始めたことで知られる。一般的にはナショナリズムとＬＧＢＴＱ＋の権利運動との結託とみなされるこの言葉は、アメリカ政府が九・一一以降の「テロとの戦い」に伴う排除的移民政策を正当化するために、性的マイノリティの存在を利用したことを説明する概念として造られた（ibid.）。プアーが注目したのは、アメリカにおける新自由主義的・資本主義的な権力が、特にイスラム教徒に対する人種差別的・外国人排斥的な立場を正当化するために、イスラムがＬＧＢＴＱ＋を迫害するという主張を持つコミュニティと同盟を組むことである。そしてこの同盟による「ホモナショナリズム」は、ＬＧＢＴＱ＋を分断する機能も持っている。「対テロ戦争」によって「テロリスト」と「自由主義者」、敵と味方、といった二元論が強化される中、ＬＧＢＴＱ＋の人々を迫害対象としてますます他者化すると同時に、この集団の一部を「テロリスト」と戦う「アメリカ市民」たり得る者として特に称揚するからである（Puar 2007:83）。「テロとの戦い」において味方に付かないＬＧＢＴＱ＋は、敵なのである。

その後「ホモナショナリズム」は、「テロとの戦い」同様、広く移民・難民の排除あるいは包摂を説明するために用いられてきた。近年のクィア移民研究は、この概念を使い、「グローバルな北」にある受け入れ国が、自らの新自由主義的かつ人種・民族差別的尺度をもって誰が自国にふさわしい「クィア」か否かを定め、それによって移民・難民を受け入れたり容認したり拒否したり迫害したりしていることを実証している。つまり、一部のクィア移民や難民がホスト国に入国し居住し学び働く資格を与えられる一方で、それ以外の「クィア」――貧困層、有色人種、ジェンダー二元論にあてはまらない人々に偏る――は、相変わらず抑留や強制送還という形で国家の暴力の対象となっているのである（Luibhéid and Cantú Jr., eds., 2005：Lews 2019：工藤 2022）。

足立真理子（2008：250-251）は、「再生産領域のグローバル化」が、「経済成長における最も合理的形態としての［性別役割分業］近代家族の位置づけを揺るがす」ことを指摘した。しかし、近代家族とともに性別役割分業が揺らぐということの指摘は、この揺らぎが家族を変え、家族を越えることをも示唆している。たとえば、セックスワークをする移民は、そもそも「愛」で結ばれているべき近代家族の性規範を揺るがせ、国民の血統を重んじる優生思想を揺るがせる恐れから、国家の禁止を受けてきたのではなかったか。異性婚だけでなく同性婚も前提とするようになった社会では、（これも本章では触れられなかった）結婚移民の再生産労働とジェンダーが切り離されるのだろうか。あるいは、生殖をみずからの性関係の外に求める同性カップルが、移民を伴う生殖補助を利用し、文字どおりの人間の再生産が今までの家族も国境も越える形でグローバル化するとき、家族も性別役割分業もすでに前の形をとどめていないのではないか。このとき、誰がいまだにあるいは新しく差別と搾取と暴力の対象になっているのか、それを防ぐにはどうしたらよいか、移民研究とクィア研究の接続が、これらの問の答えをやがて明らかにしていくだろう。

6　性労働をケアワークに位置付ける

(1) 性労働を「まともな仕事」に、親密圏を複数に

本章は、先行研究において、性労働をふくむグローバルな性取引が、拡大する再生産労働／領域や商品化される親密性の一部として位置付けられてきたことをふまえ、性労働がケアワーク（人の世話をする労働）として考えられる可能性を探ってきた。そして、「移民の女性化」とグローバル化のその後について総合的にとらえることを目指し、「女性化」された移民労働の中でも、とりわけ周縁化されてきた性労働の位置付けを再評価しようとしてきた。これをまとめる以下では、第一に、「再生産労働」とケアと「親密性の労働」の関係に立ち返り、性労働を「ケア」でなく労働の意味を込めた「ケアワーク」に、そして「親密性の労働」にふくめる提案を行う。そして、これを第二節でみた移民家事労働者の国際運動の目標である「ディーセント・ワーク」あるいは「まともな仕事」として評価する回路を求める。ここでは、「愛」ではなく連帯によってケアが労働になることも示される。第二に、産業資本主義において「愛の労働」として「女性化されたケアワーク」が、ポスト産業資本主義（認知資本主義）体制においては性・人種・国境を越えて流動化したというクリスティナ・モリニの議論により、「移民の女性化」の現在をとらえる。このような流動化は、第五節でこの分野の近未来を担う視角として取り上げたクィア移民研究が共有する現実である。その上で本節は、「親密圏の複数性」（齋藤 2008）に注目し、複数の親密圏によって、特にマイノリティが「親密性の商品化」の負の側面を克服する可能性を提示する。

（2）「親密性の労働」・ケアワーク・「ディーセント・ワーク」

ボリスとパレーニャス（Boris and Parrañas 2010:2）は、「親密性の労働」は、「相互依存的関係を形成する女性による無償の責任と考えられており、従って、階級の低いまたは人種的部外者が担う市場外の、あるいは経済的価値の低い活動を代表する」としている。そして、イングランドとフォルブルら（England and Folbre 1999；England et al. 2002）によるケアワークの定義を引き、ケアワークは広く「親密性の労働」にあてはまるという。それは、「労働者が、個人的な（通常は対面の）接触がある誰かに対して」、「相手が表現するニーズまたは欲望に応えて提供するサービス」であり、「サービスの受け手の人としてのケイパビリティを発達させる」こともある。従って、「親密性の労働」は、それまでばらばらに考えられていたケアとセックスと家事を連続するものとしてとらえる（Boris and Parrañas 2010:2-3）。

一方、アジアにおける「女性労働」――本章の文脈に引きつければ、「移民の女性化」をもたらしたジェンダー化された労働――について考察した落合恵美子（2012:7-9）は、この労働を批判的に分析する際に論者によって分かれる鍵概念、「家事労働」、「無償労働」、「再生産労働」に通底する本質は「ケア」である、としたスーザン・ヒメルウェイト（Himmelweit 2000）の洞察に注目した。そして、ヒメルウェイトいらい、「女性労働」の議論においてそれまで「労働」に置かれていた力点が、「ケア」に置かれるように転換したことに警笛を鳴らした。「ケア」が、依存せざるを得ない関係、依存する必要のない者が他者にケアを命じる関係といった不平等な関係を基本とすること、および、「ケア」という言葉が持つ強い道徳性とそれがもたらす（特に女性への）圧力を警戒すべき、というのである。これを克服し、「女性労働」を包括するより広い概念として、落合はボリスとパレーニャスの「親密性の労働」を採用している。

本章は、落合の警告を確かに受け止めながら、性労働を「ケア」でなく労働の意味を込めた「ケアワーク」に、そして「ケアとセックスと家事を連続するものとして捉える」「親密性の労働」にふくめる。性労働は、ボリスとパレーニャスによる「親密性の労働」における不安定さ、インフォーマルさ、ほとんどの場合の労働条件の悪さ、感情労働の要求の強さ、下位化を、家事・育児労働や介護労働と共有しているからである。ただし、くりかえすが、「性の商品化」に結びつく性サービスを提供する労働に対する道徳的非難、スティグマ、犯罪化のリアリティは強力である。そこが性労働が他の「親密性の労働」と違うところであった。そこで本章はさらに、移民による家事労働を「ディーセント・ワーク」にするために連帯し、共闘した家事労働者の運動にならいたい。かれらの運動は、「ケア」の社会的価値を訴え、ケアを再評価をすることと連帯が切り離せないことを体現していた。

他方、上述したグローバルセックスワークおよび人身取引についての共同研究でも、私は「ディーセント・ワーク」に出会っている。この研究には、タイのセックスワーク研究者と支援者も、日本のセックスワーク当事者・支援者グループSWASHも参加・協力している。そこで、当事者と関係者に対する聞き取り項目を考える過程で、タイの協力者たちがILOの「ディーセント・ワーク」概念を現場で説明して推奨しよう、と提案したのだ。それを日本の協力者たちに持ち帰り、この語の現場で通じやすい邦訳案を尋ねると、即「まともな仕事」という答えが返ってきた。一九九〇年代に、日本のセックスワーカーとしてほぼ初めて公の場で「正当な仕事」を主張した桃河を思い出した。現在進行中のこの研究は、関係各国のフィールドで、調査者と協力者と性取引をする移民当事者がこの概念を共有し、そのことによって、移民性労働をケアワークであり「まともな仕事」としてお互いが認め、社会にも公言していくことを小さな実践としてふくんでいる。

（3）認知資本主義下の困難

家庭内労働は、一九世紀に英米の中産階級の規範が産業資本主義とともに広がっていらい、「非生産労働」かつ私的なものとみなされ市場的・公的な価値を失った。同時に公私をそれぞれ担う男女というジェンダー分業も確立した。「女のしごと」となったのは、市場的・公的価値に替えて道徳的高みを獲得した無償の私的な「愛の労働」であった（Folbre 1991 : Fraser and Gordon 1992）。この「女性が担う労働」の「愛」へのすり替えが、ケアが有償労働になっても、ケアワーカーが市場では脆弱な立場におかれてきた要因といえる。そしてこのあと、つまり、ポスト産業資本主義あるいは認知資本主義体制において「女性化されたケアワーク」に何が起こったか、モリニは次のように議論する。

> 認知資本主義は、［労働者が］二重、三重の役割を引き受け、無限の適応性と柔軟性が可能になる、という考え方が導入されることによって突き進む。この考え方は、女性にはよく知られた現実である。実際、時間にも献身の程度にも制限のない母子関係の文脈におけるケアワークの様式やロジスティクスを、職業的な仕事の一部に置き換える女性の傾向は存在する。……それは、女性の「文化的態度」の問題であるとされる、現代企業のニーズに応えるには最高の機能である。［このとき］仕事は、あらゆるケア、言葉、行動を絶えず必要とする生き物であるということができる。生が経済の領域に入り込み、女性はすべての時間、ケア、言葉、注意を「会社という生き物」に向けるよう促されるのである。（Morini 2007 : 47）

グローバル化に伴う経済の情報化、金融化、サービス化によって、物自体よりも物に付随するイメージやサービスが価値を生み出すようになった、といわれる認知資本主義の下で、肉体労働の占める地位は低下し、新しい付加価値を生み出す「非物質的労働」――特に対人的、情動的な活動やコミュニケーション――の果たす役割が高まった（山本編 2016）。この体制の下でケアワークを行う「女性の文化的態度」は、公私の境も仕事による役割の境も流動化し、市場が私生活に私生活が市場に入り込むための媒介になった、とモリニはいうのである。

このようなサービスはしかし、金を払えるか払えないかで人を分ける。つまり、ほとんどの労働はいまだにジェンダー化され、階級化され、人種化されており、ケアワークの肉体的な部分を代表とする労働はますます下位化され、軽視され、安く買いたたかれている。「労働の女性化」概念の真価は、「移住の女性化」のそれと同様、市場に参入する（移民）女性数が増えたという量的側面ではなく、女性が様々な局面で経験してきた労働の不安定性、流動性、分断が、性別に関係なくすべての人々の経験になった、ということの表明にあった。モリニ（Morini 2007:43）は、「労働の女性化」の定義をこう整理し、同時にこれがポスト産業資本主義（認知資本主義）における労働の特徴だと主張する。そして、この意味での「女性化」とは、女性性を本質的なものとして固定することとは真逆で、産業資本主義の下で規定された「女性の労働」をする「女性」が、いま異なる資本主義体制に従う者へといわば「開かれ」、性的にも人種的にも流動的で、もちろん国境を越え移民を巻き込むものへと変化したことだ、というのである。

（4）親密性の商品化と親密圏の複数性

モリニの主張は、コンスタブル（Constable 2009）が指摘する、グローバル化に伴う現代社会の特徴と一枚岩であるといってもよいだろう。それは、親密な関係が、以前にもまして商品や商品化のプロセスと結びつけられているように感じられる、という特徴である。ここでいう「親密な関係」とは、肉体的・性的または感情的に親密な、個人的な、性的な、思いやりのある、愛情深い、特に、性と生殖と再生産あるいは家族と家庭をめぐる労働に関連する人間関係のことである。「親密性の商品化」とは、このような関係を規定する親密さが、あたかも市場に参入したかのように扱われたり、理解されたり、考えられたりする方法のことであり、売買されたり、パッケージ化されたり、広告されたり、客体化されたり、消費されたり、交換価値や貨幣価値がつけられたりすることである。これらは、多くの場合国境を越える移民と結びついて、グローバルな資本主義的取引と呼応している(ibid.:50)。伊藤・足立(2008)による「再生産領域のグローバル化」にも重なる。

他方、齋藤純一は、より厳密に「具体的な他者の生への配慮/関心を媒体とするある程度持続的な関係性」を「親密圏」とし(齋藤 2008:196)、このような親密圏における他者による承認は、(より広い社会による承認とは異なり)人に「無視されていない、排斥されていない、見棄てられていないという基本的な受容の経験」をもたらし、「人びとの『間』にあるという感覚や自尊の感情を回復させ、社会が否定するかもしれない生の存続を可能にすることもある」(ibid.:206)と説明している。このような親密圏における具体的な関係は、人が社会的な承認を得られなくても、失っても、まだ自分が存在する意味があることを感じられるような、だからこそ生き延び、傷をいやし、やがてまた社会あるいは公共圏に現れることができるような、他者との関係であるといえる。コンスタブルの「親密な関係」の大部はここにふくまれるだろう。そうであるならば、「親密性の商品化」は、第三節で引用したAJWRC(1996)の巻頭言が警告したような、私たちの生を問うより深刻な事態として迫ってくる。グローバル化したポスト産業資本主義(認知資本主義)社会で、私たちは自らの存在がかかった人間関係を売買したり、交換価値や貨幣価値をつけたりする文化を生きていることになるのだから。

しかし、齋藤における「親密圏」のもう一つの特徴を踏まえれば、この事態のみえ方は少なくとも部分的に変わる。その特徴は「複数性」であり、一つ一つの親密圏はそこからの退出が自由であるべきことである（齋藤 2008：206）。齋藤が例示する「ＬＧＢＴ」のようなマイノリティにとって、かれらのコミュニティはまさに「社会が否定するかもしれない生の存続を可能にする」親密圏をなす。しかし、たとえばそのコミュニティの内部である人の生存を脅かすような暴力が起これば、「別の親密圏」がそこから脱する力をその人にもたらす（齋藤・竹村 2001：18）。つまり、とくにマイノリティにとっては親密圏の複数性こそが、人の生存と次の機会の公共圏における現れの可能性を保障する鍵、ともいえる。

換言すれば、「親密な関係」を、資本主義以前にはどこかにあったかもしれないそもそも商品化されてはならないもの、などと本質化することはマイノリティの生存を脅かす。これに対して、つねに複数がせめぎ合い、出入りが自由な親密圏を想定することは、公共圏における様々な制度などと親密な関係の間で、あるいは様々な親密な関係の間で、バランスを取りながら生き延び続けてきた人々を想起すれば、より実際的かつ建設的に思われる。そしてこれからも、私たちはこうして次善の策を繰り出しながら生き延びていくだろう。

「親密性の商品化」は、人間関係に直結する取り引きが市場における金銭的利益を目的とし、直截的に個人的搾取に結びつき、多様化し、グローバル化し、影響が広範かつ極端になった状態として特徴的かもしれない。そこで商品化されている人の生存がかかった人間関係、という言い回しを再度具体的に考えれば、それは「性と生殖と再生産あるいは家族と家庭に関する人間関係」のことであり、育児をふくむ家事、看護・介護、身体的ふれあい、性交と妊娠出産をふくむ生殖に関わる人間関係のことである。これらが労働として提供され、労働力として価値づけられ有償で交換されたり無償で交換されたりする。この連続性において、ほかのケアワークとセックスワークを分け隔てることは難しい。

それでもまだ、身体的ふれあいや快楽のための性交を、人の生や再生産のための関係や労働にふくめる考え方には異論があるだろう。しかし、触覚が人の生における最初の感覚であり、少なくとも小児期までは世界を知るための主要な手段であることから、他者との身体的ふれあいは、大人の肉体的、精神的な幸福にとっても重要であるという心理学や脳神経科学のよく知られた成果もある（Field 2001：Gallace and Spence 2010）。これらによると、性的快楽はその一形態である。であるならば、直接人の生死を分けることはなくても、身体的ふれあいや快楽のための性交を提供する労働も、労働として掃除をしたり、子どもの送り迎えをしたり、高齢者のおむつを替えたりするのと同様のケアワークの一種である、といってさほど問題はないだろう。違和感があるとしたら、それは身体的ふれあいや性交に関してだけは労働にふくめてはならない、という結論を先取りする性規範に由来するものではないだろうか。そして、これより切実と思われる違和感があるとしたら、「生存の女性化」「移民の女性化」の帰結としてしばしば国境を越える人の移動を伴って行われるケアワークのなかでも、とりわけスティグマが強く、非正規化され、不法化されている性労働において暴力や搾取が起こりやすい、という不平等についての違和感ではないだろうか。これに対する次善策を考えるとしたら、それは、親密な関係の本質が（あったとして）失われたことを嘆き、取り戻そうとすることではなく、搾取や暴力をはじめとする負の影響を軽減することではないだろうか。マイノリティである性労働者が、ある親密性を売り買いしこれが属していた親密圏が失われたとしても、別の親密圏によって生の拠り所を得ることが重要ではないだろうか。

一方で、性的欲望とケアの接続によって性労働をケアワークに位置付けようという本章には、このことによって性労働を脱欲望化した嫌いがある。その点では性的欲望とケアの折り合いの悪さは乗り越えられていない。セックスにもセックスワークにも、ありていにいえば、世話し世話される関係のアナロジーや、不平等を摘発し克服する公正の論理ではしぼんでしまうエロスの部分があるに違いない。この部分を、グローバル社会における移民の議論・労働の議論に組み込むことができるのか、すべきなのかを考えることは今後の課題である。

文献

Abel, G., 2022, Gender and Migration Data, KNOMAD Paper, at www.KNOMAD.org（二〇〇四年三月一五日）.

足立真理子、二〇〇八、「再生産領域のグローバル化と世帯保持（householding）」伊藤るり・足立真理子編著『国際移動と〈連鎖するジェンダー〉——再生産領域のグローバル化』作品社、二二四-二六二。

アジア女性資料センター（ＡＪＷＲＣ）、一九九六、「セクシュアル・ライツを手がかりに性をめぐる討論を」『女たちの21世紀——特集 セクシュアル・ライツを考える』九：二。

アジア女性資料センター（ＡＪＷＲＣ）、二〇一二、『女たちの21世紀——特集 風俗産業と女性』七二。

Aoyama, K., 2009, *Thai Migrant Sex Workers from Modernisation to Globalisation*, Basingstoke and New York: Palgrave/Macmillan.

Aoyama, K., 2024, forthcoming, "Prostitution and Sex Work: Competing Feminist Perspectives on Exploitation and Agency," *Handbook of Japanese Feminisms*, Andrea Germer and Ulrike Wöhr eds., Tokyo: MHM Limited.

青山薫、二〇〇七、『「セックスワーカー」とは誰か——移住・性労働・人身取引の構造と経験』大月書店。

青山薫、二〇一四、「グローバル化とセックスワーク——深化するリスク・拡大する運動」『社会学評論』六五（二）：二二四-二三八。

青山薫、二〇一八、「『不法滞在』をする側の論理——とくに性風俗産業で働く人々について」安里和晃編『国際移動と親密圏——ケア・結婚・セックス』京都大学出版会、七九-九九。

青山薫、二〇二〇、「セックスワーク研究における当事者参加行動調査」『社会学評論』七一(二)：二一五-二三二。
青山薫／エレン・ルバイ、二〇二三、「安全な移住セックスワークを可能にする条件――聞き取りとネットワークの解釈から」『社会学評論』七四(三)：四五一-四六八。
青山薫・森千香子、二〇二三、「特集『国境と性：複数の境界線を問いなおす』によせて」『社会学評論』七四(三)：三六八-三七七。
安里和晃、二〇一四、https://www.jstage.jst.go.jp/article/ksr/13/0/13_KJ00009378610/_pdf/-char/ja（二〇二四年三月三〇日閲覧)。
安里和晃、二〇一六、「移民レジームが提起する問題――アジア諸国における家事労働者と結婚移民」『社会保障研究』五一(三-四)：二七〇-二八六（Retrieved March 15, 2024, https://cir.nii.ac.jp/crid/1520290885101153536)。
Askola, H., 2007, "Feminism, Prostitution and Trafficking: A Complex Approach," Francioni, F., ed., *Legal Responses to Trafficking in Women for Sexual Exploitation in the European Union*, London: Bloomsbury.
Barry, K., 1995, *The Prostitution of Sexuality: The Global Exploitation of Women*, New York: New York University Press.
Boris, E. and Parreñas, R. S., 2010, *Intimate Labors, Cultures, Technologies, and the Politics of Care*, Stanford: Stanford University Press.
Buijs, G., ed., 1993, *Migrant Women: Crossing Boundaries and Changing Identities*, Oxford: Berg Publishers Limited.
Cases, Rizza K. C., 2019, "Integrating Network Mapping and Visualization within Migrants' Narratives," *Briefs on Methodological, Ethical and Epistemological Issues*, No.8: 1-8 (Retrieved September 19, 2020, www.migrationresearch.com).
Castles, S. and Miller, M. J., 1993, *The Age of Migration: International Population Movements in the Modern World*, London: Macmillan.
Chant, S. ed., 1992, *Gender and Migration in the Developing Countries*, London and New York: Belhaven Press.
Constable, N., 2009, "The Commodification of Intimacy: Marriage, Sex, and Reproductive Labor", *Annual Review of Anthro-*

pology, 38: 49–64 (Retrieved April 28, 2024, http://arjournals.annualreviews.org/eprint/nhCuZw2iFYp5vEfQkC9v/full/10.1146/annurev.anthro.37.081407.085133).

Cowling, M. and Reynolds, P., 2004, *Making Sense of Sexual Consent*, Farnham: Ashgate.

Crenshaw, K. W., 1989, "Demarginalizing the Intersection of Race and Sex: A Black Feminist Critique of Antidiscrimination Doctrine," *Feminist Theory and Antiracist Politics*, U. Chi. Legal F. 139, (Retrieved May 24, 2024, https://scholarship.law.columbia.edu/faculty_scholarship/3007).

ド・ラ・マドレーヌ、ブブ、二〇一八、「セックスワークという言葉を獲得するまで――１９９０年代当事者活動のスケッチ」ＳＷＡＳＨ編『セックスワーク・スタディーズ――当事者視点で考える性と労働』日本評論社、九-二八。

Dworkin, A., 1993, "Prostitution and Male Supremacy," *Michigan Journal of Gender & Law*, (1)1 (Retrieved June 2, 2023, https://repository.law.umich.edu/mjgl/vol1/iss1/1).

江原由美子編、一九九二、『フェミニズムの主張』勁草書房。

江原由美子編、一九九五、『フェミニズムの主張2――性の商品化』勁草書房。

England, P., and Folbre, N., 1999, "The Cost of Caring", *The ANNALS of the American Academy of Political and Social Science*, 561(1): 39–51 (Retrieved May 26, 2024, https://doi.org/10.1177/000271629956100103).

England, P., Budig, M. and Folbre, N., 2002, "Wages of Virtue: The Relative Pay of Care Work", *Social Problems*, 49(4): 455–473 (Retrieved May 26, 2024, https://doi.org/10.1525/sp.2002.49.4.455).

Field, T., 2001, *Touch*, Massachusetts: MIT Press.

Folbre, N., 1991, "The Unproductive Housewife: Nineteenth-Century Economic Thought," *Signs: Journal of and Society*, 16(3): 463–484, (Retrieved May 28, 2024, https://www.jstor.org/stable/3174585).

Fraser, N., and Gordon, L., 1992. "Contract versus Charity: Why Is There No Social Citizenship in the United States?" *Socialist Review*, 22(3): 45–68 (Retrieved May 28, 2024, https://www.researchgate.net/publication/288520382_Contract_ver

sus_Charity_Why_Is_There_No_Social_Citizenship_in_the_United_States).

藤目ゆき、一九九七、『性の歴史学――公娼制度・堕胎罪体制から売春防止法・優生保護法体制へ』不二出版。

GAATW (Global Alliance Against Traffic in Women), 2007, *Collateral Damage: the Impact of Anti-Trafficking Measures on Human Rights around the World*, Bangkok: GAATW.

Gallace, A. and Spence, C., 2010, "The science of interpersonal touch: An overview," *Neuroscience and Biobehavioral Reviews*, 34(2): 246–259 (Retrieved April 29, 2024, https://doi.org/10.1016/j.neubiorev.2008.10.004).

Giddens, A., 1979, *Central Problems in Social Theory: Action, Structure and Contradiction in Social Analysis*, London: Macmillan.

Giddens, A., 1984, *The Constitution of Society: Outline of the Theory of Structuration*, Cambridge: Polity.

橋爪大三郎、一九九二、「売春のどこが悪い」江原由美子編『フェミニズムの主張』勁草書房、一-四三。

Hedenstierna-Jonson, C., Kjellström, A., Zachrisson, T., et al., 2017, "A female Viking warrior confirmed by genomics," American Journal of Physical Anthropology, 164: 853–860 (Retrieved December 13, 2023, https://doi.org/10.1002/ajpa.23308).

Hennebry, J., KC, H. and Williams, K., 2021, *Gender and Migration Data: A Guide for Evidence-based, Gender-responsive Migration Governance*, Geneva: International Organization for Migration (IOM).

Himmelweit, S., ed., *Inside the Household: From Labour to Care*, London: Macmillan.

平野裕子、二〇一八、「グローバル化時代の介護人材確保政策」『社会学評論』六八(四):四九六-五一三 (Retrieved March 30, 2024, https://doi.org/10.4057/jsr.68.496).

Hochschild, A. R., 2000, "Global care chains and emotional surplus value," Hutton, W. and Giddens, A., eds., *On The Edge: Living with Global Capitalism*, London: Jonathan Cape, 130–146.

Hochschild, A. R., 2002, "Love and Gold", Ehrenreich, B. and Hochschild, A. R., eds., *Global Woman: Nannies, Maids, and Sex Workers in the New Economy*, New York: Henly Holt and Company: 15–30.

ILO (International Labour Organization), 1999, *Report of the Director-General: Decent Work*, ILO, (Retrieved May 31, 2024, https://webapps.ilo.org/public/english/standards/relm/ilc/ilc87/rep-i.htm).
ILO (International Labour Organization), 2015, *ILO global estimates on migrant workers: Results and methodology, Special focus on migrant domestic workers*, ILO (Retrieved May 31, 2024, https://www.ilo.org/sites/default/files/wcmsp5/groups/public/@dgreports/@dcomm/documents/publication/wcms_436343.pdf).
ILO (International Labour Organizatoin), 2018, *Care work and care jobs for the future*, ILO (Retrieved 13 July, 2024, https://www.ilo.org/media/415041/downloadof decent work).
IOM (International Organization for Migration), 2024, "Gender and migration," *The Global Migration Data Portal*, IOM, (Retrieved April 15, 2024, https://www.migrationdataportal.org/themes/gender-and-migration).
伊藤るり、二〇二〇、「家事労働におけるディーセント・ワークの課題と展望――マルチスケールの運動実践へのビジョン」伊藤るり編『家事労働の国際社会学――ディーセント・ワークを求めて』人文書院。
伊藤るり編、二〇二〇、『家事労働の国際社会学――ディーセント・ワークを求めて』人文書院。
伊藤るり・足立真理子、二〇〇八、「序文」伊藤るり・足立真理子編著『国際移動と〈連鎖するジェンダー〉――再生産領域のグローバル化』作品社、五-一七。
Ivancheva, M. and Keating, K., 2021, "Revisiting precarity, with care: productive and reproductive labour in the era of flexible capitalism," *Ephemera: Critical Dialogues on Organization*, 20 (4): 251-282 (Retrieved May 11, 2024, https://strathprints.strath.ac.uk/78070/).
伊豫谷登士翁・梶田孝道編、一九九二、『外国人労働者論――現状から理論へ』弘文堂。
上林千恵子、二〇二〇、「特定技能制度の性格とその社会的影響――外国人労働者受け入れ制度の比較を手がかりとして」『日本労働研究雑誌』六二(七一五)：二〇-二八 (Retrieved March 22, 2024, https://cir.nii.ac.jp/crid/1520010380329262720)。
Kano, A., 2016, *Japanese feminist debates: a century of contention on sex, love, and labor*, Honolulu: University of Hawai'i

Press.
片山一道、一九九九、『考える足——人はどこから来て、どこへ行くのか』日本経済新聞出版。
加藤秀一、一九九五、「〈性の商品化〉をめぐるノート」江原由美子編『フェミニズムの主張2——性の商品化』勁草書房、二三三-二七八。
Kelson, G. A. and De Laet, D. L., 1999, *Gender and Immigration*, Hampshire and London: Macmillan Press.
Kempadoo, K., 2005, "Prostitution and Sex Work Studies," Essed, P., Goldberg, D. T. and Kobayashi, A., eds., *A Companion to Gender Studies*, Oxford: Blackwell, 255-265.
Kosnick, K., 2011, "Sexuality and Migration Studies: The Invisible, the Oxymoronicand Heteronormative Othering," *Framing Intersectionality: Debates on a Multi-Faceted Concept in Gender Studies*, Lutz, H., Vivar, M. T. H. and Supik, L., eds., Farnham: Ashgate, 121-135.
厚生労働省、二〇一五a、『2025年に向けた介護人材にかかる需給推計（確定値）について』（Retrieved March 30, 2024, https://www.mhlw.go.jp/stf/houdou/0000088998.html）。
厚生労働省、二〇一五b、『介護分野における外国人の受入実績等』（Retrieved March 30, 2024, https://www.mhlw.go.jp/content/12000000/001090473.pdf）。
厚生労働省、二〇二四、『外国人介護人材の受入れの現状と今後の方向性について』（Retrieved May 28, 2024, https://www.mhlw.go.jp/content/12000000/001240343.pdf,）。
工藤晴子、二〇二二、『難民とセクシュアリティ——アメリカにおける性的マイノリティの包摂と排除』明石書店。
Lainez, N., 2020, "Debt, Trafficking and Safe Migration: The Brokered Mobility of Vietnamese Sex Workers to Singapore", *Geoforum*, 137: 164-173（Retrieved March 30, 2024, https://doi.org/10.1016/j.geoforum.2020.01.021）.
Le Bail, H., 2015, «Mobilisation de femmes chinoises migrantes se prostituant à Paris: De l'invisibilité à l'action collective,» *Genre, Sexualité et Société*, 14（Retrieved March 21, 2024, https://doi.org/10.4000/gss.3679）.

Lévy, F., Lieber, M., and Jacobs, A., 2011, "Sex and Emotion-Based Relations as a Resource in Migration: Northern Chinese Women in Paris," *Revue Française de Sociologie*, 52: 3–29 (Retrieved March 21, http://www.jstor.org/stable/41336861).

Lewis, R. A., 2019, "Queer Migration in Homonationalist Times," *A Journal of Gay and Lesbian Studies*, 25(4): 649–656 (Retrieved April 13, 2024, https://doi.org/10.1215/10642684-7767823).

Lim, L. L., 1998, *The sex sector : the economic and social bases of prostitution in Southeast Asia*, Geneva: International Labour Office (ILO).

Luibhéid, E., 2008, "Queer/Migration: An Unruly Body of Scholarship", *A Journal of Lesbian and Gay Studies*, 14(2-3): 169–190 (Retrieved June 1, 2024, https://www.bing.com/ck/a).

Luibhéid, E. and Cantú Jr., L. eds., 2005, *Queer Migrations: Sexuality, U.S. Citizenship, and Border Crossings*, Minneapolis: University of Minnesota Press.

Mai, N., 2018, *Mobile orientations: an intimate autoethnography of migration, sex work, and humanitarian borders*, Chicago: The University of Chicago Press.

MacKinnon, C. A., 2007, *Women's Lives, Men's Laws*, Massachusetts: Harvard University Press.

McAuliffe, M. and Triandafyllidou, A., eds., 2021, *World Migration Report 2022*, Geneva: IOM.

松沢呉一／スタジオ・ポット編、二〇〇〇、『売る、売らないはワタシが決める——売春肯定宣言』ポット出版。

Minichiello, V. and John Scott, 2014, *Male Sex Work and Society*, Harrington Park Press.

宮島喬・佐藤成基・小ヶ谷千穂、二〇一三、『国際社会学［改訂版］』有斐閣。

Morini, C., 2007, "The Feminization of Labour in Cognitive Capitalism," *Feminist Review*, 87: 40–59 (Retrieved May 28, 2024, https://doi.org/10.1057/palgrave.fr.9400367).

Nelson, V., 1993, "Prostitution: Where Racism and Sexism Intersect," *Michigan Journal of Gender & Law*, 1: 81–89 (Retrieved May 1, 2024, https://repository.law.umich.edu/cgi/viewcontent.cgi?article=1196&context=mjgl).

NSWP（Global Network of Sex Work Project）, 2019, *New Global Mapping of Sex Work Laws*（Retrieved May 28, 2023, https://www.nswp.org/news/nswp-launches-new-global-mapping-sex-work-laws）.

落合恵美子、二〇一二、「親密性の労働とアジア女性の構築」落合恵美子・赤枝加奈子編『アジア女性と親密性の労働』京都大学学術出版会、一-三四。

O'Connell Davidson, J., 1998, *Prostitution, Power and Freedom*, Cambridge: Polity Press.

O'Connell Davidson, J. N. and Taylor, S. J., 2022, "Sex Work in Jamaica: Trafficking, Modern Slavery and Slavery's After-lives," Kempadoo, K. and Shih, E. eds., *White Supremacy, Racism and The Coloniality of Anti-Trafficking*, Francis: Rout-ledge, 237-253（Retrieved March 5, 2024, https://doi.org/10.4324/9781003162124）.

Ogawa, R., 2018, "Care and Migration Regimes in Japan, Taiwan, and Korea," Ogawa, R., Chan, R. K. H., Oishi, A. S. and Wang, L., eds., *Gender, Care and Migration in East Asia*, London and New York: Palgrave Macmillan.

Parreñas, R. S., 2002, "The Care Crisis in the Philippines: Children and Transnational Families in the New Global Economy," Ehrenreich, B. and Hochschild, A. R., eds., *Global Woman: Nannies, Maids, and Sex Workers in the New Economy*, New York: Owl Books,: 39-54.

Parreñas, R. S., 2011, *Illicit Flirtations: Labor, Migration, and Sex Trafficking in Tokyo*, California: Stanford University Press.

Puar, J. K., 2007, *Terrorist Assemblages: Homonationalism in Queer Times*, California: Duke University Press（Retrieved June 1, 2024, https://doi.org/10.2307/j.ctv1131fg5）.

Rocha, L. E. C., Holme, P. and Linhares, C.D.G., 2022, "The global migration network of sex-workers," *Journal of Computational Social Science*, 5: 969-985（Retrieved June 1, 2024, https://doi.org/10.1007/s42001-021-00156-2）.

定松文、二〇一九、「『人手不足』と外国人労働者――介護準市場の労働問題と移住労働者」『大原社会問題研究所雑誌』七二九：二九-四四（Retrieved March 30, 2024, https://cir.nii.ac.jp/crid/1390290699801730432,https://doi.org/10.15002/00022346）。

齋藤純一、二〇〇八、『政治と複数性――民主的な複数性に向けて』岩波書店。
齋藤純一・竹村和子、二〇〇一、「親密圏と公共圏の〈あいだ〉――孤独と正義をめぐって」『思想』岩波書店、六：七‐二六。
Sanders, T., McGarry, K. and Ryan P., 2022, *Sex Work, Labour and Relations: New Directions and Reflections*, Cham: Springer Nature.
Sato, A. and Dempster, H., 2022, *COVID-19, Long-Term Care, and Migration in Asia*, London: Center for Global Development (Retrieved June 1, 2024, https://www.cgdev.org/publication/covid-19-long-term-care-and-migration-asia).
Scarlet Alliance, Renshaw, L., Kim, J., Fawkes, J. and Jeffreys, E., "Migrant sex workers in Australia," *Research and public policy*, 131 (Retrieved May 28, 2023, https://www.aic.gov.au/publications/rpp/rpp131).
瀬地山角、一九九二、「よりよい性の商品化へ向けて」江原由美子編『フェミニズムの主張』勁草書房、四六‐九一。
Sijapati, B., 2015, "Issue in brief," *Women's labour migration from Asia and the Pacific: Opportunities and challenges*, 12, Washington DC: International Organization for Migration (IOM).
杉田 聡、一九九九、『男権主義的セクシュアリティ――ポルノ・買売春擁護論批判』青木書店。
Sassen, S., 2003, "The feminization of survival: alternative global circuits," Morokvasic, M., Erel, U., Shinozaki, K., eds., *Crossing Borders and Shifting Boundaries*, Wiesbaden: VS Verlag für Sozialwissenschaften, 59-77.
Sassen-Koob, S., 1984, "Notes on the Incorporation of Third World Women into Wage-Labor through Immigration and Off-Shore Production," *The International Migration Review*, 18(4): 1144-1167 (Retrieved March 12, 2023, https://doi.org/10.2307/2546076).
巣内尚子、二〇二〇、「在台湾ベトナム人家事労働者の滞在の非正規化と移住インフラ――抵抗としての『逃げること』と永続する搾取」伊藤るり編『家事労働の国際社会学――ディーセント・ワークを求めて』人文書院、一三九‐一六一。
Stones, R., 2005, *Structuration Theory*, Basingstoke and New York: Palgrave-Macmillan.
Takahashi, M., 2021, "When the law is silent: stigma and challenges faced by male sex workers in Japan," *International Jour-*

nal of Law in Context, 17(3): 301-317 (Retrieved June 2, 2024, doi:10.1017/S1744552321000409).

竹信三恵子、二〇二二、「所持金１０００円の外国人家政婦たち」『日本の科学者』五六(九)：二五-二七 (Retrieved March 22, 2024, https://www.jstage.jst.go.jp/article/jjsci/56/9/56_25/_article/-char/ja)。

TAMPEP, 2009, *Sex Work in Europe: A mapping of the prostitution scene in 25 European countries*, Amsterdam: TAMPEP Foundation.

Thrift, N., 1996, *Spatial Formations*, Thousand Oaks: Sage.

Tittensor, D. and Mansouri, F., 2017, "The Feminisation of Migration? A Critical Overview," Tittensor, D. and Mansouri, F., eds., *The Politics of Women and Migration in the Global South*, London: Palgrave Pivot, 11-25.

トゥルン、タン・ダム、一九九三、『売春——性労働の社会構造と国際経済学』明石書店。

塚田典子、二〇二三、「日本の外国人介護労働者受け入れの成果と課題」『生活協同組合研究』558: 37-50, (Retrieved March 30, 2024, https://doi.org/10.57538/consumercoopstudies.558.0_37).

角田由紀子、一九九三、「解説——ふしだらな女とは?」P・アレキサンダー／F・デラコステ編『セックス・ワーク——性産業に携る女性たちの声』パンドラ、四一三-四二六。

UN Women, 2021, *Paid Care Work around the Globe: a Comparative Analysis of 47 Countries and Territories* (Retrieved March30, 2024, https://www.unwomen.org/sites/default/files/Headquarters/Attachments/Sections/Library/Publications/2021/Discussion-paper-Paid-care-work-around-the-globe-en.pdf).

Woensdregt L. and Nencel, L., 2022, "Male sex workers' (in)visible risky bodies in international health development: now you see them, now you don't," *Cult Health Sex*, 24(3): 344-357 (Retrieved June 2, 2024, doi: 10.1080/13691058.2020.1842499).

Wong, W. C., Holroyd, E., Chan, E. Y., Griffiths, S. and Bingham, A., 2008, "One country, two systems: Sociopolitical implications for female migrant sex workers in Hong Kong," *BMC International Health and Human Rights*, 8(13) (Retrieved February 25, 2024, https://doi.org/10.1186/1472-698X-8-13).

World Population Review, 2024, (Retrieved June 2, 2024, https://worldpopulationreview.com/country-rankings/trans-population-by-country).

山本泰三編、二〇一六、『認知資本主義——21世紀のポリティカル・エコノミー』ナカニシヤ出版。

米沢哲、二〇一八、「介護労働の実態——人間らしい働き方の実現に向けて」『女性労働研究』六二：七九-九七（Retrieved March 30, 2024, https://cir.nii.ac.jp/crid/1522825130057280512）。

Zolberg, A. R., 1989, "The Next Waves: Migration Theory for Changing World," *International Migration Review*, 23(3): 403-430.

第4章　規範／達成としてのジェンダー
――フェミニズムとエスノメソドロジー――

須永将史

1　ジェンダーをめぐる三つの問い

社会学へのジェンダー概念[1]の導入は、アン・オークリーによってなされた（見田他 2012:501）。もともと文法的な用語だった「gender」は、性科学の中でヒトの性差に対して使用され始めた（Haig 2004:90；Valentine 2007:59）。具体的には、一九五〇年代から六〇年代にかけて、半陰陽の乳児・幼児に対し心理学者であるジョン・マネーが使用し始め、その後精神分析医であるロバート・ストーラーがセックス／ジェンダーの区別を定式化した（舘 1998：加藤 2009）。その後一九七〇年代、ケイト・ミレットやアン・オークリーなどの英米のフェミニストがその区別に依拠しジェンダーを使用し始めた（Haig 2004:90）。今日では、「セックス」が生物学的な性差を意味し、「ジェンダー」が文化的・社会的な性差を意味する、という用法が定着している[2]。以上が概ね共有された理解だといってよいだろう。本章では、セックスとジェンダーを概念的に区別したこの用法を〈セックス／ジェンダー区別〉と呼ぶ。ジェンダー概念についてのこうした背景のもと、本章前半では三つのことを問う。章の前半で問うのは、(1)〈セックス／ジェンダー区別〉のフェミニズムにとっての歴史的意義は何だったか、(2)とりわけアン・オークリーがジェンダー・ロールという概念を使って行ったことは何だったか、である。そして章の後半では、(3)ハロルド・ガーフィンケルが示したエスノメソドロジー、ひいては達成としての性別地位というパースペクティブは、役割（role）概念に依拠するオークリーやストーラーに対してどのような観点をもたらしうるのか、を問う。まずは、前半に関わる三つの問いの内実を詳しくみておこう。

（1）〈セックス／ジェンダー区別〉とジェンダーの多義性

セックスとジェンダーの区別はなぜ今扱われなければならないのか。普及に伴い、ジェンダー概念はその意味の曖昧さが目立つようになり（West and Zimmerman 1987）、特にセックスとジェンダーの区別の仕方が論者によってバラバラで一貫していないことが指摘され（伊東 1994：443）、ジェンダー概念の曖昧さについてある程度認識が共有されるべきであるといわれてきた（館 1998：81）。

高橋さきの（2006）は、ミレットやオークリーによってジェンダー概念がフェミニズムに導入される際、セックス／ジェンダーの区別も同時に導入され、自然／文化の二元論の枠組みでジェンダー概念を扱うことになったと述べる。これにより、セックスは生物学の問題として、ジェンダーは文化の問題として扱われることになったというのだ(3)。

重要なのは、自然／文化、ほかにも、身体（肉体）／社会、先天的／後天的、固定性／可塑性など、生物学／社会の対比にまつわる対概念の「どれもがセックス／ジェンダーに重なり、どれをとっても完全に一致するわけではない」という点だろう（加藤 2009：269-270）。完全に一致しないにもかかわらず、セックスとジェンダーの二元論に多くのことが緩やかに当てはまるように使用されている。二元的な概念化のわかりやすさが、このような整理を可能にしてきたといえるかもしれない。(4)

ジェンダーの多義性に対し取り組むべき課題は、セックスとジェンダーにそれぞれ明確な定義を与えることではない。(5)むしろ、こうした多義性は、ジェンダーという概念の使用の帰結だと筆者は考えている。それゆえ、取り組むべき課題は、この帰結が生じる必然性はいかなるものだったか、である。すなわちセックス／ジェンダーの区別によってどのような社会的実践がなされてきたか、〈セックス／ジェンダー区別〉のフェミニズムにとっての歴史的意義は何かを明確化することが目的だ。

本章が示すように、ジェンダーとセックスとが区別された概念であることは、ミレットやオークリーらフェミニストにとって意義のあるものであり、歴史的意味があった。それは当時としてはどのような意義だったのか。そして現在の議論に帰着するまでどのような理路を経たのか。これが本章の第一の問いとなる。デビッド・ヘイグの調査に依拠する限り、フェミニストの中で最も早く〈セックス／ジェンダー区別〉を使用した論者はミレットである(Haig 2004)。(6)本章では、マネーやストーラーからの系譜をたどりながら、〈セックス／ジェンダー区別〉の意義と使用法を明らかにする。これにより、ミレットやオークリーの用法の特徴が明確になるだろう。

(2) ジェンダー・ロールとケア実践

次に、特にオークリーがジェンダー・ロール概念で何を行おうとしたのかについて、本章の論点を整理しておく。それは、端的にいえば、家庭内におけるケアという身体的な相互行為的実践に関する問題提起である。レイウィン・コンネルは、身体と社会の相互作用を、社会的身体化（social embodiment）と呼び、まさに「社会的実践における行為者としての身体は、社会的世界の構築そのもの、すなわち社会的現実を生み出すことに関与している」と述べている（Connell 2002=2008:89）。筆者は、こうした身体化が最も具体的にみられるのがケア実践だと考えている。

たとえば日常的な、家庭内でのケア（子育て、介護、家事 etc）は、「与える側にも大きな満足感を与えることがある」もので（信田 2009:53）、担われるべき価値ある活動でもある。他方で、それを担うことが「母親であること」や「妻であること」と結びつけられ、そのカテゴリーを構成するような責務と規範を伴う活動でもある。ケアはその意味で両義的な活動なのだ。そしてこうした両義性のもと、ケアは、個々人によって（個々の女性によって）、目前のケアの受け手からの緊急性に応じながら、実際に身体的にふるまうことで相互行為的に成し遂げられてきたのである。フェミニズムはケアの遂行が女性に不当に担わされ続けてきたことを問題化したのであり、その不平等は是正されなければならないのだが、その議論を進めるためには、価値と責務の両義性を伴う「ケア」が「担い手」を再帰的に構成しうるという点に注意しておきたい。そしてその点を踏まえ、ケアがどのような実践なのかを見極めなければならない。

つまり、実際にケアが必要とされる諸場面で、誰がどのようにふるまうべきだと前提され実践されているのか、その手続きにこそ、社会的身体化の反映を具体的にみてとることができると考える。ただし本章では、具体的な手続きの解明に先立ち、理論的検討を行っておく。

本章では、オークリーが、ケア実践が不平等な前提のもと女性に担わされていることを批判しようとした概念こそジェンダー・ロール（gender role）だったと主張する。江原由美子（2000）は、オークリーがセックス／ジェンダーの概念的区別を使用したことを指して、「このような性別へのパースペクティブは、社会学の基礎概念であるところの『役割』として性別を見る視点をもたらした」と述べる。これに加え筆者は、役割として性別をみるというオークリーの着想の源泉には、ケア実践があり、これに対する批判のためにジェンダー・ロールを概念化したと述べたい。その批判のためには、オークリーにとっては、ジェンダーとセックスは区別されている必要があったのである。本章の第二の問い、「オークリーがジェンダー・ロールという概念を使って行ったことは何だったか」は、上の問題意識を踏まえ、「オークリーがケア実践をジェンダーとして概念化するにあたってなぜセックスとジェンダーは区別されていなければならなかったのか」、という問いと共に答えてみたいと考える。

(3) エスノメソドロジーと実践の論理

以上の議論を踏まえ、第三に、オークリーの問題関心でもあるケア実践を経験的に扱うための研究方針を検討してみたい。本章が扱う一九五〇年代から六〇年代の時代は、アメリカの社会科学においては、タルコット・パーソンズの社会システム論が覇権的な時代であった（稲葉 2009:214）。一九五一年には『社会システム』（邦訳『社会体系論』）が出版され、とりわけ役割概念が普及していた。性別の問題についてもパーソンズは影響力を持ち、一九五五年の『家族』では核家族における機能分化の過程が描かれている。ジェンダー概念は、こうした状況で使われ始めた概念だった。その意味では本章前半で描かれる性科学者やフェミニズムによる「ジェンダー概念の使用」は、パーソンズの役割概念に対する各論者の様々なスタンスの異同を整理する試みでもある。

オークリーに限れば、ジェンダー・ロール概念はその後、主に「家事労働／市場労働」という性別役割分業への批判として展開した（Oakley 1974b=1980）。しかしながら、家庭における性別役割分業からいわゆる「共働き革命」を経て、夫婦共働きになっても、ジェンダー平等は実現しなかった（Hochschild and Machung 1989）。むしろ、一九七〇年代以降、性別役割分業が問題化されたことで、私的領域におけるジェンダー平等に関わる新たな問題が発見されたのである。代表的なものを列挙すれば、第二波フェミニズムが中心となって問題提起した、「親密性と暴力という問題領域」、「生殖に関わる領域」、「セクシュアリティの領域」そして「ケアに関わる領域」等々が挙げられる。

問題領域のこうした拡大に対し、ジュディス・バトラーやジョーン・スコット、ダナ・ハラウェイのような論者によって、ジェンダー概念そのものの再考が求められたのである（Butler 1990=1999：Haraway 1991=2000：Scott 1999=2004）。とりわけ筆者が注目する「ケアに関わる領域」に関しては、現在も続くジョアン・トロントによるケア論への注目が示す通り、性別役割分業の範疇を超えた議論が起こっている（Tronto 2015=2020：岡野 2024）。そして、役割理論そのものへの批判もなされた。性別の問題で役割概念を使用することには、たとえばコンネルによって「男女間の差異および男女の置かれた状況の差異にかんするある抽象的な見方なのであって、男女間の関係にかんする具体的な説明ではない」という批判が述べられている（Connell 1987=1993:98）。役割理論の範疇では説明しきれない問題が現実味を帯びてきたのだ。

これに対し後半で描かれる「性別地位の達成という視座」は、パーソンズの役割概念を批判しつつ、経験的な研究を進める事が可能な試みとしても位置付けられる。上記の、ジェンダーの新しい問題は、現実の実践の中で生じてきた問題であることに注意すべきである。ケアに限っていえば、述べたように、実践における社会的身体化を見てとることができるのであり、それゆえに目を向けるべきはまずは実践の論理である、といえるのだ。では実践のなかの性別の問題を考える方向性にはどのようなものがあるのか、あるいは、それらを扱うためにはどのような研究方針がありうるのか。具体的には、ガーフィンケルが示したエスノメソドロジーと、それに基づく性別地位の達成という視座を検討することで、その可能性を提示する。

以下、第二節では、マネーとストーラーのジェンダー概念を、セックスとの関わりから検討し位置付ける。第二節の(1)では、マネーのジェンダー概念およびジェンダー・ロールを扱い、(2)では、ストーラーがセックスとジェンダーを区別し、ジェンダー・アイデンティティという概念の析出をしたその仕方をみる。その後、第三節の(1)では、ミレットのジェンダー・アイデンティティのとらえ方を、(2)(3)ではオークリーによるジェンダー・ロールのとらえ方をそれぞれ考察する。とりわけケア実践との関わりでオークリーがジェンダー・ロールに見出した意義を述べる。第四節では、ガーフィンケルによる性別地位の達成を紹介する。

2　ジェンダー概念組織化の黎明期

(1)　マネーのジェンダー・ロール

本節ではジョン・マネーのジェンダー概念を検討する。マネーおよびジョーン・ハンプソンとジョン・ハンプソンのハンプソン夫妻は一九五五年から一九五六年にかけて、半陰陽（hermaphroditism）[7]の乳児への医療的処置を試みた。ジェンダー概念は、マネーらが処置の結果を論文としてジョンズ・ホプキンス病院の紀要に寄稿した際に初めてヒトに対して使用された。ジェンダー概念を中心としたマネーの学術的変遷は、すでにジェニファー・ジャーモン（Germon 2009=2012）によってまとめられている。ここでは、本章にとって重要な二点を確認する。すなわち第一にジェンダー（ロール）概念とセックス（ロール）概念との関係について、第二にロール（role：役割）の使用についてである。

第一の点からみていこう。マネーにとってジェンダーはセックスと別個の概念ではなく、セックスを覆う、より広い概念である。ジェンダー概念がすでに流通していた一九八〇年、著作の中でマネーは、〈セックス／ジェンダー区別〉について次のような注意を明示的に喚起し、ジェンダーの用法について述べている。

> ジェンダーを精神および社会的学習に割りふることで、セックスとジェンダーを対置させている一部の著述家の例にならうのは誤りである。正しい語法では、ジェンダーはセックスよりも包括的な用語——解剖学的構造を明示するのみならず民法上の地位をも明示するものとしてのセックスをおおう傘のようなもの——なのである。（Money 1980=1987:36）

マネーはジェンダー概念を、「傘」のように包括的な用語、つまりヒトの解剖学的特性や行動、セクシュアリティまでを含む用語として定義していた。マネーのパースペクティブにおいては、ジェンダー概念の中にはセックスも含まれていたのである。ただ、右の引用のように、包括的な用語としてジェンダー概念に言及することは一九八〇年の傾向というわけではなく、一九五五年においてもそうである。つまりマネーは、ジェンダー概念を一貫して包括的な概念としてとらえていた。再び、一九五五年のマネー等の一連の論文に立ち返り、ジェンダー概念の包括性の側面をさらに詳しくみていこう。

マネーら（Money, Hampson and Hampson 1955b:302）は、半陰陽を診断する性的な変数を七つ挙げている。(1)出生時に割り当てられたセックスと養育のセックス（assigned sex and sex of rearing）、(2)外性器の形態（external genital morphology）、(3)体内器官における生殖構造（internal accessoryreproductive structures）、(4)ホルモンによるセックス

と第二次性徴（holmonalsex and secondary sexual characteristics)、(5)生殖腺のセックス（gonadal sex)、(6)染色体のセックス（chromosomal sex)、そして(7)成長過程で確立される、男性もしくは女性としてのジェンダー・ロールおよび指向性（gender role and orientation as male or female, established while growing up）である。この諸変数への適合をそれぞれ検証し総合的に判断することで、どのように性的に発達したのか、あるいは「あいまいで」あるのかの分類が可能になるとマネーらは考えた。この変数のうち、(2)から(6)までの五つの諸変数は身体的特徴に基づいたものであり、マネーらの研究以前からそれまで医学において扱われてきた性的変数である。マネーらがこの論文で行った重要な理論的作業は、五つの変数に対し、(1)および(7)を付け加えたことだった。[8] マネーらはこうした変数を使用し、ジェンダー・ロールが「成長過程における多様な経験の道筋のなかで」獲得されてゆくものであり、従ってジェンダー・ロールの確立にとっては「個人が直面し、対処してゆく経験」が非常に重要であることを強調した（Money, Hampson and Hampson 1955b:308-309)。そして、ジェンダー・ロールを生後に獲得することは可能であり、獲得すべく学んでいくものであることが述べられたのである。当時のマネーの結論は、「たとえ外性器が、出生時に割り当てられたセックスおよび養育のセックスと矛盾する形状だとしても、出生時に割り当てられたセックスおよび養育のセックスに完全に一致するジェンダー・ロールを確立することは可能」であるということだった（Money, Hampson and Hampson 1955b:306-307)。

このようにジェンダー・ロール概念をとらえると、「包括的」ということでマネーが意味していることがわかってくる。右の性的変数のうち(7)ジェンダー・ロールおよび指向性は、人々が、自身の身体に対して社会の中で意味付け、獲得していく役割なのだ。そして、次の引用でみられるように、ここでの「役割」には、見た目だけでなく、性的な行動など、すべてのふるまいが含まれるのである。

ジェンダー・ロールという用語は、人が、それぞれ男児・男性、女児・女性の属性を持つものとして自身を呈示するために行ったり述べたりするすべての事柄を意味するために用いられる。それはエロティシズムという意味でのセクシュアリティを含むが、それに限られない。（Money 1955:254）

ジェンダー・ロールは、自身の身体やふるまい、性的指向や性的行動（エロティシズム）を相互に関連付けながら獲得されるものなのだ。これが、「包括的」ということでマネーが意味するところではないだろうか。

第二に、このとき使用された役割（role）という語についても確認しておく。一九五五年の紀要論文に用いられたのはジェンダー・アイデンティティ（gender identity）ではなく、ジェンダー・ロール（gender role）だった（Money 1955 : Money, Hampson and Hampson 1955a : Money, Hampson and Hampson 1955b : Money, Hampson and Hampson 1956）[9]。ジャーモンによればこのロールという語の使用には、一九五五年当時全盛だった社会学的機能主義のパラダイムの影響がみられる[10]。すなわち、ジェンダーないしジェンダー・ロールは、「男らしい（masculine）あるいは女らしい（feminine）といった個々人にとっての自己意識（アイデンティティ）と、そのアイデンティティの公的な表明（すなわち社会的役割）を包含する、統一的な概念の呼称」であり（Germon 2009=2012:53）、生殖器をはじめとする身体器官やそれぞれのパーソナリティが有機的に結びつきどの程度機能的に統一されているのかを説明するための概念なのである。ジャーモンによれば、この時点でマネーは「ジェンダー・ロールとジェンダーを互換的に使っていたが、前者のほうに精緻な定義を与えた」（Germon 2009=2012:53）。たしかにマネーは、ジェンダーは「人の見た目、物腰、指向を指し示す」用語と定義するに留めるのに対し（Money 1955:258）、ジェンダー・ロールは、「人が、それぞれ男児・男性、女児・女性の属性を持つものとして自身を呈示するために行ったり述べたりするすべての事柄を意味する」と定義している。マネーは、機能主義の用語体系に依拠しつつ、独自の概念としてジェンダー・ロールを定式化することに成功したのだ。

パーソンズが『家族』などで概念化したのは、セックス・ロール（性役割：sex role）だった。パーソンズの役割概念の影響を受けながらも、セックス・ロールではなくジェンダー・ロールをマネーが用いたのは、半陰陽を研究するにあたって、「男性（male）のセックス・ロールだが、生殖器官に関わるセックス・ロールは男性ではなく、遺伝的なセックスは女性（female）である者」のように回りくどく記述することを避けるためだ（Money 1988:53）。「ジェンダー・ロール」を使用すれば、「男性のジェンダー・ロールだが遺伝的には女性」というように表記をわかりやすくすることができるというわけである。

さらに重要なのは、ジェンダー・ロールに「エロティシズムという意味でのセクシュアリティ」をも含めて使用するという目的があったことである（Money 1955:254）。述べたように、マネーにとってジェンダーないしジェンダー・ロールは当初、ヒトの身体から社会的地位までを覆う概念だったのだ。たとえばマネーは次のように述べている。

> ジェンダー・ロールとは、いろいろな要素を含む包括的な用語である。性器およびエロティシズム（eroticism）に関わるセックス・ロールは、性器およびエロティシズムとは無関係なその他あらゆる役割（role）と同じように、ジェンダー・ロールという概念の一部とみなされる。このその他の役割とは、たとえば性別《セックス》によって分類された服を着るように、男性役割か女性役割として分類されている役割《ロール》である。（Money 1980=1987:14）

ここでも明示されているように、ジェンダー（ロール）はセックス（ロール）をも包括するより広い概念だった。言い換えれば、両者の関係は排他的な関係というわけではなく、セックス（ロール）概念のみでは機能的な説明に不足があるゆえに、ジェンダー（ロール）が使用されたのである。

マネーがジェンダーを普及させる過程で、ストーラーはマネーのジェンダー概念に注目し、自身の研究にジェンダーを取り入れた。次節で詳細に述べるが、このとき、セックス／ジェンダーの決定的な概念的区別を導くこととなる。

（2）ストーラーのセックス／ジェンダー

マネーの研究を参照したストーラーは、ジェンダーを再定義し、セックスとジェンダーの区別を強調する（Stoller 1964a：Stoller 1964b）。ストーラーがこの区別を体系的に示した著作が、一九六八年に出版された『性と性別（*Sex and gender*）』だ。本書の冒頭で、ストーラーは、「どれほどの個人の性的行動や選択があらかじめ決定された生物学的力（biological force）によって個人に押しつけられ、……個々の行動のどの程度が主として心理学的なもの（すなわち、文化によって決定されるもの）であるのだろうか?」と問う（Stoller 1968=1973:7）。この問いには、すでに「生物学的力」と「心理学的なもの」の区別が前提されている。すなわちストーラーのパースペクティブにおいては、身体とは独立に性的行動や性差に影響を与える心理的要素が前提されているのである。

上の問いに対する回答の手がかりとして使用されるのが、ジェンダーである。つまりストーラーは一九六八年の体系的著作においては最初から、生物学的セックスと心理的（文化的）ジェンダーを対置し、それぞれ別々の概念として前提しながら議論を始めている。ストーラーはマネーらの一連の紀要論文を引用し（Stoller 1968=1973:13）、

「ジェンダー・ロールは後天的な心理学的力によって決定され、外性器のような解剖学的生理学的条件には無関係である」ことを示していると解釈し、ジェンダーを次のように定義した（Stoller 1968=1973:52）。

性別（gender）という言葉は、生物学的意味合いよりもむしろ心理学的または文化的意味を含んでいる。性（sex）にとっての適切な言葉が「男（子）」（male）と「女（子）」（female）であるなら、性別（gender）に対応する言葉は「男らしい（男性的）」（masculine）と「女らしい（女性的）」（feminine）である。この後者の言葉は、生物学的な性（sex）とはまったく別個のものであるかもしれない。（Stoller 1968=1973:8）

マネーとストーラーとの違いは、マネーがジェンダーをセックスを含む包括的概念として定義したのに対し、ストーラーはセックスとジェンダーを、それぞれ別の概念として定義しているという点に集約されるだろう(11)。ジャーモンは両者の語の用法の違いをセックス＝ジェンダー（マネー）、セックス／ジェンダー（ストーラー）と要約している。

それでは、どのようにストーラーはセックスとジェンダーを概念的に区別し、上記の定義にたどり着いたのか。ジャーモンは、ストーラーがジェンダー概念に対し行った三つの介入を指摘している。以下では、順を追ってその手続きを確認したい。

第一にジェンダー・アイデンティティとジェンダー・ロールの分離である。ストーラーは、ジェンダー・アイデンティティを「意識的にしろ無意識にしろ、個人が一方のセックスに所属し、他には所属していないということを知り、気づくこと」、つまり自分を女性と思うのか男性と思うのかと定義した。一方、ジェンダー・ロールを「個人が社会で示す顕在的な行動であり、とくに個人が他人との間に演じる役割」、つまりどうふるまうのか、と定義したのである（Stoller 1968=1973:8）。簡単にいえば、自身のセックスをどう認識しているのかがジェンダー・アイデンティティであるのに対し、他者に対しどのような性別としてふるまうのかがジェンダー・ロールだと言い換えられよう。これによってストーラーは、「心理的な現象としてのジェンダー」に焦点を当てることができた（Germon 2009=2012:105）。

第二の介入は、コア・ジェンダー・アイデンティティというタームをつくりあげることである。コア・ジェンダー・アイデンティティは、たとえ自分が女性的だ（I am feminine）としても、自分はそれでも男だ（I am [none the less] a male）という自覚を意味するというわけである。つまり、自分の属するセックスについての非常に強い信念があるということだ。このタームによって、自分の性別についての「生物学的意味合い」に対する認識という心理的な側面が、強調されるのである。このコア・ジェンダー・アイデンティティは、「生涯を通じて変化しない」（Stoller 1968=1973:79）、「抵抗しがたい衝動」（Stoller 1968=1973:80）として定義される。注意しておきたいのは、ストーラーはこの概念を、「正常人」を想定して概念化していることだ（Stoller 1968=1973:79）。正常な発達のケースから導き出せるのは、自身のセックスに対する強い信念が形成されるという事実なのだ、とストーラーは考えるのである。

そして第三の介入が、セックスとジェンダーの区別である。先のコア・ジェンダー・アイデンティティが形成されるのには三つの要因が挙げられる。すなわち、「外性器（genitalia）の解剖学的構造や生理的機能」「子どものジェンダー・ロールに対する両親・周囲の人々」そして「生物学的力（biological force）」である（Stoller 1968=1973:42）。この三つの要因のうちの一つ目と三つ目は特に、セックスに起源を持ちながらも、心理面に意味を与え、コア・ジェンダー・アイデンティティを形成する要因である。そして信念として形成されたコア・ジェンダー・アイデンティティがセックスに意味を与えるという点で、両者は区別されつつも密接に関係している。正常な性的発達はこのように進行するのだと、ストーラーは理論化したのである。

ここでストーラーは、ジェンダー・アイデンティティとセックスが一致しない人々に言及する。『性と性別』の五、六、七章では、解剖学的には男性または女性とされていても、それでも反対のセックスに属していると認識している人々について論じられる。こうした人々は、ジェンダー・アイデンティティが、「外性器の影響力を取りのぞいて」も確立されることの傍証として挙げられている（Stoller 1968=1973:90）。

つまりこの人々の存在を提示することによってストーラーは、「ほとんどすべての人間において、ジェンダー・アイデンティティの発達に関する限りでは、きわめて強力な影響が後天的な精神力学的要因から生ずるからである」と定式化しジェンダー・アイデンティティの存在を際立たせるのだ（Stoller 1968=1973:90）。これにより、「染色体や内分泌状態、および他の生物学的力の起源があるにもかかわらず、その結果生成されるジェンダー・アイデンティティは、そのような力を仮定するまでもなく説明できる」ことになる（Stoller 1968=1973:90）。

> ストーラーはセックスという用語を、その生物学的な含意ゆえに忌避した。同様にセクシュアリティという用語も、その意味の多様性ゆえに忌避した。……ジェンダーはストーラーに、思考、行動、人格のような心理学的な現象をひとつひとつ切り離して議論することを可能にした。（Germon 2009=2012:130）

ジャーモンの指摘によれば、第三の介入、すなわちセックスとジェンダーの区別はストーラーにとって重要な理論的帰結としてある。マネーの考えるジェンダー概念に対し、「ストーラーがおこなった理論的な研究はジェンダーを一層深く、強固にその二元論に埋め込むことに役立った」(Germon 2009=2012:103) のだ。

ストーラーは生物学を決して軽視していたわけではなく、彼はあくまでも、生物学とは異なる、心理学的用語の形成を目指したのである。セックスに属する領域とは別に、ジェンダーによって論じることのできる領域があるということ、そしてそれは個々人の心理的な側面であること、これがストーラーの主張だった。

後にマネーは、G-I／Rのように表記し、ジェンダー・アイデンティティとジェンダー・ロールを分離させないように再定式化した。これによって、ジェンダーの包括性を取り戻そうとしたのである。マネーにとってはジェンダー・アイデンティティとジェンダー・ロールは分離して使用できるものではなく、またセックスとジェンダーも排他的な概念ではない。「G-I／Rは、……それら性差にかかわりのあることはどんなものであれすべてを包含している」のである (Money 1980=1987:36)。

しかしながら、冒頭で述べたように、〈セックス／ジェンダー区別〉は急速に広がっていた。その背景にはマネーの概念化よりも、それを図式化し、二元論の枠組みで理解できるように再概念化したストーラーの貢献があった。そして〈セックス／ジェンダー区別〉は、次節でみるように、フェミニズムにも普及し、使用されていくことになるのである。

3　フェミニズムによるジェンダー概念の組織化

(1) ミレットの父権制とジェンダー・アイデンティティ

本節以降では、ミレットやオークリーのジェンダーの用法を考察する。注意したいのは、次の二点だ。第一に、二人はストーラーの〈セックス／ジェンダー区別〉の定義に依拠した。ミレットもオークリーも、マネーではなく、ストーラーの〈セックス／ジェンダー区別〉を自身の議論に導入したのはなぜだったのか。

第二に、〈セックス／ジェンダー区別〉の使用といっても、彼女たちはそれぞれ、厳密にいえば別の概念に注目した。すなわち、ミレットによってジェンダー・アイデンティティが、オークリーによってジェンダー・ロールが主に使用されたのである。それはなぜか。以下では、ジェンダー概念の使用によって彼女たちが目指そうとしたものは何だったのかを考察する。

一九六〇年代後半から、アメリカではウーマン・リブの運動が巻き起こっていた。ミレットは、この運動をアカデミズムの現場で洗練させ、文芸批評で分野での論文を執筆することを試みていた。その中でミレットは、「避けては通れない問題として、性の生物学的な側面とも向き合った」（高橋 2006:144)。生物学的な側面に対し、ミレットはどのように向き合い、そのとき、ジェンダーはどのように使用されたのか。

『性の政治学』の中で最も重要な概念は「父権制[12]」であり、ミレットは、あらゆる領域において「父権制」が支配的な構造をつくりあげていることを立証しようとする。ミレットは、「父権制」の影響を見出すことができる基盤を八つ挙げている。このうち、ジェンダーという語が登場するのは第二章二節の「生物学的基盤」と題された節においてのみである。「生物学的基盤」の節では、父権的な文化が生物学を根拠に自己正当化している（ようにみせかけている）こと、そしてその正当化は矛盾していることが述べられる。ここでミレットがいう「父権的な文化」の内実は、具体的には「宗教」、そして「社会科学」であり、これら文化が「人間に生得的なもの」として父権的支配を前提していることを批判している。特に、「父権制のなかでつくられた気質の区別（「男性的（masculine）」および「女性的（feminine）」パーソナリティ）は人間の本性から生じたとは思えない」と、ミレットは問題を提起する。むしろ、そうした気質は「本質的に文化的基盤に立つものであることが認められなければならない」のである（Millet 1970=1973:77）。ミレットによれば、両性のパーソナリティ形成の決定因となっているのは、生物学的基盤ではない。それは父権的な文化そのものによって形成されたのだ。

ミレットはこの主張を根拠付けるための科学的知見として、ジェンダー概念を使用した。特にパーソナリティ形成に関連させ、ストーラーのジェンダー・アイデンティティに注目した。

> 新しい研究は、性別（gender）が圧倒的に文化的な性格のものであること、言いかえれば性範疇《カテゴリー》（sex category）の点からみたパーソナリティ構造について、かなり具体的な積極的証拠をあげている。（Millet 1970=1973:78）

ミレットにとって「パーソナリティ」とは、その子どもがどのように育てられるのか、育てられる環境がどのような文化であるのかによって決められるものだ。この記述のあと、第二節(2)に記載したストーラーによるジェンダーの定義が引用され、それによってミレットの議論は理論的に補強されている。〈セックス／ジェンダー区別〉

はこのように、ミレットによるジェンダー概念と文化の関係の考察に科学的根拠付けを与えたのである。

さて、ストーラーの〈セックス／ジェンダー区別〉を使用し、ミレットはジェンダー・アイデンティティへの「文化」の影響を強調する。具体的には、ジェンダー・アイデンティティ形成に対する父権的な「文化」からの影響を述べることで、議論の主題を「文化」に移行させているのである。

> 幼児期を通じて起こるジェンダー・アイデンティティの全発達に内包されるのは、気質、性格、関心、地位、値打ち、ジェスチュア、表現について、それぞれのジェンダーにふさわしいものとは何かについて、両親や同輩や文化の抱く考えの総合計である。（Millet 1970=1973:81）（傍点筆者）

ミレットが生物学的基盤の節においてジェンダーを用いることで示そうとしたのは、諸個人の男らしさ／女らしさの獲得が「本質的に文化的な基盤（essentially cultural bases）」（Millet 1970=1973:77）を持つということであり、「人間の本性（human nature）」（Millet 1970=1973:75）や、「生得のもの（inherent）」（Millet 1970=1973:77）「身体的なもの（physical）」（Millet 1970=1973:81）に拠ったり、「生物学的基盤（biological base）」（Millet 1970=1973:77）を持つものだったりはしない、ということである。ミレットの解釈に従えば、もし個人のジェンダー・アイデンティティが発達する過程で、その個人の「両親や同輩や文化の抱く考えの総合計」が父権制によって侵されているのならば、その個人が獲得するジェンダー・アイデンティティは父権制を反映したものになるだろう、ということになる。特に注目したいのは、このときミレットは、ストーラーやマネーが扱った半陰陽やトランスジェンダーといったセクシュアルマイノリティを主題にはせず、いわゆるマジョリティ、「通常の」性的発達を遂げた人々を包摂する「文化」にまで議論を拡張しようとしていることである。

『性の政治学』では、父権制的な文化によって形成される個人のパーソナリティとジェンダー・アイデンティティとの結びつきを指摘することで、フェミニズムにとっての論点を生物学的な基盤から文化の領域へと移行することが目指されていたのだ。つまり、生物学的基盤と父権的文化という基盤は、ジェンダー・アイデンティティの形成において明確に対立しており、それゆえセックスとジェンダーはそれぞれの基盤に対応する概念として区別される。だから、セックスとジェンダーの区別は父権的文化の批判を目指すミレットのプログラムにおいては必要な区別だったのだ。またジェンダー・アイデンティティを、セクシュアルマイノリティだけでなく、すべての個々人のパーソナリティ形成に関わる概念として使用することで、その形成に関わる父権的「文化」全体を議論の対象に含めることができるのである。

ミレットは非常に早い時期にジェンダー概念に注目したが、それを扱う紙幅は、実は非常に少ないものである。ミレットが注目したのは、ジェンダーに関する用語の中ではジェンダー・アイデンティティに限るといわざるをえないし、その限りではストーラーを参照しているだけでも充分だっただろう（にもかかわらず、マネーにも言及はしている）（Millet 1970=1973:80）。これに対し、オークリーは、ジェンダーに関する用語体系を自身の理論にとりこもうと試みている。

（2）オークリーの社会学とジェンダー概念

ミレットが『性の政治学』において父権制を論じるための各論としてジェンダー概念を論じたのに対して、オークリーは大々的にジェンダーを自身の理論に取り込み、中心的な分析概念として使用しようとしている。オークリーは特に、*Sex, Gender and Society* において、その精緻化を試みている。以下では、*Sex, Gender and Society* におけるオークリーの試みを分析することで、ジェンダー概念の導入がフェミニズムにおいてどのように取り入れられ精緻化されていったのかを探る。

まず、ジェンダー概念はこの本の第六章において中心的に議論され始める。オークリーは「『セックス』は生物学的な用語であり、『ジェンダー』は心理学的・文化的な用語である」と定義している（Oakley 1972:158）。この定義においては、セックスとジェンダーは、対立する概念であることが明示されている。そしてこの定義に続いて、この議論を補強するために、オークリーもまた、ミレットと同様、ストーラーの〈セックス／ジェンダー区別〉を引用しているのだ。

もちろん、マネーの定義の影響も少なからずあった。事実オークリーは、自身の論を展開する際、適宜マネーの知見を引用している。しかしながら、以下詳述する二点は、オークリーの中心的な主張であり、同時にその主張はストーラーの定義を前提しているといわざるをえない。

オークリーの主張は次だ。第一に「ジェンダーからセックスを解き放つこと」が重要な課題であることが明記されている（Oakley 1972:17）。オークリーにとって、ストーラーのジェンダー概念はセックスとは明確に区別されているが故に有用だった。

オークリーは、右に挙げた定義に続けて、「男性や女性、少年や少女になる／であるということは、特定の生殖器を持つことと同様、ドレスや、ジェスチャーや、職業や、社会的ネットワークやパーソナリティの機能でもあるのである」と述べる（Oakley 1972:158）。この引用文からは、ジェンダーを獲得する（learning）ためには複数の要因があるとオークリーが考えていることがわかる。セックスがほぼ生殖器によってのみ定義されることが述べられる一方で、ジェンダーを定義する要因は非常に多く設定されている。言い換えれば、生殖器以外のほとんどの社会的要因が、ジェンダーを定義するための資源として用いられる。

また、オークリーはさらに、セックスとジェンダーそれぞれの下位概念を紹介する。セックスの下位概念として「男（子）／女（子）」（male/female）、ジェンダーの下位概念として「男らしさ／女らしさ」（masculinity/femininity）を採用した。この下位概念の整備も、ストーラーが『性と性別』で行ったことだった。ストーラーの図式的定義は、ジェンダー概念を使って科学的・形式的に論を進めることを可能にするという点で、オークリーにとっては有用だったということもできるのではないだろうか。

第二の点は、「セックスの恒常性は認められなければならないが、ジェンダーの可変性もまた認められなければならない」という点に集約されている（Oakley 1972:16）。オークリーは、ジェンダー・アイデンティティだけでなくジェンダー・ロールの発達にとっても、文化的な（生物学ではなく）学習が非常に有効であることを強調する。

> もし子どもたちのジェンダー・ロールとジェンダー・アイデンティティが社会的なステレオタイプや親モデルと相関しうるのであれば、その示唆とは次のようなものだろう。つまり、それら（ジェンダー・ロールとジェンダー・アイデンティティ）は広大な文化の生産物なのである。つまり「ジェンダー」はまさに「セックス」とはきわめて異なるものなのである。（Oakley 1972:187）

オークリーにとってジェンダー（masculinity/femininity）は獲得されるもの（Oakley 1972:173）であり、ジェンダー獲得の経験は文化的に与えられるのである。「男（子）」（male）「女（子）」（female）の発達において、セックスは変えられないものである一方で、ジェンダーは文化に過大な影響を受けるものであり、文化によってそのあり方を変えることができる。またここでも、マネーやストーラーが対象としたセクシュアルマイノリティの性的発達というよりも、すべての幼児の性的発達を議論の対象としている。

この二点により、オークリーは文化こそが課題であると帰結しうるのだ。つまり、セックスとジェンダーは区別される概念であり、かつジェンダーは文化によって可変的ならば、文化を議論の対象とし、社会学的探究の課題とすることで性差間の不平等を解決できると考えたのである。

Sex, Gender, and Society では、第六章でジェンダー・アイデンティティが議論されるが、その後続けて第七章で、ジェンダー・ロールが議論され、第七章の後半では、ジェンダー・ロールに対して文化が影響を与えることを例証しようとしている。オークリーにとってジェンダーが有用だったのは、個人のジェンダー獲得（gender learning）の可否を議論できるゆえにではなく、そのジェンダー・ロールを獲得する先にある「文化」の批判を行えるがゆえにだった。オークリーは、第七章で、子どもたちが獲得するジェンダー・ロールの概念について、次のように述べている。

> 彼らが抱くジェンダー・ロールの概念は……両親を範として模倣することと同じくらい、文化的ステレオタイプを吸収するということを示しているのである。（Oakley 1972:183-184）

これによって、オークリーは、「ジェンダーは、しかしながら文化の問題である。それは『男らしさ（masculinity）』と『女らしさ（femininity）』の社会的な分類を示している」と宣言し、文化の問題を分析と批判の主題とすることを試みたのである（Oakley 1972:16）。このジェンダー・ロールに関する議論は、続く『主婦の誕生』において、より精緻化されることになる。また、そこでは、もはやストーラーやマネーは参照されない。この『主婦の誕生』における理論的展開がミレットと異なるのである。ミレットにとってジェンダーは、父権制を形成するための基盤のひとつだったのに対し、オークリーにとっては子どもが獲得するジェンダー・ロールこそが、批判の対象である文化的ステレオタイプの帰結であり、中心的な問題だったのである。

（3）オークリーのジェンダー・ロールは何を批判したのか

オークリーはその後ジェンダーをどう社会学の枠組みの中で理論化したのか。より明確になるのが『主婦の誕生』である。実は、『主婦の誕生』には、ストーラーの名前もマネーの名前も見当たらない。その代わりに、頻出するのがパーソンズである。また、ここで用いられるのは、ジェンダーでも、ジェンダー・アイデンティティでもなく、ジェンダー・ロールである。この書物において、ジェンダーははっきりとオークリーの社会学の用語として体系化される。

オークリーが、『主婦の誕生』でジェンダー・ロールに照準するのには、二つの目的があったと考えられる。

第一に、パーソンズのいうセックス・ロールとは異なる「役割」を概念化するためである。パーソンズが、家庭内の諸々のケア実践が女性に担わされることを「セックス・ロール」として説明する場合、そこでは生物学的な性差が前提とされている。オークリーは、セックス・ロールという概念を支える生物学的根拠付けが薄弱であることを指摘しようとした。さらにオークリーは、諸々のケア実践が女性に自然な役割として担わされるのは、生物学を利用して説明できるものではないと考え、むしろなぜそのようにして正当化されるかを問うた。オークリーは、根拠の薄弱なセックス・ロールを批判しながら、不自然に正当化されるその役割を、ジェンダー・ロールという名で概念化しようとしたのである。

第二には、そのように概念化したジェンダー・ロールを批判し、不平等なジェンダー・ロールの廃絶を主張するためである。『主婦の誕生』の第七章（邦訳では第五章）では、比較行動学、人類学、社会学に内在する性別分業の「神話」が検討され、批判される。とりわけオークリーが注目したのは社会学であり、現にある社会秩序を説明するために社会学が用いるロジックに矛先が向けられるのである。

ジェンダー・ロールは、批判されるべき対象が概念化されているが、批判の対象には必然的に、二つの事柄が含まれていると読むことができる。すなわちジェンダー・ロールには、まず(a)家族という制度が「正常」に機能するために女性に割り当てられる、ケア実践の担い手としての役割、そして(b)この状態を、現にある安定した社会秩序の一部分として社会学者が説明する役割という二重の概念化がみてとれる。オークリーにとって、まず重要なのは生物学的根拠は見いだせないにもかかわらず生物学的に正当化される(a)の批判であり、その射程には(b)も含まれるのであった。

つまり、オークリーには、社会学者が与える説明が、既存の家族制度とその役割をただ補強するだけのものにみえたのである。従って、『主婦の誕生』でなされる「家庭役割は廃止しなければならない。家庭は廃止しなければならない。ジェンダー・ロールは廃止しなければならない」という主張には（Oakley 1974=1986:196）、上の(a)(b)双方の批判が含まれているのである。

それでは、オークリーのジェンダー・ロールの概念化をセックス・ロールとの関係から詳述する。

パーソンズは、父—母—子によって構成される核家族における機能分化を「性別によるもの」として説明する

（Parsons 1955=1981：43；進藤 2006：148）。男女が核家族の中で、「社会的な」分化の帰結として、道具的役割と表出的役割という異なる役割を獲得する。男は、夫、あるいは父として、稼得をはじめとする道具的役割を担う。女は、妻、あるいは母として、家族の関係維持や情緒の調整を行う表出的役割を担う。パーソンズは、それらをセックス・ロールと呼ぶのである。

注目したいのは、このときパーソンズは社会的な役割の違い（＝道具的役割と表出的役割）を、生物学的なセックスによって説明していることだ。オークリーは、パーソンズがこの役割分化を生物学的なセックスによって正当化することに照準する。

> なぜ、男性がより道具的な役割を、女性がより表出的な役割を受け持つのか……基本的には、子供の出産と初期の保育によって母子の間に至上の関係が確立されると仮定することで、生物学的な性別（sexes）による役割分担は説明できる、とするのがわれわれの考えである。（Parsons 1955=1981：44）（傍点筆者）

パーソンズは、さらに次のように断言する。母子の間には「至上の」関係性が形成されるが、「夫―父の家庭不在には、それ（母子の間の「至上の」関係性）が長時間にわたるものだという前提もある。ということは、子供については、母親がまず責任を持たねばならぬということである」（Parsons 1955=1981：45）。

しかしながら、オークリーにとっては、この説明には生物学を利用した不要な正当化が紛れ込んでいる。それは次のような点においてだ。オークリーは、パーソンズが「妊娠と授乳がある」ことを生物学的な役割分担の説明の根拠として利用していると理解している（Oakley 1974=1986：142）。「妊娠と授乳がある」ことが、妊娠と授乳以上のことを女性に要求するための正当化に用いられていること、このことを指して、オークリーは性別役割分業の神話であるという。すなわち、「神話だというのは、だれかが子供の世話をしなければならないが父親は働かねばならないから母親に育児の義務がある、とするところである」（Oakley 1974=1986:142）。

ここから、オークリーはセックス・ロールに対し、ジェンダー・ロールを概念化する。ジェンダー・ロールとは、セックスによって説明されえない役割である。「婦人が育児をしているからこそ、男性は自由に家を離れることができ、職業に従事できる」のであり、「本当は、妊娠と授乳があるからといって女性に育児役割があるわけではない」（Oakley 1974=1986:142）。ましてやパーソンズは、育児役割だけでなく、ほかの家庭役割である「家の管理と夫の世話（home-care and husband-care）」までもセックス・ロールによって説明しようとしている（Oakley 1974=1986:142）。従ってオークリーにとっては、パーソンズのセックス・ロール概念を用いた説明に内在する生物学を利用した正当化が、端的には「産むこと」だけをその根拠としており、その根拠では、家事や夫のケアを説明することはできないというのである。

さて、オークリーの批判は、パーソンズとともに核家族の機能を分析したモリス・ゼルディッチにも向けられる。先に述べたように、パーソンズは道具的役割と表出的役割の区別を生物学を利用して正当化した。ゼルディッチはさらに、「道具的」家庭役割と「表出的」家庭役割によって、育児も家のケアも夫のケアも女性が担うことに説明を与えようとする。これに対しオークリーは、パーソンズに引き続き、ゼルディッチにも批判を試みている。

この点については簡単にまとめたい。オークリーは、ゼルディッチが用いる「道具的」役割と「表出的」役割という区別の発端となった実験そのものに問題があるというのだ。この役割の区別は、ハーバード大学で行われた小集団実験によってなされた。この実験によって例証されたのは、「どのような小集団でも、役割の専門化が起こる傾向がある」ことと、「家族でも同様の傾向が現れるのは、家族も小集団の特殊ケースにすぎない」ことだ(Oakley 1974=1986:146)。つまり、小集団実験により抽出された「道具的役割」と「表出的役割」とが、そのまま家族における男性と女性の説明として用いることができる、というのがゼルディッチの主張である。

しかしながら、オークリーは「家庭内の性別役割のパターンが、家庭からほかの社会組織に波及する」(『主婦の誕生』第四章は、その例証として述べられている章だ)のであり、小集団実験によって創出された実験が家族の役割にもあてはまると考えるのは誤りだという。なぜなら、「家族が小集団の特殊ケースであるというよりは、小集団が家族の特殊ケース」だからである(Oakley 1974=1986:146)。したがってオークリーにとっては、ゼルディッチは家族におけるジェンダー・ロールを家族におけるジェンダー・ロールによって説明しているにすぎないことになるのだ。

以上の記述から、オークリーの用語体系におけるジェンダー・ロールの位置付けが明確になる。述べたように、オークリーにとってジェンダー・ロールとは、(a)家族という制度が「正常」に機能するために女性に割り当てられる、ケア実践の担い手としての役割であり、そして(b)この状態を、現にある安定した社会秩序の一部分として社会学者が説明する役割である。生物学を利用して根拠付けられるセックス・ロールとは異なる「役割」として、ジェンダー・ロールは概念化された。そしてこのような概念化によって、次の引用部分に集約されているジェンダー・ロールへのオークリーの態度が明確に理解できる。ジェンダー・ロールとは、批判対象が概念化されたものであり、廃絶されるべきものなのだ。

社会が現在の形のまま存続するために絶対必要なジェンダー・ロールのパターンがあると社会学者は主張す

るが、本質的にはそういうジェンダー・ロールのパターンがあるから、女性は……搾取されるのである。現実がこうである時、社会学理論は……築き上げた社会秩序の正当化を目的とした神話にもなる。（Oakley 1974＝1986:147）

オークリーにとって、ジェンダー・ロールは、ケアが実践においても社会学理論においても不当に強いられるという事実そのものであった。日常的なレベルにおいても、社会学の理論的レベルにおいてもそれはなされ、生物学的な（不当な）正当化によって社会学的な説明は根拠付けられていた。それゆえオークリーの批判対象には、社会学者の説明が含まれてしまう。この時点でジェンダー・ロールは、もはやパーソンズによるセックス・ロールとは異なる意味といってよい。(13) さらにオークリーのジェンダー・ロールは、批判のための概念であり、マネーの概念化したジェンダー・ロールとも異なる。また、ストーラーのいう〈セックス／ジェンダー区別〉に依拠してはいるが、個人の心理を説明するのではなく、文化や社会を説明するための概念としてジェンダーを使用したともいえる。

(4) 学術的概念としてのジェンダーの組織化

ここまで、ジェンダー概念をめぐって、とりわけ、〈セックス／ジェンダー区別〉に注目しながら、性科学者やフェミニストたちが成し遂げようとしてきたことを検討した。ストーラーにとって、心理的領域を設定するために、ジェンダーは重要な用語だった。これによって、ジェンダー・アイデンティティと割り当てられた性別が一致しない諸個人の心理的領域を記述することができたのだ。一方ミレットやオークリーにとって重要だったのは、〈セックス／ジェンダー区別〉によって「生物学」とは異なる水準で文化や心理について議論することが可能になったことだ。だが、ジェンダーが文化的・心理的な意味合いを持つということの意義は、ミレットやオークリーにとってはストーラーのそれとはずいぶん異なる。

つまり、ストーラーはジェンダーを、「個々人」が自身をどのように認識するか分析するために使用したのに対し、ミレットやオークリーはさらに、個人のジェンダーに対する「文化の影響」を強調している。ミレットはジェンダー・アイデンティティを、オークリーはジェンダー・ロールを使用し、「文化」を主題化したのだ。さらには、セクシュアルマイノリティの性的発達にというよりも「通常の」幼児の性的発達にも文化が影響を与えることを重視し、問題提起したのである。このようにして、〈セックス／ジェンダー区別〉はフェミニズムに導入された。

特にジェンダー・ロールは、パーソンズ批判に用いられるなど、大きくその意味が変化した。オークリーが『主婦の誕生』で、ジェンダー・ロール概念によって示そうとした一連の活動は、夫のケア、家のケア、子供のケアが不当に女性に担わされるという事実であった。また、オークリーがジェンダー・ロール概念で批判的に示そうとしたのは、一部の社会学者による、女性がケアを担うことが「自然である」という説明の仕方だった。つまり、性別役割分業の「自然化」とでもいうべき説明である。このときオークリーは、セックスとジェンダーの区別に基づき、ジェンダー・ロールを批判対象として概念化した。ジェンダー・ロールはセックス・ロールとは異なり、文化に深く影響し、可変的な役割だ。それゆえに、ジェンダー・ロールの廃止や、それを形作る文化の批判を議論の俎上に乗せたのである。

オークリーがジェンダー・ロールを使ってあらわそうとした実践は、現在の社会学においては「ジェンダー」だけでなく「ケア」や「セクシュアリティ」それぞれの概念が部分的に重なり合うような実践であるといえる。もちろんこのことは、このジェンダーの定義が曖昧で使いものにならないものだったとか、より精緻な定義が目指されなければならなかったといったことは意味しない。ミレットやオークリーにとっては、「性差の生物学的把握を問題化することにこそ、ジェンダー概念の存在理由がある」（加藤 2009：271）と筆者は考える。筆者が本章でみてきた限りでも、オークリーやミレットがジェンダーを使用したのは、「セックス」による性差の説明がいかに恣意的で問題かを指摘することだった。

ただし役割理論そのものが想定する「標準」あるいは規範的モデルは、しばしば批判されてきた。コンネルは、役割理論が用意するモデルは「現実の中で普通に存在することではない」と述べ、そのモデル内で標準化された事例からの逸脱を排除してしまうという抑圧的な側面に目を向けている（Connell 1987：1993：99）。性別に関わる事例でいえば、典型的な核家族であることだけでなく、異性愛でシスジェンダーの女性や男性であることの所与性は自明の前提とされるという点で理論的限界があるのである。

また、第一節で述べたように、一九八〇年代以降、ジェンダー平等に関わる新たな問題が提起される中、特に「ケアに関わる領域」に関しては、トロントらのケア論だけでなく、ジェニファー・メイソンによる「感覚的活動」やマージョリー・ディヴォートによる「ごはんをあげること（feeding）」など、ケアの、より実践的かつ身体的な側面に照準した論点さえ提示されるようになってきた（Mason 1996：DeVault 1991）。

それゆえ、役割概念から離れ、実践上の課題の詳細を、あくまでもそれぞれの実践の論理の水準において把握する可能性に目を向けてもよいのではないだろうか。それぞれの実践に立ち返り、性別がどのようにその実践においてレリヴァントになっているのか、どのようにその性別であることが成し遂げられているのか、を明らかにすることが求められているのだ。

以下ではこのような方向への転換の可能性を提示する。具体的には、ジェンダー概念が使用され始める以前の議論に遡り、ハロルド・ガーフィンケルの一連の考え方であるエスノメソドロジーを紹介する。そして、パーソンズとストーラーの関係に着眼し、ガーフィンケルと比較することで、役割理論に基づく「ジェンダー・ロール」とは異なる議論の可能性を考える。これにより、ジェンダーに関わる諸問題を実践の水準で分析することが持つ可能性を提示し、今後のジェンダーの問題に取り組むためのヒントを得たい。

セックス・ロールであれジェンダー・ロールであれ、役割理論においては、性別は行動を「説明」するための所与の地位である。しかしガーフィンケルは、性別という地位がそもそもいかに達成されるのかを実践の水準で分析することを目指している。「役割を獲得する」という理論モデルでは説明しきれない、ひいてはそのモデルが隠蔽してしまう側面に、ジェンダー概念が使用され始める以前からガーフィンケルは目を向けていたのだ。

4 エスノメソドロジーと性別の研究——ストーラーとガーフィンケルの性別地位

前節までで、ジェンダー概念の組織化、とりわけフェミニズムがジェンダー概念を使って性別間の不平等をどう問題提起してきたかを論じた。本節では、社会学において、性別という現象を探求の対象にするにあたって、ジェンダー概念の使用とは異なる方針として、エスノメソドロジーの視座を紹介する。エスノメソドロジーとは、アメリカの社会学者ハロルド・ガーフィンケルによって生み出されたアプローチである。ガーフィンケルは、もともとパーソンズのもとで社会学を研究していたが、しかし後に、パーソンズの唱えた社会システム論とは異なる見方で社会秩序の研究をすすめることになる（浜 1992:4；水川 1992:204）。ガーフィンケルの発想の特徴は、徹底した実践の論理への着目にある。

とりわけ本章にとって重要なのは、「性別地位（sex status）」についての事例研究を行った論文である（Garfinkel 1967b）（以下、アグネス論文と呼ぶ）。本論文に登場する「アグネス」は、もともと第二節（2）で登場したロバート・ストーラーの患者だった。アグネスは出生時に「男性」が割り当てられ、男性として育てられた。しかしながら、アグネス本人は自身を女性であると認識していた。すなわちアグネスは、今日では「トランスジェンダー」といわれる人物であり、ガーフィンケルのこの事例研究は、トランスジェンダーに対する社会学的研究の最も初期のものの一つでもある。アグネスその人の生活史については、ガーフィンケルの論文だけでなく、日本語による紹介も多く書かれている（上谷 2008；鶴田 2009；山崎 2010）。

二〇二〇年代以降も、アグネス論文は様々な点で意義ある検討対象として読まれている。*The Ethnomethodology Program* と題された論文集には、クリステン・シルトがアグネス論文を学説史的に位置付けた論文が掲載されている。シルトはその論文で、ロバート・ストーラーとガーフィンケルを比較し、ガーフィンケルの未発表原稿なども分析の対象としながら、アグネス論文の重要性を際立たせている。第二節（2）では、ストーラーが〈セックス／ジェンダー区別〉を強固にしたことを述べたが、本節の（1）では、そうしたストーラーの見方に対し、ガーフィンケルの見方がどのような優位性を持つのかを示したい。シルトによれば、ストーラーとガーフィンケルは、同じ調査対象者（すなわちアグネス）に対し、「異なった、しばしば対立する」理論と経験的問いを持っていた（Schilt 2022：215）。

以下では、アグネスの事例研究を通じて示されたガーフィンケルの性別に関する考え方を紹介する。

(1) 異なった探求——why と how

ストーラーとガーフィンケルの違いはその探求の問いにある。ストーラーのアグネスへの方針は、端的にいえば「why」を問うものであった。つまり、アグネスの病因(etiology)を特定し、なぜアグネスが異常な状態になってしまったのかを説明し、治療しようとしたのがストーラーなのである。これに対しガーフィンケルは「how」を問う。アグネスがどのような性別規範に遭遇していたのか、日常生活をどのようにやりくり(navigate)しようとしたのかを記述したのである。そしてさらに重要なのは、ガーフィンケルは、アグネスのインタビューから得た示唆がすべての人間にあてはまると考えていたことであり、私たちが性別に関してどのような前提のもと生活しているのかを記述しようとしていることである。

まず、シルトが解説するストーラーによる「病因」特定の手続きを簡単に述べよう。一九五八年、ストーラーは彼がいうところの「インターセックス状態(intersex condition)」について研究を進めていた。ストーラーらの定義するインターセックス状態とは、染色体と代謝の状態に由来するもので、ジェンダー・アイデンティティと第一次性徴・第二次性徴が矛盾するような状態を指す(Schilt 2022:215)。ストーラーを訪れたときのアグネスには乳房とペニスがあり、乳房は一二歳の時に自然に発達したとアグネスは報告した。アグネスがストーラーを訪ねたのは、ストーラーに「インターセックス状態」が認められ、膣形成手術を勧められると見込んだためである。つまり、乳房もペニスもあるという状態を治療し、性器を自身のジェンダー・アイデンティティに一致させることをアグネスは望んでいたのだ。

だが、ストーラーらによる医学的検査では、染色体システムと生殖システムは、「正常な」男性のものだった(Schilt 2022:216)。そこでストーラーは、乳房の発育を促す外部エストロゲンの摂取を疑う必要があった。そしてもし外部からのエストロゲンの接種が判明した場合、「病因」は家族による養育に見出され、「トランスセクシュアリズム」と当時呼ばれた精神的な「性障害」として診断されることになる。そしてその場合、心理的なセラピーが推奨されることになるのだ。しかしながら、そのような証拠は見出せなかった。抜き打ちの持ち物検査なども複数回行われたが、外部からのエストロゲンの供給源は発見されなかったのである。

このようにしてストーラーは、何らかの病因の特定と、それに基づく症例診断を下そうと手順を進めた。しかしながら、アグネスの身体的特徴に「病因」は見出せず、確実にインターセックス状態と診断できる状況ではなかった。また一方で、外部エストロゲンの接種も確認できず、精神的障害という診断も下せなかった。以上をもってストーラーのチームはアグネスを、「これまで記録されていない症例」と診断した（Schilt 2022:218）。インターセックスと断定することはできなかったが、それでも心理的なセラピーによってジェンダー・アイデンティティを変えることはできないと診断したのである。こうしてアグネスは、手術を受けることになった。

ストーラーによる、病因特定という手続きには、第二節の(2)で述べたセックスとジェンダーを区別するという発想が多いに生かされているといえる。心身を概念上分離し、それぞれに検査を行い、原因を特定するのだ。このことが意味するのはつまり、原因とはストーラーにとっては、あくまでも患者当人に発見できるという前提があることだ。しかし、この点がガーフィンケルとストーラーの違いなのである。

シルトによれば、二人の違いがはっきりわかるのは、手術後のアグネスへの両者の処遇である。手術後、ペニスを切除し、人工膣をつけたアグネスは「激痛を伴う感染症に見舞われ」、頻繁に病院に通うことになった（Schilt 2022:218）。さらにアグネスは、気分が落ち込み、抑うつ傾向がみられるようになった。ストーラーもガーフィンケルもその事実については合意している。

しかしながら、この抑うつ状態に対する両者の説明が食い違うのである。ストーラーは今回も、医学的検査によって抑うつの原因を突き止めようとしている。手術に臨んで、精神的な要因は特定できず、心理セラピーによる治療は困難であるとストーラーは診断した。それゆえストーラーは、アグネスのジェンダー・アイデンティティは「生物学的な源」を持ち、外科的な施術がアグネスへの治療になるとストーラーは考えたのだ（Schilt 2022:219）。だが手術後のこのアグネスの状態は、その判断が「間違っていた」ことを意味しているのではないかとガーフィンケルは考えている（Garfinkel 1967b=1987:153）。

ほかにもシルトによればストーラーは、一九六〇年の草稿で、精神的な要因としての「無意識の男性性」を見抜けなかったとも述べていたようである（Schilt 2022:219）。あるいは、ストーラーがアグネスの抑うつ状態について、エストロゲンの欠乏による更年期障害など様々な病因を特定しようとしているともシルトは指摘する（Schilt 2022:220）。総じてストーラーは、医学的な検査によって、身体的であれ心理的であれ、抑うつの病因になりうるものをアグネスに見出し、特定しようと試みたのである。

ガーフィンケルにとっては、術後のアグネスが落ち込んでいるのは「思慮深い観察者なら誰でもわかる」ことだった（Schilt 2022:219）。というのは、手術を経てもなお「日常生活の相互行為のなかで」、自分の生活を管理する必要があることにアグネスは困難を感じていたからだ。性器の形状を知られないように、様々なパッシング（後述）をする必要がなくなると思っていたアグネスだが、その安心感が得られず、日に日に憂鬱になったのである。とりわけボーイフレンドのビルとの関係の悪化などが挙げられている（Garfinkel 1967b=1987:156）。つまり、アグネスの心身に病因があるというより、日常生活をやりくりするにあたって社会で直面する様々な困難がアグネスの抑うつ状態を生じさせたのである。

ガーフィンケルの「How」への着目は手術後のこうした観察からわかるだけでなく、手術前から一貫して見出せる。そのことを示すのが、アグネスが手術前に行ってきた「通過作業（以下パッシング）」へのガーフィンケルの着目である。

アグネスにはペニスがあった。アグネスはその身体的特徴を、他者に知られないようにふるまう必要があった。そのために日常生活の細部を厳密に管理し、外見や行動を通じて女性であることを示し続けた。パッシングとは、このように、自身の秘密が他者に露呈しないように日常生活をやり過ごす作業を指している。ガーフィンケルは、他のパッシングの例として政治的迫害からの亡命者や白人となって暮らしている黒人を挙げているが、アグネス論文においては、特に、あたりまえの、正常な女性として日常の相互行為をやりくりすることを指している（Garfinkel 1967b=1987 : 265）。

アグネスにとってペニスがあることは何よりも守るべき秘密だった。ガーフィンケルによれば、アグネスはこのパッシングにおいて、しばしば二つの局面に面していた。それは、「女性としてのアイデンティティを守ること」と、その状況において「ふつうの人並の目標を達成すること」である。アグネスはこの二つを同時に達成しなければならなかったが、しかしこの二つには明確な序列があった。もしもこの二つのどちらかを選択しなければならない場合、アグネスはやはり前者を優先させる必要があった。そのためには、後者を諦めることは容易になされたのである（Garfinkel 1967b=1987 : 272）。

このようにガーフィンケルは、手術前のアグネスの生活史についての膨大なインタビューデータを分析し、そのパッシングを細かく記述した。ただし、ガーフィンケルのこの研究は、アグネスという「逸脱者」の技法を記録する試みではなかったことを強調しておきたい。つまり、逸脱者にその原因を特定し、なぜそのようなふるまいをするのかを探るのではなく、ガーフィンケルは、あくまでもアグネスがどのように「普通の」「あたりまえの」女性としてふるまっているのかを観察したのである。パッシングという不断の実践にみられるのは、トランスジェンダーだけでなく、万人が常に達成し続けている地位としての性別地位（sex status）であり、それがどのように示されるのかを明らかにした記録なのである。

（2）万人の達成としての性別地位

ここで、性別地位という語について述べておこう。まず、最も重要なことは、シルトによれば、ガーフィンケルの考える性別地位とは、万人によって達成され続ける地位であることだ（Schilt 2022:221）。学者も一般人も達成を続けるのであり、アグネスだけが達成を試みた地位ではない。社会的相互行為の中で、アグネスだけでなく、アグネスと相互行為を営む者は、当然彼女の「生物学的事実」も（わざわざ確認しなくても）女性であるとみなしていたのである（上谷 2008:7）。このガーフィンケルの性別地位に対する見方がいかに重要かを述べておこう。

ガーフィンケル自身は、アグネス論文の中で、正常な人のものの見方について一〇の条項を提示し、万人が共有する前提を述べている（Garfinkel 1967b=1987:244-256）。注意したいのは、正常な人のものの見方とあるが、しかしこれは、アグネスと異なる視点として提示されていたわけではない。アグネスもまた、この見方を内面化していたのである。

要約すると、以下のようなものである。まず、この条項はすべて、「『私達の社会の一人前の成員の視点から見ると』という前置きを付けて読まねばならない」とガーフィンケルはいう。つまり、この社会のすべての成員にとっての信念であり、当たり前のものの見方である、というわけである。それによれば、世界は「男」と「女」から成り立っており、正常な人たちの集団は「男」と「女」に道徳的に二分されている。道徳的であるがゆえに、その二分法は正当な秩序として受け入れられ、それに従わなければならない。さらに、自分たちもまたその道徳的な二分法的秩序に含まれており、自身を「男」か「女」のどちらかであるに違いないとみなしている。これによって余分なリスクを負わずに生きる権利を行使できる。そして、集団の成員が皆、自身も含めて「男」や「女」であることは、最初から最後まで本質的に変わらない。さらに正常な人たちの集団は、その本質的なしるしとして「男」は男性器を、「女」は女性器をそれぞれ所有しているはずであるとみなされている。やはりこれも道徳的な秩序であり、たとえその性器が損傷していたとしても、その人が「男」であることや「女」であることは疑われない。これは、現実の性器よりも、道徳的に所有の資格があるとされる性器についての主張なのである。以上の条項を万人が前提として共有しており、万人がその条項の元で社会生活を営んでいる。そして、この見方を、アグネスもまた支持していた。万人が、不変の、所与の、「二値的な地位として性別」が割り当てられるとみなしているのである（Schilt 2022:221）。この見方を自然な見方とし、人々は相互行為を成立させているというのが重要なのである。

こうした万人の見方を理論化したのがガーフィンケルなのだ。シルトは、ガーフィンケルが「性別地位について自然な事実とされていることの多くは、……共有された現実において相互行為的な信頼が前提されているがゆえに、日常的な実践の中で可能になっていると理論付けている」と分析する（Schilt 2022:221）。

さて、性別地位は達成であるという観点はどのような意義があるのか。それには、やはり当時覇権的だったパーソンズの役割理論とは異なる仕方での社会学的記述を可能にした事が挙げられるだろう。パーソンズを参照しながら、「自然な女性は、アグネスにとって一つの帰属的（あるいは属性的：ascribed）対象であった」とガーフィンケルはいう（Garfinkel 1967b=1987:264）。先の条項で示したように、アグネスにとっても、「女であること」は、経験に先立って、所与のものであり、不変の事実であり、本質的なことだった。そのような見方は、社会秩序が維持されていることを説明するために役割獲得に先立って社会成員に与えられている属性的な地位としてパーソンズが説明したものだ（Parsons 1955=1981）。これに対しガーフィンケルがいうのは、この「属性的であること」すら、達成される地位なのだということだ。

ガーフィンケルは、達成という言葉に二つの意味があると注意書きをしている（Garfinkel 1967b=1987:264）。第一は、ある階層化された地位の達成、という意味である。アグネスはパッシングを通じて、男性ではなく女性という地位を達成した。アグネスにとって、女性と男性という地位は階層的関係に置かれていたのである。階層的に上位とみなされる「女である」という属性的地位においては、その権利や義務を、自分自身の実践によって守り保証しなければならない。そして第二に、こちらが重要なのであるが、相互行為の中での、上述のパッシングにみられるような実践を通じた、性別地位の達成、という意味である。ガーフィンケルは、属性として割り当てられていることそのものを、自然な事実として実践の中で通用させていることをも、達成という言葉であらわしたのだ。本項冒頭で述べた「学者や一般人の説明」こそが達成的出来事というのはこういうことなのである。

つまり、性別地位の相互行為的達成ということで意味されているのは次のようなことである。学者も一般人も、所与の性別があり、それに伴う役割があると前提している。この前提にもとづいて出来事を説明したり予測したりする。しかしこうした説明や予測を可能にしているこの「所与としての性別」が、当人たちによってどのように理解されているのかは、そのつどその相互行為実践を通じて示され、達成されていることなのだということだ。学者も一般人も、そしてアグネスも、まずは「男性か女性かという二つの性別地位」しかないとみなしているが、それをどのように前提しているかは相互行為において示されるのだ。エスノメソドロジーが相互行為の詳細に目を向けるのは、こうした着眼があるからなのである。

以上がガーフィンケルの「性別地位の達成」が意味するところである。このとらえ方をさらに際立たせるため、次に役割概念における比較を通じてパーソンズやストーラーとの差異を明確にしておこう。周知の通り、そもそもこの性別地位（sex status）という概念自体はガーフィンケルのオリジナルな概念ではない。

（3）役割（role）理論の批判

性別地位の達成という見方は、パーソンズの役割理論、属性的地位としての性別という概念の批判のために提示されている。オークリーは、セックス・ロールに対する批判としてジェンダー・ロール概念を提示したのだが、ガーフィンケルは役割概念をそもそも批判した。役割概念によっては秩序を説明しなかったのである。シルトによれば、パーソンズの枠組みのもと、当時のほとんどの社会学者は、「男性」と「女性」を、「人が生まれながらに持つ不変の、属性的な（＝ascribed）な地位」であると考えていた。そして、「夫」や「母親」などの『セックス・ロール』は、達成される地位、あるいは社会的に獲得される（＝attained）地位である」とも考えていた（Schilt 2022:222）。

これは、少年少女を異性愛的な核家族において社会化することで、「正常な」セックス・ロールを獲得することができる、という説明を可能にした（Parsons 1955=1981）。この説明は、アグネスも含め、多くの一般人が自明のものとして採用している説明だったが、そのままストーラーによって、正常な子どもの発達をあらわす科学的説明だとしても採用されたのだ。ガーフィンケルはここに、恣意性を見出し、異なった見方を提示しようとしたのだ。

ストーラーがすすめていた研究は、パーソンズのセックス・ロール理論と重なる部分が多かった。たとえば、

「精神分析医として、ストーラーはジェンダー・アイデンティティと性的アイデンティティの心理的障害と分類されるものを生み出す上で、家族の力学、特に母親と子供の関係に重点を置いた」(Schilt 2022:222)。この見方では、「機能不全」のケースを研究し、その原因を特定することが目指されており、それを踏まえて臨床医は「『正常』な発達を遂げるための最善の方法を決定することができる」のである(Schilt 2022:222)。

シルトは、この点がストーラーとガーフィンケルを分かつ特徴であるとしている。ガーフィンケルは、ストーラーのようなジェンダー・アイデンティティの概念化については慎重だった。「男性」「女性」を属性的な地位とみなすことになるからである(Schilt 2022:224)。つまり正常な発達という説明に当てはめて異常な因子をセックスやジェンダーの中に見出そうとする説明をとらなかったのだ。述べたように、ガーフィンケルにとっては、性別地位のその都度の達成が重要だったからである。

またそれは、社会秩序の説明としても間違っていると考え、ガーフィンケルは一九六〇年の草稿の段階で、「性別地位を理解するための既存の社会科学的モデルに対して鋭い批判を展開」した(Schilt 2022:223)。なぜなら、役割獲得のための「正常な発達」といっても、そのように成員を想定することは、社会理論の説明対象としての判断力喪失者として成員を描くことを意味していたからだ。判断力喪失者とは、「社会学者が設定した社会のなかの人間のこと」であり、「共通の文化によりあらかじめ規定されている正統的な行為だけしか選択でき」ない人間モデルである(Garfinkel 1967b=1987:76)。このモデルが使用されると、「いまここの場面」において瞬時瞬時下される、常識的な合理性に基づく個々の判断は検討されず、研究を誤った方向へ導く恐れがある。社会学者が想定していなかった行為(者)はそもそも分析射程から排除され、その社会学者の考える理論モデルが実証されるか、モデルにあてはめるための検討がなされてしまうのだ。

シルトによれば、ガーフィンケルは一九六〇年の草稿で、「ノーマル」とされている人が、いかに性別地位の管理に自覚的に志向しているかを強調している（Schilt 2022：223）。繰り返しになるが、ある性別であることは、達成される地位なのであり、様々な方法論的実践を通じて人々の前提となるという意味で「それぞれの社会における文化的な出来事」なのだ（Garfinkel 1967b=1987：318）。ガーフィンケルがアグネスから学んだのは、そうした自然な性別を持った人間であることを、その社会の人間が生み出し、前提し、個々の相互行為的機会を作り上げる実践があるということである。こうした方針を提示することで、セックス／ジェンダー区別が導く、正常と異常の心理学的区別やセックス・ロール理論による説明に疑問を投げかけたのである（Schilt 2022：224）。

（4）ガーフィンケルのエスノメソドロジー的探求の意義

ガーフィンケルはアグネス論文の中で、社会学にとって「ルーティン」がいかに重要であるかに注意を促している。デュルケムやウェーバーといった重要な社会学の古典を検討しつつ、彼らの概念がいかに人々のルーティンを基盤に展開しているかを強調しているのだ（Garfinkel 1967b=1987：301）。

そしてアグネスにとっては、実践的環境のルーティンは、「特別にまた慢性的に問題的なもの」だった。彼女は、その場面に参加しながら、人々が性別地位をあたりまえのこととして生起させている方法をその都度毎に知る必要があったのである（上谷 2008：3）。その意味でガーフィンケルは、アグネスを性別地位の実践的な探求者として認識し、多くのことを学んだのである。

本節では、ガーフィンケルの性別地位の研究を紹介した。第一に、ストーラーとガーフィンケルを比較した場合、その問いの立て方には明白な違いがあった。ストーラーは徹底してアグネスに病因を見出そうとし、身体的病因、心理的病因を隈なく探し、アグネスの状態の理由を特定しようとした。それに対しガーフィンケルは、原因を特定するということに意義を見出さなかった。少なくとも手術後のアグネスの状態については、彼女の心身に病因があるというより、日常生活をやりくりするにあたっての様々な困難に原因があることがガーフィンケルには明白だった。

第二に、それゆえガーフィンケルはアグネスも含め、人々がどのように「あたりまえの」女性あるいは男性としてふるまい、その性別であるという地位を達成しているかを探求の対象としたのである。つまり、性別地位は、万人が日常生活の中で達成する（しなければならない）地位なのだ。この見方は、当時覇権的だった役割理論的な見方、すなわち「属性的かつ所与の地位として性別があり、夫や妻などのセックス・ロールを伴う地位を成長過程で獲得する」という見方と異なる見方だった。

つまり第三に、ガーフィンケルは、役割理論的な見方を、恣意的で、現実の実践とかけ離れた説明とみなしていたのである。このような見方では、現実において瞬時瞬時くだされる判断は考慮されない。重要なのは、このような役割理論的な見方を、ストーラーも採用しており、ストーラーの病因特定的発想もこれに起因することにある。

こうしてガーフィンケルは、パーソンズやストーラーと同時代に、実践のなかで性別を分析する枠組みを提示したのだが、ガーフィンケル自身はその後性別に特化した研究を続けることはなかった。その後、スザンヌ・ケスラーとウェンディ・マッケンナが、ガーフィンケルの性別地位の研究を引き継いだ。ケスラーらは、人がどのように女／男だと判断されるのかを分析し、それを性別帰属（gender attribution）として描いた（Kessler and MacKenna 1978:2）。性別帰属は、声の高さや話し方、表情、あるいは服装や身体表現などを材料に、相手の性別が判断され、相手に性別が帰属される過程を指す（Kessler and MacKenna 1978:127–130：より詳細には鶴田（2009:29）を参照）。ケスラーらのこの分析は、性別の「手がかり」を「解釈する」という点に特徴がある。ケスラーらの説明では、特定の社会的場面への参与者は、互いの性別を判断するために、相手の声や外観に手がかりを見出し、それを解釈し、相手の性別を判断する。しかし、この点が鶴田幸恵に批判されている。

鶴田によれば、私たちはこうした解釈を常に行っているわけではない。むしろ圧倒的に多くの場合、私たちは他者の性別を、一瞥のもとで、「端的に理解する」（鶴田 2009:34）。解釈は、その必要性が生じた場合に行われるものなのである。それゆえ、「性同一性障害」である人々にとっては、上記のように「手がかり」を解釈されること自体が「失敗」を意味する。というのも、解釈の必要性が生じることは、パッシングの失敗を意味するからだ。このことを、鶴田は調査によって経験的にも明らかにした（鶴田 2009:34）。鶴田は、手がかりを解釈される必要が生じないように、一瞥のもとで自身の性別を理解させるような実践を当事者たちが成し遂げていることを見出した。その実践は、ガーフィンケルがアグネスのパッシングに見出した実践でもある。

ガーフィンケルの発想を引き継ぎ、日常的実践の中で性別を探求する研究は、その後も続けられてきた。日本国内だけでも、本章で扱った鶴田をはじめ様々な実践が研究されている（江原 1992；鶴田 2009；上谷 2009；山崎 2010；小宮 2011）。

5　フェミニズムとエスノメソドロジー

本章前半では、ジェンダー概念がどのように各学問分野で組織化されてきたのかを描いた。この作業は、セックス／ジェンダー区別が多義的な概念対として使用され、様々な領域での説明を可能にしてきたことをまずは確認しておきたかったというのが趣旨であり、それぞれのジェンダー概念の適切さを診断することを目的としたわけではない。その趣旨に照らせば、ミレットやオークリーらに代表されるフェミニズムは、とりわけ自分たちの問題関心にジェンダー概念を位置付け、新たな知の体系や主張を生み出し、今も生み出し続けているという点が目覚ましいといえるだろう。

オークリー以降、〈セックス／ジェンダー区別〉について再考する研究が積み重ねられてきた。代表的にはジュディス・バトラーなどによって、この区別そのものを問題にするような社会構築主義的なジェンダー概念が提示された。あるいはジョーン・スコットによって、身体的差異も含めた性差についての知としてのジェンダー概念、という考え方が成立した。同時に、ジェンダー研究における主題も変化した。ジェンダー研究は、公的領域だけでなく、私的領域においておこる不平等をも論じる必要性が生じた。それだけでなく、そもそも性別に関する論題において、女性／男性であることを自明の前提とする説明ではなく、その自明の前提の実践の中での達成を記述することで、私たち自身がどのような社会を営んでいるかを明らかにする方向性が示された。バトラーやスコットは、この方向性に関して、ポスト構造主義的な歴史学的研究を足がかりに研究を展開してきたが、シルトによれば、その関心はガーフィンケルとも方向を一にしていたのだ（Schilt 2022:215）。本章後半で行ってきた作業が示す通り、社会学において実践における達成の記述を試みるエスノメソドロジーは、ジェンダー研究にとっても意義のある方針といえるだろう。

オークリーに話を戻せば、私たちの日常でなされているケア実践は、コンネルが「社会的身体化」というように、個々人のふるまいの積み重ねがジェンダー化された社会構造を形成し、また今度はそのような社会構造が個々人のジェンダー化されたふるまいを形成するという再帰性がある。それは、気遣いや気配りを伴う具体的かつ様々な実践を伴う活動であり、身体的な相互行為によって達成されるものである。

このことを本章後半の言葉で言い換えれば、ケアを行うことは女性という性別地位の達成となる、ということだ。「あたりまえの」日常を営むために、ジェンダー化された実践としてのケアを通じて、性別地位は達成されなければならない。ケアされる者との関係性のもと相互行為の中で、それは不断に実践されなければならないのだ。ケア実践の担い手もまた、ガーフィンケルがいうように、「判断力喪失者／文化中毒者」ではない。むしろ、相互行為的交渉能力を持った人々であり、「女性という属性に基づくセックス・ロール」としてのケア実践を相互行為の中でうまく達成し続けるのである。

しかしそれは、ジレンマになりうる。ジェンダー論が批判しつつも変えがたかった歴史から明らかなように、すでにジェンダー化された文化の中で、ケアを行うことで、批判すべき文化は累積していくことになるのである。つまり、ケア実践による性別地位の達成が、「女性がケアを担うこと」の自然化を引き起こしてしまうということだ。私たちはガーフィンケルに基づき、次のようにいえるのではないか。女性たちは、ケアを求める者との相互行為の緊急性の中で、疑問を持ちつつも、一時退出できずに実践し続けるしかなかったのである、と。それゆえ、今後の課題として、具体的なケア実践そのものに目を向け、どのようにそれが成し遂げられているのかを観察する方向性が必要だろう。それによって同時に、理論化によって分析射程から排除されてしまった側面に目を向けられるかもしれない。「ジェンダー・ロール」は、オークリーによって概念化され、関心を引きつけることになった。今後はその概念の内実を、人々の実践の中でさらに解明する作業が求められているのではないだろうか。

【付記】本研究はＪＳＰＳ科研費 JP20K13681の助成を受けたものです。本論文は諸般の事情により非常に短期間で完成させる必要があり、既発表原稿（須永 2019）に大幅に加筆したものです。本論文執筆にあたり、樋熊亜衣氏（首都大学東京）、居關友里子氏（国立国語研究所）、石田仁氏（淑徳大学）、小宮友根氏（東北学院大学）から、大変有益なコメントを賜りました。また、ウィトゲンシュタイン派ＥＭＣＡ研究会、社会言語研究会、都立大学社会調査研究会、横浜フェミニズム研究会のみなさまには大変お世話になりました。記して感謝を述べたいと思います（五〇音順）。特に本論文後半については、黒嶋智美氏（玉川大学）、小室允人氏（千葉大学）と長らく続けているガーフィンケル読書会でなされた議論に多くを負っています。ありがとうございました。

注

（1）以下本文中では、gender をジェンダー、sex をセックス、role をロールと記載する。「性別」のような訳語をあてずに片仮名で記載するのにはつぎのような理由がある。つまり、(1)外来語であることを明示するため、(2)その外来語が既存の日本語と一対一対応するわけではないことをふまえた上で、語の用法を検討の対象にするためである。特に gender は、その多義性に注目されることが多い。加えて、翻訳文献を引用する際、引用先に日本語の訳語があてられている場合には、その訳語ごと引用し、「性別（gender）」のように原語を明記する。

（2）本章であつかうジェンダー概念の歴史的用法は、現在の用法では「セクシュアリティ」や「ケア」が担う意味内容と重複する場合もある。あくまでも論者ごとにとっての用法に則って記述している。

（3）これに対し高橋は、テクノサイエンスなどの、身体に関する様々な分野の知見を相互検討することによる共同作業を提案している。

（4）二元論の「わかりやすさ」がもたらしてきた概念的区別はセックス／ジェンダーだけではない。アンヌ・ウィッツ（Anne Witz）は、そもそも社会学において身体が論じられる場合、その身体とはつねに女性身体が対象だったと問題提起する（Witz 2000）。ウィッツによれば、社会学では、男性の脱身体化（disembodiment）と女性の身体化（embodiment）が行われてきたという。言い換えれば、これまでの社会学の枠組みの中では女性／男性の対は身体／社会という対にうまく当てはまるように語られているというのである。さらに重要なことにウィッツは、ブライアン・ターナーが試みたように身体を社会学的にとらえようとしても、その議論内では男性身体が性的な身体として論じられることはなく性的な身体の言説は常に女性の身体に対して形成されてきたとも指摘する。女性身体と男性身体という身体のジェンダー化がなされてきたというわけである。

（5）分析概念として用いる場合は、加藤が提案しているように、議論に応じて「その都度ごとに意味内容を明らかにしさえすればよい」だろう（加藤 2009：270-271）。

（6）ハリエット・ホルターやナンシー・チョドロウもジェンダー概念に重要なかかわりのある論者として数えるべきかもしれないが、とりわけ「セックス／ジェンダー」の区別に依拠したのはミレットおよびオークリーである。

（7）近年では hermaphroditism およびその訳語である「半陰陽」や「両性具有」などの語は、使用されていない。ジャーモンは、異性愛主義的なものの見方・考え方によって、当事者たちが二元的な性別の間に位置されてしまう考えこそ取り組むべき課題だと考えている。その政治的な意図からジャーモンは、インターセックスを受動態にした「インターセックスド（intersexed）」を使用している。本章では、ジャーモンの意図は共有しつつ、歴史的な検討という目的から、当時の訳語を使用している。

（8）そして、この(1)と(7)が、現在広く理解されているところの「ジェンダー」を意味するのである（Germon 2009：33）。

（9）少なくとも、四本の論文の中に gender identity という語が一切用いられていないということは確かなようである。

（10）事実、マネーは著作の冒頭において、パーソンズの指導を受けたと述べている（Money 1986：5）。

（11）別の場所では、セックスは「男女の性（sex）つまり男性（male）か女性（female）かを決定する場合の生物学的な構成部分のこと」、ジェンダーは「第一義的には生物学的な含みを持たない行動・感情・思考や空想の途方もなく幅広い領域」端的には「心理学的諸現象」と定義されている（Stoller 1968=1973：9）。

（12）現在では patriarchy は家父長制と訳すのが一般的である。

（13）もちろんパーソンズと無関係の概念ではない。後述するが、ジェンダー・ロールもまた、役割という説明概念の用語体系内において現実の説明を試みた概念であることには違いないのである。

文献

Butler, Judith, 1990, *Gender Trouble: Feminism and the Subversion of Identity*, New York and London: Routledge.（＝一九九九、竹村和子訳『ジェンダー・トラブル――フェミニズムとアイデンティティの攪乱』青土社。）

Connell, R. W., 1987, *Gender and Power: Society, the Person, and Sexual Politics*, UK: Polity Press.（＝一九九三、森重雄・菊地栄治・加藤隆雄・越智康詞訳『ジェンダーと権力――セクシュアリティの社会学』三交社。）

Connell, R. W., 2002, *Gender*, Cambridge: Polity Press.（＝二〇〇八、多賀太訳『ジェンダー学の最前線』世界思想社。）

DeVault, Marjorie L., 1991, *Feeding the Family The Social Organization of Caring as Gendered Work*, Chicago: University of Chicago Press.

江原由美子、一九九二、「セクシュアル・ハラスメントのエスノメソドロジー」好井裕明編『エスノメソドロジーの現実』世界思想社、一一一-一三三。

江原由美子、二〇〇〇、『フェミニズムのパラドックス――定着による拡散』勁草書房。

Faludi, Susan, 1991, *Backlash: The Undeclared War Against American Women*, New York: Crown.（＝一九九四、伊藤由紀子・加藤真樹子訳『バックラッシュ――逆襲される女たち』新潮社。）

Garfinkel, H., 1967a, "Studies of the Routine Grounds of Everyday Activities," *Studies in Ethnomethodology*, Englewood Cliffs, N.J.: Prentice-Hall, 35-75.（＝一九八七、西阪仰訳「日常活動の基盤」北澤裕・西阪仰訳『日常生の解剖学』マルジュ社、三一-九二。）

Garfinkel, H., 1967b, "Passing and the Managed Achievement of Sex Status in an 'Intersexed Person' Part1 an Abridge Version," *Studies in Ethnomethodology*, Englewood Cliffs, N.J.: Prentice-Hall, 116-185.（＝一九八七、山崎敬一訳「アグネス、彼女はいかにして女になり続けたか――ある両性的人間の女性としての通過作業とその社会的地位の操作的達成」（抄訳）

二一七-二九五。）

Garfinkel, H., 1967c, "Appendix to chapter five," *Studies in Ethnomethodology*, Englewood Cliffs, N.J.: Prentice-Hall, 285-288.

Germon, Jennifer, 2009, *Gender: A Genealogy of an Idea*, New York: Palgrave Macmillan.（＝二〇一二、左古輝人訳『ジェンダーの系譜学』法政大学出版局。）

Giddens, Anthony, 1987, *Social Theory and Modern Sociology*, Cambridge: Polity（＝一九九八、藤田弘夫監訳『社会理論と現代社会学』青木書店。）

Goffman, E., 1963, *Stigma: Notes on the Management of Spoiled Identity*, Prentice-Hall Inc.（＝二〇〇三、石黒毅訳『スティグマの社会学――烙印を押されたアイデンティティ（改訂版）』せりか書房。）

Goffman, E., 1983, "The Interaction Order (American Sociological Association, 1982, Presidential Address)," *American Sociological Review*, 48 (1): 1-17.

Haig, D., 2004, "The Inexorable Rise of Gender and the Decline of Sex: Social Change in Academic Titles, 1945-2001," *Archives of Sexual Behavior*, 33(2): 87-96.

浜日出夫、一九九二、「現象学的社会学からエスノメソドロジーへ」好井裕明編『エスノメソドロジーの現実――せめぎあう〈生〉と〈常〉』世界思想社、二-二一。

Haraway, Danna Jeanne, 1991, *Simians, Cyborgs, and Women: The Reinvention of Nature*, New York: Routledge.（＝二〇〇〇、高橋さきの訳『猿と女とサイボーグ――自然の再発明』青土社。）

Hochschild, Arlie, and Machung, Anne, 1989, *The Second Shift: Working Families and the Revolution at Home*, New York: Penguin.

稲葉振一郎、二〇〇九、『社会学入門――〈多元化する時代〉をどう捉えるか』ＮＨＫ出版。

伊東秀章、一九九五、「セックスかジェンダーか？」『心理学評論』三八：四四一-四六一。

加藤秀一、二〇〇九、「概念と方法　性／愛、セックス／ジェンダー」飯田隆・伊藤邦武・井上達夫編『岩波講座哲学12　性

／愛の哲学』岩波書店。
樫田美雄、一九九一、「アグネス論文における〈非ゲーム的パッシング〉の意味――エスノメソドロジーの現象理解についての若干の考察」『年報筑波社会学』三：七四-九八。
小宮友根、二〇一一、『実践の中のジェンダー――法システムの社会学的記述』新曜社。
Mason, Jennifer, 1996, "Gender, Care and Sensibility and Kin Relationships," Janet Holland, Lisa Adkins eds., *Sex, Sensibility and the Gendered Body*, London: Macmillan, 15-36.
Millet, Kate, *Sexual Politics* (New York: Doubleday, 1969, 1970, 1990, 2000).（＝一九七三、藤枝澪子訳『性の政治学』自由国民社。）
見田宗介・大澤真幸・吉見俊哉編、二〇一二、『現代社会学事典』弘文堂。
Maynard, Douglas W, 1991, "Goffman, Garfinkel, and Games," *Sociological Theory*, 9(2): 277-279.
水川喜文、一九九二、「エスノメソドロジーの歴史的展開」好井裕明編『エスノメソドロジーの現実――せめぎあう〈生〉と〈常〉』世界思想社、二〇三-二二五。
Money, John, 1955, "Hermaphroditism, Gender, and Precocity in hyper-Adrenocorticism: Psychologic Findings," *Bulletin of the Johns Hopkins Hospital*, 96(3): 253-263.
Money, John, 1980, *Love and Love Sickness: The Science of Sex, Gender Difference, and Pair-Bonding*, Bartimore: John Hopkins University Press.（＝一九八七、朝山春江・朝山耿吉訳『ラブ・アンド・ラブシックネス――愛と性の病理学』人文書院。）
Money, John, 1985a, "The Conceptual Neutering of Gender and the. Criminalisation of Sex," *Archives of Sexual Behaviour*, 14: 279-291.
Money, John, 1985b "Gender: History, Theory and Usage of the Term in Sexology and Its Relationship to Nature/Nurture," *Journal of Sex & Marital Therapy*, 11(2): 71-79.

Money, John, 1986, *Venuses Penuses: Sexology Sexosophy Exigency Theory,* Buffalo, NY: Prometheus Books.

Money, John, 1987, *Gay Straight and In-Between: The Sexology of Erotic Orientation,* New York: Oxford University Press.

Money, John, 1995, *Gendermaps: Social Constructionism, Feminism and Sexosophical History,* New York: Continuum.

Money, John and Anke Ehrhardt, 1972, *Man and Woman Boy and Girl: The Differentiation and Dimorphism of Gender Identity from Conception to Maturity,* Baltimore: Johns Hopkins University Press.

Money, John, Joan Hampson, and John Hampson, 1955a, "Hermaphroditism: Recommendations Concerning Assignment of Sex, Change of Sex, and Psychologic Management," *Bulletin of the Johns Hopkins Hospital,* 97(4): 284-300.

Money, John, Joan Hampson, and John Hampson, 1955b, "An Examination of Some Basic Sexual Concepts: The Evidence of Human Hermaphroditism." *Bulletin of the Johns Hopkins Hospital,* 97(4): 301-319.

Money, John, and Patricia Tucker, 1977, *Sexual Signatures: On Being a Man or a Women,* London: Sphere Books.（＝一九七九、朝山信一ほか訳『性の署名』人文書院。）

信田さよ子、二〇〇九、『苦しいけれど、離れられない――共依存・からめとる愛』朝日新聞出版。

Oakley, Ann, 1972, *Sex, Gender and Society,* N. Y. : Harper Colophon Books.

Oakley, Ann, 1974a, *Housewife,* Allen Lane.（＝一九八六、岡島芽花訳『主婦の誕生』三省堂。）

Oakley, Ann, 1974b, *The Sociology of Housework,* Allen Lane.（＝一九八〇、佐藤和枝・渡辺潤訳『家事の社会学』松籟社。）

岡野八代、二〇二四、『ケアの倫理――フェミニズムの政治思想』岩波新書。

Parsons, Talcott, 1955, in Parsons, Talcott and Bales, Robert Freed, *Family, Socialization and Interaction,* London: Routledge and Kegan Paul.（＝一九八一、橋爪貞雄訳『家族』黎明書房。）

Scott, John, Wallach, 1999, *Gender and the Politics of History, Revised Edition,* New York: Columbia University Press.（＝二〇〇四、荻野美穂訳『ジェンダーと歴史学』平凡社。）

Schilt, Kristen, 2022, "Sex and the Sociological Dope: Garfinkel's Intervention into the Emerging Disciplines of Sex/Gender,"

Douglas W. Maynard, John Heritage, eds., *The Ethnomethodology Program: Legacies and Prospects*, New York, NY, Oxford University Press, 214-226.
Schutz, Alfred, [1945]1962, "On Multiple Realities," Maurice Natanson eds., *Collected papers, Vol. I: The Problem of Social Reality*, The Hague: Martinus Nijhoff.（＝一九八五、渡部光・那須壽・西原和久訳「多元的現実について」『アルフレッド・シュッツ著作集　第2巻　社会的現実の問題〔Ⅱ〕』マルジュ社、九-八〇。）
進藤雄三、二〇〇六、『近代性論再考――パーソンズ理論の射程』世界思想社。
Stoller, Robert J., 1964a, "A Contribution to the study of Gender Identity," *International Journal of Psychoanalysis*, 45: 220-226.
Stoller, Robert J., 1964b, "Gender-Role Change in Intersexed Patients," *The Jounal of the American Medical Association*, 188(7): 684-685.
Stoller, Robert J., 1968, *Sex and Gender*, Vol. 1, N. Y. : Science House.（＝一九七三、桑原勇吉訳『性と性別』岩崎学術出版社。）
須永将史、二〇一九、「学的概念としてのジェンダーはどのように組織化されたか」江原由美子・加藤秀一・左古輝人・三部倫子・須永将史・林原玲洋『争点としてのジェンダー――交錯する科学・社会・政治』ハーベスト社、九九-一二七。
館かおる、一九九八、「ジェンダー概念の検討」『ジェンダー研究』一：八一-九五。
高橋さきの、二〇〇六、「身体性とフェミニズム」江原由美子・山崎敬一編『ジェンダーと社会理論』有斐閣、一三八-一五二。
Tronto, Joan C., 2015, *Who Cares? How to Reshape a Democratic Politics*, Ithaca and London: Cornell University Press.（＝二〇二〇、岡野八代訳『ケアするのは誰か？――新しい民主主義のかたちへ』白澤社。）
鶴田幸恵、二〇〇九、『性同一性障害のエスノグラフィ』ハーベスト社。
鶴田幸恵、二〇一五、「『他者の性別がわかる』という、もうひとつの相互行為秩序――FtXの生きづらさに焦点を当てて」中河伸俊・渡辺克典編『触発するゴフマン――やりとりの秩序の社会学』新曜社、七二-一〇三。

上谷香陽、二〇〇八、「性別のエスノメソドロジー研究――ガーフィンケルの記述を再考する」『ソシオロジスト』武蔵社会学会一〇：一―一八。

Valentine, D., 2007, *Imagining Transgender: An Ethnography of a Category*, Durham and London: Duke university Press.

West, C. and Zimmerman, D. H., 1987, "Doing Gender," *Gender & Society*, 1: 125-151.

Witz, Anne, 2000, "Whose Body Matters? Feminist Sociology and the Corporeal Turn in Sociology and Feminism," *Body & Society*, 6(2): 1-24.

山崎敬一、二〇一〇、『美貌の陥穽　第2版』ハーベスト社。

Zelditch, Morris, 1955, "Role Differentiation in the Nuclear Family," Parsons, Talcott and Bales, Robert Freed, *Family, Socialization and Interaction*, London: Routledge and Kegan Paul.（＝一九八一、橋爪貞雄訳『家族』黎明書房。）

第5章　セクシュアリティ研究のゆくえ

——差異と平等のはざまで——

河口和也

1　輻奏するセクシュアリティ

本章は、本来社会学における「セクシュアリティ研究のゆくえ」に焦点を当てるべきものである。そして、セクシュアリティは、社会的事実の一つと仮定すれば、社会学の対象であるのも当然である。しかしながら、フーコーを持ち出すまでもなく、セクシュアリティという現象が、歴史において社会集団のなかで様々な社会的意味や形態を持つようになってきたこと、また個別的な欲望、快楽、行為、心理などから成立する統一体であると考えるならば、社会学という領域のみの対象ではないし、むしろそのように考えることのほうがより生産的な思考や考察をもたらすのではないか。また、セクシュアリティは、社会的な事実であり、社会的な現象であるゆえに、身体、感覚、相互作用、言説、制度的実践により、性的な領域とされたり、また逆に性的な領域から除外されたりする。そうしたことには、社会における道徳・倫理などの規範が介在し、性と性でないものの領域の境界を決定していく。その意味で、セクシュアリティはきわめてポリティカルな領域でもあるのだ。

セクシュアリティという領域が有するこうした特徴により、この領域を社会学という限定された分野のみの研究領域や対象とすることは不可能であるし、そのセクシュアリティの分野が歩んできたこれまでの経緯を考えれば、それが社会運動やアクティヴィズムと緊密に関連してきたことはたしかである。

従って、以下では、社会学という領域に限定せずに、セクシュアリティ研究を幅広く概観することを目的とする。そのため、ここでは、①セクシュアリティという固有の領域、②セクシュアル・マイノリティによる運動の展開、③カミングアウト、④ＨＩＶ／エイズ、⑤クィア研究に焦点を当てることとしたい。

また、それぞれの項目においては、つねにそれぞれの歴史的時点における運動との関連性をみることができるので、そうしたことにも言及し、把握していく。

このように、運動と学問研究分野との交差について触れるために、同じ理論家が複数の箇所に登場することもあることをお断りしておきたい。

この上で、最終的には、社会学分野におけるセクシュアリティ研究の意義についてまとめることにしたい。

2　セクシュアリティという固有の領域

(1) セクシュアリティの定義

レイモンド・ウィリアムズは『キイワード辞典』の中で、「Sex」というワードを取り上げ、この言葉が両性間の身体的な「関係」を指しているのに対して、古い用法では両性間の分離を指示していると述べる（Williams 1976=2002:286)。つまり、この言葉は、現在の意味での「性別」と、二つの性別のあいだで形成される性関係や、実践される性行為を含んだものでもあるということだ。一七世紀半ばからこの言葉の形容詞として身体を表す「sexual」が記録に残されており、その後一八世紀末以降の医学的な著作の中では、sexual intercourse（性行為）やsexual passion（性的熱情）、sexual purpose（性的な目的）、sexual instinct（性本能）、sexual impulse（性衝動）などが使われるようになったという（Williams, 1976=2002:287）。このような流れの中、一八世紀末にはsexualityという言葉も科学的な説明に用いられるようになり、一八八八年の『医学の手引』には「人間には性別（sex）があり、精子には性的能力（sexuality）がある」という記述がみられている（Williams 1976=2002:288）。いずれにせよ、sexという言葉にせよ、sexualityという言葉にせよ、一般的な用法というよりはむしろ科学的な説明の中で発展してきたといってもよいだろう。とはいえ、その意味は、それほど確定的でもなく、一貫した定義がなされているわけでもない。

日本では、一九九四年から九五年にかけて、シリーズ「日本のフェミニズム」が刊行され、それは第一巻の『リブとフェミニズム』から第七巻『表現とメディア』まで、そして別冊として『男性学』に至る八巻で構成された。このシリーズは、一九七〇年代初頭に始まる第二波フェミニズムの展開から四半世紀を経て、その歴史的展開を回顧するとともに、それまでに刊行されたフェミニズムにおける様々な領域の論考を集大成したものであった。このシリーズの中で第六巻『セクシュアリティ』が個別の領域として組まれたことは当時のフェミニズムの流れの中でも画期的であったと考えられる。

この第六巻『セクシュアリティ』の巻頭論文である「『セクシュアリティの近代』を超えて」で上野千鶴子は、全米性教育協会（SIECUS）によるセクシュアリティの定義を紹介している。「セックスは両脚のあいだ（つまり性器）、セクシュアリティは両耳のあいだ（つまり大脳）にある」と。しかし、この定義に関して、上野は十分でないといい、セクシュアリティという言葉は日本語では「性現象」もしくは「性的欲望」とも訳されてきたことから、「性をめぐる観念と欲望の集合」と定義付けた。こうした定義付けがなされたのは、「性的欲望」と訳されたときの「欲望」もまた社会的に構築されるとすれば、セクシュアリティが指し示すものも文化的な領域に属するものであるととらえることができるからだ（上野 1995:2）。また上野が「近代のセクシュアリティ」ではなく、「セクシュアリティの近代」としているのは、ミシェル・フーコーが『性の歴史 第1巻 知への意志』により、「性の抑圧」仮説を批判的にとらえ、むしろ「性の生産」仮説へとパラダイム転換したことと関連している。性はタブー視されてきたのだが、しかし、それでも、あるいはそれにより逆説的に性に関する言説が特権化されることになった。従って、そうした言説の特権化が告白により内面を作り上げ、それが人格へとつながり、その人格は「性」と深く結びつくようになったのである。いわゆる「性」の領域が編成されたといってもよく、それは近代の歴史的な事業でもあったのかもしれない。その意味でセクシュアリティは近代という時代の特異な所産である。こうして、「近代のセクシュアリティ」ではなく、「セクシュアリティの近代」となったのだ（上野 1996:2）。

ここでは、セクシュアリティの概念それ自体が、すぐれて近代的なものであり、従ってそれを研究するセクシュアリティ研究は、その概念そのものへの問いも含みこんだ研究である。しかし、そのセクシュアリティの内実や意味するものが確定的であるかと問われると、答えは否なのである。上野は、「セクシュアリティ研究とは、人々が『セクシュアリティ』と呼び、表象するもの、そしてその名のもとで行為するしかたについて研究する領域である」と述べている。すなわち、セクシュアリティとは「無定義概念」であるというのだ（上野 1996:6）。赤川学も、その著書『セクシュアリティの歴史社会学』の中で、セクシュアリティ概念について、様々に渉猟し、その定義を模索した結果、上野と同様の結論に至る。赤川によれば、「むしろ『セクシュアリティ（性）』というキー概念については、『人々がセクシュアリティ（性）と想定するもの』という位の構築主義的な同語反復定義を採用した上で、歴史的・社会的に『セクシュアリティ』という観念がどのような意味付与を受け、人々の言説実践としてどのように使用されていたのかを問うていくほうが、社会学として有益な仕事になると私は考えている」という過去の自分の考えについて、「今でも変わりはない」と語る。その理由は、歴史社会学としての研究上の有用性からであり、最初からその意味の外延を確定してしまうよりはむしろ人々が、この概念により切り取ってきた意味の領域、生きられる現実が歴史的にどのように変化するのか、またその変化にはどのような背景や要因、そして効果があったのかを測定することに意義があると考えているからである（赤川 1999:14）。

フロイトは性本能（sexual instinct）と性欲動（sexual drive）を区別しようとし、それらをそれぞれ生物学的領域と心理学および文化的な領域に位置付けた。こうしたことで、性科学の生物学寄りの傾向を克服しようとしたのである。こうしたフロイトのとらえ方は、性行動や性的アイデンティティといったものをより社会学的に分析するための基盤を準備したともいえる。しかしながら、最終的にはフロイトの欲動理論は、社会構造からは独立して存在するものとみなすことになってしまったのであるが。

とはいえ、欲動理論によるモデルは社会学に重要な問題をもたらした。つまり、セクシュアリティは、生物学的な欲動に根差しているものの、他方で欲動は流動的あるいは可塑的であるという想定を含んでいると考えられていたからである。「社会は身体のはたらきのなかにも直接浸透する。そのなかでも最も重要なのは性行動と食行動に関するものである。性行動も食行動もともに生物学的衝動にその基礎をもってはいるが、人間という動物の場合、これらの衝動は極めて可塑性に富んでいる。人間はその生物学的構成によって、性の充足と食物を求めるべく衝動づけられている。しかしながら、人間の生物学的構成はどこに性の充足を求めるべきであり、何を食べるべきか、については何も語ってくれない」(Berger and Luckmann 1966=1977:308)。そして、性行動というものをみたときに、欲動理論では説明できない多様性が存在するのである。このように性行動における多様性が想定されることになったのだが、機能主義者たちは多様性ではなく画一性を、また変化ではなく一貫性を見出そうとする傾向にあった。

このような中、フロイトから始まる欲動理論を見直そうという社会学的研究が、象徴的相互作用論であった。象徴的相互作用論の領域で研究した研究者は、性は社会的に構築されているという考え方を前提とした。こうした視点から、セクシュアリティの社会構築性が社会学における問題となり、その考え方は社会構築主義と呼ばれるようになった。他方、セクシュアリティの基盤を身体内あるいは性染色体に位置付けるような見方は、セクシュアリティの本質を想定するような考え方が取られるようになり、それは本質主義と呼びならわされるようになった。いわゆる、社会構築主義と本質主義という対立構図が作り上げられることになった。しかし、実際に社会構築主義と本質主義は、二項対立的なとらえ方で考えられるようなものではなく、それぞれ異なった研究の視角と呼んだ方がよいような類のものである。

この視点を持つようになった社会学的研究は、欲望のあり方が、性的、非性的にかかわらず、どのように表出されるかを分析するようになり、そうしたなかで「本質 (nature)」から「育ち (nurture)」へ方向性を移行していった。つまり、これは、欲動モデルからアイデンティティ・モデルへの変化を意味していたのだ。

(2) ゲイル・ルービン「女性における交易」と「性を考える」

ゲイル・ルービンは、一九六〇年代から活躍するアメリカのフェミニズムの人類学者であり、またレズビアンの活動家でもある。フェミニズムやセクシュアリティ研究、さらにクィア研究の領域では、引用される機会も多く、世界的にも著名な研究者である。しかし、ルービンがこれまでに刊行している著作数は意外に少なく、最重要著作であるサンフランシスコのレザー・コミュニティを研究対象とした博士論文もいまだ刊行されていない。彼女は「女性における交易」（一九七五年）という論文でフェミニストという自らの視点からジェンダー問題に焦点をあてて論じた。当時、アメリカ進歩的知識人のあいだで支配的パラダイムとなっていたのはマルクス主義であり、彼女もそこから多くの影響を受けていたひとりである。

とはいえ、ジェンダーの差異や女性に対する抑圧問題を考える際に、多くのフェミニストたちは、すでにマルクス主義における限界性も見据えていた。そして、人類学者マーシャル・サーリンズやレヴィ＝ストロースらの著作から影響を受け、「交易」という概念を使いジェンダー抑圧の分析を展開した。「女性における交易」論文はその成果であり、一九七五年『女性の人類学に向けて』という論集に収められたものだ（Rubin 1975）。

ルービンは「女性における交易」で「セックス／ジェンダー・システム（sex/gender system）」という概念を提唱した。彼女は、女のセクシュアリティの抑圧についての歴史的説明をレヴィ＝ストロースの文化人類学的研究に、精神的説明をフロイト／ラカンの精神分析に求めた（江澤 2003：189）。レヴィ＝ストロースは原始的親族システムでは「女の交換」により文化の再生産が行われ、ラカンはエディプス期の「ファルスの交換」によって親族関係の再生産が行われると述べており、これら二人は共通して「交換」を支えている精神規範が近親姦タブーであると解釈している。ルービンはこの近親姦タブーが同性愛タブーを前提とし、異性愛を強制していると主張した（江澤 2003：189）。強制的異性愛は、生物学的差異を広げ、性による役割の再分配を禁止し、女に対する「交換」の権利を男に与える。ルービンは生物学的な差異に基づき社会的な差異が決定される制度を、「セックス／ジェンダー・システム」と名づけた（江澤 2003：189）。セックス／ジェンダー・システムとは、「それによって社会が生物学的なセクシュアリティを人間的行為の産物へと変換する一対の配備であり、そうした配備においてこれらの変換された性的な必要性（欲求）が充足されるのである」と定義されている。さらに女の抑圧とゲイ・レズビアンの抑圧はこの「セックス／ジェンダー・システム」によるものであり、その抑圧は現在に至るまで解放されていないと訴える。

近親姦タブーは「男同士を結束させる手段」として、族外婚の異性愛を生産する。従って、族外婚の異性愛とは「レヴィ＝ストロースが理解しているように、規制を受けていない自然なセクシュアリティを禁止することによってのみ得られる非近親姦的な異性愛という、人工物である」と、ジュディス・バトラーはいう（Butler 1990=1999:87)。

さらに、レヴィ＝ストロースを「異性愛主義の生産」という視点から読み解くゲイル・ルービンは次のように語る。「近親姦タブーは族外婚と同盟という社会目的を、セックスと出産という生物学的事象に押しつけるものである」と（Rubin 1975:173)。あらゆる文化はそれ自身を再生産しようとする。そしてそのためには個々の親族集団の社会的アイデンティティは保持されなければならないので、族外婚が制定され、また「その前提として族外婚の異性愛が制定される」のである（Butler 1990=1999:139)。従って近親姦タブーは、字義どおりに同族の成員のあいだの性的結合を禁じるだけでなく、同性愛タブーを包摂するものでもある、とルービンはいう。

「女性における交易」がとりわけジェンダーに目を向けた著作であるなら、「性を考える」はセクシュアリティをジェンダーからいったん切り離して考えることを提示した論文であるといえよう。これは、キャロル・S・ヴァンスの編集による一九八四年の論集『快楽と危険――女性のセクシュアリティを模索して』に収められた論文である。無論、ジェンダー問題とセクシュアリティの問題とを切り離すことは到底できない。では、なぜルービンはセクシュアリティにこれほどの関心を向けたのだろうか。「性を考える」が執筆された七〇年代後半は、新右翼がアメリカの国内政治に台頭し、スティグマを負わされた性的実践が抑圧的なまなざしを向けられた時期であった。一九七七年、キリスト教原理主義者の女性歌手アニタ・ブライアントが反ゲイ組織である「セイヴ・アワ・チルドレン（私たちの子どもを救え）」を設立し、フロリダ州デイド郡のゲイ団体を攻撃したという出来事は象徴的である。その後、アメリカは保守的なレーガン政権の時代を迎えることになる。

さらにこうした国内政治における保守化の傾向に加えて、自らの周辺でもゲイであることによって逮捕されたり、あるいはセックスワーカーであることにより悲惨な労働条件に耐えねばならなかったりする現実をルービンは目にしていたのである。身近に起きる具体的かつ現実的な問題への注目は、人類学の研鑽を積んでき彼女の学問的陶冶によるものかもしれない。広範な政治的雰囲気と地域的な政治的・社会的現実に対する問題関心の中で、ルービンは、ジェンダーではなくむしろセクシュアリティによる／対する抑圧の構造がいかに構築されているかに目を向けることになったのだ。

さらに、同時期には北米フェミニズム界において反ポルノ運動が展開され、キャサリン・マッキノンら中心的な論客が登場していた。反ポルノ運動としては、一九七九年に「ポルノに反対する女たちの会」が設立されていた。しかし、ルービンはこうしたフェミニストの動きとは異なる立場、あるいは、ある意味ではそれに真っ向から反対する立場を取ったのだ。というのも、反ポルノ言説は、いともたやすく保守派の言説と軌を一にする可能性をはらんでいたからだ。

一九七〇年代アメリカでは、このような形で、性に対する社会的・政治的変化が様々な領域で生じており、その変化への一つの答えとして書かれたのが「性を考える」であった。

ルービンは性に対する抑圧の「現実」を示す多様な資料——新聞、エッセイ、法律、レズビアン／ゲイ・コミュニティで流通している雑誌記事など——を詳細に分析することにより、セクシュアリティに関する理論的構築を行う。それは、当時のフェミニズムによるジェンダー概念における二元論に対して懐疑のまなざしを向けつつ、セクシュアリティの複雑さや多様性の説明論理を探究する仕事でもあった。こうした意味で、ルービンは「ジェンダー」から「セクシュアリティ」をいったん分離したといってもよいだろう。とはいえ、ルービンがフェミニズムの中で培われてきたジェンダー概念を放棄しているということでは全くなく、フェミニズムが反セックスの立場を取りながらもセクシュアリティを特権化することに対して異議を唱えてもいるのだ。ルービン自身がフェミニストであり、レズビアンであるという立場、つまりフェミニズムの内部にいたレズビアンであったからこそ、このような発言が可能であったし、その批判の重みが伝わってくる。さらに学問的な貢献という意味では、当時まだ制度化の道のりが遠かったレズビアン／ゲイ・スタディーズの焦点として、セクシュアリティを浮かび上がらせようともしていたのである。ルービンは、すでにジェンダー研究の領域で「大スター」になっていたバトラーとの対談でそのことを述べている。

セクシュアリティの理論化で、私たちがすぐに思い浮かべるのはフーコーの存在だろう。フーコーの『性の歴史』第一巻が英語に翻訳されたのは一九七八年であり、大きな影響を受けた本だとルービン自身も語っている。フーコーは社会構築主義的な視点をセクシュアリティに与えた生みの親であるという位置付けがなされることがよくある。しかしこうした扱いの影に、フーコーと同時期に活躍していたレズビアン／ゲイ・スタディーズの研究者たち（メアリー・マッキントッシュ、ジェフリー・ウィークス、ケン・プラマーら、レズビアンやゲイの歴史学者、社会学者、人類学者）の存在が消し去られていることに対しても彼女は不満を隠さない。これは、クィア理論という、精神分析理論や文芸・批評理論を用いた学問的方法論に傾いているアメリカにおける当時のアカデミズムの風潮の中、レズビアン／ゲイ・スタディーズの領域で人類学や歴史学が冷遇されている状況に対する彼女の不満と重なってくる。

「性を考える」という論考は、アメリカのレズビアン／ゲイ・スタディーズでは初期のきわめてラディカルな主張に基づいたものとして位置付けられる。今の時点でみれば、こうしたラディカルさはその直接的な物言いのために、さらにあまりにも明快な形で主張を展開するためにかえってナイーブであるともとらえられるのかもしれないが、性的少数者が経験した歴史的事実や差別的体験に基づく理論的構築と多様性に対する視点はいまも決して色褪せてはいない。そして、彼女の主張は古くなるというよりはむしろ、九〇年代に入って出現する「クィア・アクティヴィズム」の先駆けとも呼べるものであり、法律をはじめとする現実的な抑圧の側面に光を当てることで政治的な取り組みの重要性とその抑圧の源泉としてのホモフォビアあるいはヘテロセクシズムを告発している点では有効性を失っていない。

「性の思考」という節では、性が思考の対象となるようになったことが、たとえばフーコーによる性の社会・歴史的研究などの事例を挙げながら述べられている。そこでの特徴としては、本質主義的な考え方に対して異議が唱えられ、社会構築主義的な考え方が人文・社会科学の中ではより明確に一つの地位を築くようになってきたことであろう。ルービンは、人種やジェンダーのポリティクスが、社会的構築物ではなく生物学的本質として考えられてしまうかぎりは、それ以上そのことについて考えることやさらなる分析をすることは不可能になると述べているが、セクシュアリティも同様であるということだ。そして、フーコーによる性の生産仮説、すなわちセクシュアリティは抑圧されるのではなく、(言説により) 生産されるのであるというテーゼが浸透しているために、一見すると「性の抑圧」を否定しているかのように受け止められている。しかし、ルービンによれば、フーコーは、性の抑圧を否定しているのではなく、大きな変動の中に性的抑圧を銘記している、という。セックスに対する否定、あるいは否定性の問題をとりわけ重要なものと考えているのだ。西洋社会／文化は、性を危険であり、破壊的かつ否定的な力としてみなしてきたとルービンは主張する。であるがゆえに、性における特権階級を設定し、それ以外のセクシュアリティを排除したり、下位の序列に位置付けたりするのである。そうした序列化をとおして、性的価値観のヒエラルキーが形成されるのだ。そうした弁別は、「善良」「正常」かつ「自然」なセクシュアリティと、「邪悪」「異常」「不自然」なセクシュアリティということになる。

ルービンによるこのような記述は、一九八〇年代初頭に行われたものである。そうしたコンテクストで語られる「多様性」は、現在の「ダイバーシティ&インクルージョン」として語られるような「多様性」とは異なっているのかもしれない。性に対して、「危険であり、破壊的なもの」というレッテルが貼られ、そう認識されていた時代と、現在のように、「多様性」がある意味でマネージメントでの活用や社会の価値を増大化するという目的を持っているような時代では、「多様性」という言葉が持つ意味合いが違ってくる。ルービンに従えば、多様なセクシュアリティが「出現」する中でも、つねに「規範性（normativity）」による周縁的なセクシュアリティが生み出される。もちろん、規範と周縁のあいだの線引きはつねにその社会の価値観や文化のあり方、社会構造によって変わりうるものだが。受容可能なセクシュアリティと受容できないセクシュアリティが存在し、後者は社会から排除されていく。アメリカのサンフランシスコという多様なセクシュアリティに対してきわめて受容的な都市の中でさえ、ゲイのレザー・コミュニティという、ゲイ・コミュニティの中でも非規範的なセクシュアリティやその文化は、より周縁化されていた。そうしたコミュニティや文化に目を向けて、多様なセクシュアリティをめぐってもこのような階層化が生じうることを主張している。「多様性」という概念はそれが普及すればするほどに、社会では目指すべき目標であるように語られる。しかし、多様なセクシュアリティは、つねにすでに存在しており、むしろ目標ではなく前提ではないだろうか。つねに多様な形で存在しているはずのセクシュアリティは、ルービンが提唱した円の

「内側」と「外側」のあいだ、あるいは境界によって、つねに線引きされ、包摂されるか排除されるかが決定される。この線引きこそがポリティクスであり、線を引くことが政治的なふるまいなのである（Rubin 1984=1997）。

（3）セクシュアリティからどこへ

セクシュアリティの領域は、近年、多様性言説のもとでかなりの進展を遂げており、それは現在も進行中である。今後も、セクシュアリティ領域はさらなる多様性を受け入れ、その理解も進んでいくと推測される。

性的指向や性自認として理解されているものは、ある種のスペクトラムとして認識され、それにより多様な形態で表現され、社会的に受け入れられていくことになるだろう。これまでフェミニズムやジェンダー論が展開され、多くの成果を達成してきたように、セクシュアリティ領域の研究についても、個々人が自由に自己を表現し、その理解が進んでいけば、より多様なカテゴリーが生み出されていくと予想され、偏見や差別に抵抗していくと予想される。

ここ数十年のあいだに、性的マイノリティのカテゴリーに関しても、たとえばアセクシュアルやアロマンティック、さらにポリアモリーなど、レズビアン、ゲイ、バイセクシュアルだけでなく、新しいカテゴリーの性のあり方が概念化され、社会に流通・浸透するようになってきた。この状況がもたらすものとして、たとえば「恋愛」「結婚」や「性実践」に対して新たな認識や関係性の理解が要請されるようになってきている。そして、それらは、従来の規範化された「恋愛─結婚─性愛」という三位一体のロマンティック・イデオロギーを変化させ、その体制そのものを解体に導くような効果を発揮するものとして作用する可能性を持つのだ。

近年、日本社会においても結婚の平等、言い換えれば同性婚の議論が始まり、性的マイノリティの中でも同性婚推進の運動も展開されるようになってきている。そうした動きが展開されていることも理解しつつ、他方で性的マイノリティは結婚からは疎外されてもいた。また、性的マイノリティの中には、結婚制度そのものに反対する人たちも存在している。

従って、結婚に関しては性的マイノリティの存在によりセクシュアリティの領域とは切り離して考えるような余白が生まれ、そこから従来の異性間の結婚についても相対的な視点が共有されるようになってきたことは確かである。

さらに、アセクシュアルやアロマンティックの存在により、恋愛／性愛とそれをめぐる欲望のあり方に関しては、それらを前提とする考え方が社会における恋愛至上主義的イデオロギーを明るみに出すことになった。社会においては誰しもが恋愛意識や恋愛感情を持つとは限らないということなのだ。そして、ポリアモリーの存在によって、モノガミーによる恋愛関係ではない関係性構築のオルタナティブが示されるようになった。

これまでの社会のあり方においては、性愛と恋愛は分かちがたく結びついており、がんじがらめになっていた。しかし、私たちは今やそうした親密な関係の中の恋愛と性愛、あるいは性そのものを切り離して考えることが可能になりつつあるのである。もちろん、恋愛と性愛を切り離すことは社会で受容されているわけではないが、それでもこうした考え方に関して言語化されるようになってきたのである。

近代社会は、セクシュアリティを私的領域に割り振り、社会性（社交性）の領域を公的領域に位置付けて進展してきた。そうした中、ラディカル・フェミニズムをはじめとするフェミニズム思想運動やセクシュアリティ研究、レズビアン／ゲイ・スタディーズの領域では、ルービンの考察にもみられるように、セクシュアリティを固有の領域として探究してきた一面があった。しかし、セクシュアリティとソーシャリティ（社会性・社交性）は切り分けられる別個のものではなく、どこかで接しているものなのだ。もしかしたら、その接触面には、欲望という厄介なものが潜んでいるのかもしれない。セクシュアリティのありかは、ソーシャリティの中にあり、またソーシャリティのありかはセクシュアリティの中にあるという入れ子構造になっているともいえなくもない。これからのセクシュアリティ研究は、おそらくつねにこの入れ子構造を前提にして進められる必要があるのではないだろうか。

次節では、北米におけるセクシュアリティ研究を中心として、社会と関連づけられて展開してきた多様な領域における変遷を見ていくことにする。そうした中で、アイデンティティやコミュニティ形成、政治的課題やそれに向けた取り組み、社会的課題への研究転回にする支援と批判的視点の醸成について考察する。

3　セクシュアル・マイノリティ――アイデンティティとコミュニティ

(1) ホモファイル運動――同化主義をとおした抵抗

アルフレッド・キンゼイは、本来は昆虫学者でありながら、人間の性行動に関する研究で知られるようになった。彼の興味は、学生からの質問をきっかけにして性行動に移り、その結果、人間の性に関する重要な洞察が得られたのである。彼は、昆虫研究で使われていた統計的手法を利用し、それを人間の性行動に応用した。その成果は、『男性の性行動（Sexual Behavior in the Human Male）』（一九四八年、邦題：『人間に於ける男性の性行為』）と『女性の性行動（Sexual Behavior in the Human Female）』（一九五三年、邦題：『人間に於ける女性の性行為』）という著書に集約され、人間の性の多様性を示した。キンゼイとその共同研究者らは、性的指向を単純な「異性愛」と「同性愛」の二分法ではなく、連続的なスケールでとらえることを提案した。彼らは、異性愛と同性愛の間にある様々な性的指向を理解するために、0から6までのスケールを設定したのだ。その調査では、男性の三七％、女性の一三％が成人してから同性との性的経験を持っていたことが明らかになった（Kinsey 1948=1950:313; Kinsey 1953=1955:26）。この研究から、異性愛と同性愛は明確に区別されるものではなく、両者の間には様々な性的指向が存在することが示されたのである。さらに、こうした性的多様性が社会全体にも浸透していることが明らかになった。

アメリカでは、一九五〇年代に入ると、「赤狩り」の風が吹き荒れた。上院議員ジョセフ・マッカーシー（Joseph McCarthy 1908-1957）が政府と娯楽産業における「共産党員」やその「同調者」と思われる人たちを攻撃的に告発非難し、排除しようとしたのだ。こうした共産党員排除以前に一九四〇年代からすでに、「ラヴェンダー狩り（ラヴェンダーという色は同性愛者を表す）」が行われていたのである。それは、連邦政府の職から同性愛者を追放しようと進められていた動きであり、五〇年代になるとこの動きは「赤狩り」の進展とともに加速した。「性倒錯者」としてレッテルを貼られた同性愛者は、共産主義者のスパイとして立ち働いているという噂が社会において浸透していった。けれども、結局そうした事例は見出されなかった。しかし、それでも「同性愛者やその他の性倒錯者」は政府職員として雇用されるには不適当であるとされた。理由としては、「一般的に政府には不向きであ」り、また「安全保障上のリスクになる」ことが挙げられた。こうした中、政府職員の中に隠れている同性愛者探しが始まる。結果として、五〇〇〇人もの同性愛者が政府職員の仕事から追放された。この数は、「赤狩り」により職を追放された人の二倍に上るともいわれている。

このようにアメリカ合衆国における同性愛者は、マッカーシズムや赤狩りの時代に迫害を受け、その権利は侵害された。そして、迫害の理由の一つは同性愛者の病理化にあった。というのも、アメリカでの同性愛研究は、精神病を患っている患者や囚人を対象として行われていたからだ。この時期には、同性愛を精神病の枠組みからはずそ

う と試みる研究も行われるようになった。一九五〇年代に、アメリカの臨床心理学者であるイヴリン・フッカー（Evelyn Hooker 1907–1996）が、精神病院の入院患者や刑務所の囚人ではない同性愛者の広範な研究をはじめて行っている。フッカーは、この研究をとおして、社会からの抑圧による負荷や、家族・友人・職場の同僚に自分のセクシュアリティを隠さなければならないという必要性によって悩まされるということ以外には、同性愛者は異性愛者となんら違いはないということを明らかにした。また、同性愛者の中の心理状態における多様性は、異性愛者のそれと同じであることも見出したのである（Hooker 1956）。

自らを同性愛者であるとする人たちには、自分たちを社会的に抑圧されたマイノリティであり、異性愛社会の偏見により不可視な存在とされていると考えている人もいた。そうした人たちは、自分のセクシュアリティを秘密にしつつ、小規模ながらも自助グループを組織するようになった。一九四五年から五〇年にかけてそうしたグループがいくつか誕生したが、いずれも短命に終わっていた。アメリカのロサンゼルスの自分のアパートで女性だけの「友情サークル」のグループを作り、数名のメンバーで「ヴァイス・ヴァーサ（Vice Versa：逆もまた真なりという意味）」という新聞の発行を始めたのは、レズビアンの編集者で作家兼音楽家のイーディス・イード（Edyth D. Eyde）であった。新聞の内容は、書評や映画評、ニュースや投稿、エッセイなどであった。彼女は、この新聞に、「リサ・ベン（Lisa Ben：lesbianという語のアナグラム）」という名で寄稿もしていた。

同じく、ロサンゼルスでハリー・ヘイ（Harry Hay）をはじめとするゲイ男性五人が「マタシン協会（Mattachine Society）」を設立した。一九五一年のことだった。当時、まだマッカーシズムによる迫害が厳しかったために、会の活動は公然とはできず、秘密厳守が重んじられていた。当初のミーティングでは、自助的な要素が強く、互いに話をしたりするだけだった。そして、一九五二年になるとメンバーのデイル・ジェニングズがロサンゼルス市警の風紀取締り班に逮捕されてしまう。マタシン協会はこのメンバーを裁判の中で支援し、それによりメディアの注目も浴びることとなった。そのことで、協会の会員数も増え、支部も各地の大都市にできていった。成功を収めたかに見えたマタシン協会であったが、裁判のような表立った活動のやり方に対して抵抗を示す者たちもいた。結局、マタシン協会は内部分裂により、活動方針も変更を迫られることになった。「われわれは他人と違わないことを知っている」というスローガンは、ある種の同化主義を示しており、ラディカルな戦闘性から離れようとすることを意味していた。メンバーたちは「社会一般に受け入れられ、家庭、教会、国という認められた制度と矛盾しない行動パターン」を取るように勧めるものでもあったのだ（Aldrich 2006=2009：209）。

一九五五年には、サンフランシスコの八人の女性たちにより「ビリティスの娘たち（Daughters of Bilitis）」という団体が設立された。レズビアンであるデル・マーティンとフィリス・ライアンもその団体の創設者であった。この組織はレズビアンの権利要求を目的としていた。『ザ・ラダー（The Ladder）』という機関誌を発行し、レズビアンによるレズビアンのための情報提供と援助の役割を担ったのだった。

「マタシン協会」や「ビリティスの娘たち」などに代表される活動は、全米に拡がった。この種の運動は、「ホモファイル（homophile）」運動として特徴付けられるようになった。「ホモファイル」という言葉は、性行動だけに基づいたアイデンティティからは距離を取り、かわりに他の同性とのあいだの魅力や友情関係を尊重すべきであるということに重きをおいたものだった。従って、ホモファイル運動では、同性愛と異性愛のあいだの差異を強調するのではなく、異性愛社会に同調しつつ、その中で自分たちの存在を受容してもらうことを目指した。つまり、ホモファイル（homophile）も社会の一員であり、他の人たち（異性愛者）となんらかわりのない忠実な市民であり、道徳的にも立派であることを認めさせることを第一の目的とした。このように、ホモファイル団体は、（異性愛の市民社会への）「同化主義的」な戦略を取ることで、セクシュアリティの差異を強調するのではなく、人間としての同質性を基盤にした宥和路線を選択したのであった。

（2）解放主義の運動——可視化をとおした抵抗

一九六九年六月二七日深夜から二八日にかけて、世界の性的マイノリティの運動にとって画期となり、象徴となる出来事が起きた。「ストーンウォール・インの暴動（Stonewall Inn Riot）」である。これは、アメリカ・ニューヨーク市にある「ストーンウォール・イン」という、性的マイノリティが集まるバーの客たちが、再三再四にわたり続けられてきた警察による手入れに対して、初めて抵抗を試みた事件であった。それまでは警察からの手入れや暴力を甘受していたのだが、このときばかりは再三再四の手入れに対する抵抗として爆発した。一説では、多くのゲイバーで、少し前に亡くなった有名なゲイアイコンのジュディ・ガーランドの追悼をしていたところ、それを警察が邪魔したことに業を煮やした性的マイノリティたちが蜂起したとも伝えられているが定かではない。とにかく、アメリカの多くの州では、「性的倒錯者」に酒類販売を禁じる法規があり、それを口実に、嫌がらせのための手入れや捜索を行っていた警察に対して、性的マイノリティたちは抵抗を試みたというのが事実であろう（河口 2020a：21）。

実際には、「ストーンウォール・インの暴動」が生起する以前にも、一九六五年から六六年にかけてサンフランシスコでは、「ニューイヤーズ・ボール」というダンスイベントや「コンプトンズ・カフェテリア」の抵抗、さらに一九六六年から六八年にかけてロサンゼルスの「ブラック・キャット」での暴動など、性的マイノリティによる権力への抵抗の試みが存在している（河口 2020b）。それにもかかわらず、一九六九年六月にニューヨーク市のストーンウォール・バーで起きた「暴動」が、とりわけ性的マイノリティの抵抗の象徴として成立するようになったかの理由を挙げてみる。一つの理由としては、少なくともストーンウォール・インの暴動以前には、この事例を伝えるメディアとしては、ローカルメディアが主流であり、その「抵抗」を都市の一事件としてしか報道していなかったことが挙げられる。その意味では、ストーンウォール・インの暴動は、全国メディアによって取り上げられ、ニューヨーク市以外の、少なくともアメリカの他の大都市における運動団体や組織の知るところとなり、そうした団体や組織、さらにアクティヴィスト個人にも大きな影響を与えたのであった。さらに、その出来事の象徴化を促した要因は、その事後に、出来事が起きたことを「ともに記念し」「記憶にとどめ」「反響を形作る」ことができるかということのために、人々がどのような取り組みをしていくかに依拠している。ストーンウォール・インの暴動の場合に、それが顕著に表れた取り組みのイベントは、プライド・パレードであった。このパレードの取り組みには、すぐにいくつかの都市の性的マイノリティが呼応し、自分たちの生活する都市でも、ストーンウォール・インの暴動を記念するパレードを組織したのである（河口 2020a：32-33）。

このように、「ストーンウォール・インの暴動」は、性的マイノリティの歴史にとって、象徴的な意味を持つが、一九六〇年代から七〇年代への転換期には、同性愛者運動のあり方にも画期的な変化が訪れた。「暴動」直後に、「ゲイ解放戦線（Gay Liberation Front）」という運動団体が結成された。この組織は、それまでの穏健主義的で、主流社会に同化主義的なホモファイル運動を批判し、異性愛に対して鮮明な差異を主張し、同性愛者としてのアイデンティティ確立と可視化を中心として、解放主義的な権利運動を展開したのである。また、同性愛者のライフ・スタイルの正当性をラディカルな手法で主張し、そうしたライフ・スタイルとしての生活が展開される関係性や場所としてのコミュニティ形成にも力を尽くした。「ゲイ解放戦線」は、明確な戦闘指向を有しており、同性愛者に限定することなく、「人民の解放」すなわち社会全体の「解放」を目指していた。ゲイ解放戦線結成の数か月後に、新たに「ゲイ活動家同盟（Gay Activist Alliance）」が結成された。この組織の指導者とメンバーらは、非暴力的な対決に力を注ぎ、「制度の中での」政治的および社会的変革を目指した。その結果、アメリカ社会における同性愛者の完全な平等の実現を目標とした（Conrad and Schneider 1992=2003：377-378）。

一九七〇年代初頭の同性愛活動家らは、社会全体に関わる変革運動であれ、個別の課題ごとの取り組みであれ、ホモファイル運動とは異なる方法で、ラディカルな社会変革を追求していった。際立った変革の一つは、精神医学の領域への働きかけによる同性愛の脱病理化の達成である。一九七〇年五月にサンフランシスコで開かれたアメリカ精神医学会の年次集会の論文報告セッションで、ゲイの活動家らが精神医学専門家と対峙し、同性愛者を治療しようとする臨床的治療法の実施に対して異議申し立てを行った。この治療法は「嫌悪療法（aversion therapy）」とも呼ばれた。この学会発表では、ゲイ活動家は専門家に対して、罵声を浴びせかけるような形で主張したのである。「ゲイ活動家同盟」は「粉砕（zapping）」という手法で公開の場での対決を一つの定型としていたが、同じ方法が精神医学会という学問の場でも展開された。ゲイ活動家らは、こうした実践を多くの学会で重ねていった。

一九七三年五月のアメリカ精神医学会の集会で、公式用語および統計に関する委員会の委員兼精神科医のロバート・スピッツァは、「同性愛がアメリカ精神医学会の公式用語に含まれるべきかどうか」をテーマとする特別パネルディスカッションを企画した。スピッツァが座長を務め、それに同性愛を診断名から削除することに好意的な精神科医としてロバート・ストーラー、ジャッド・マーモー、リチャード・グリーンの三人が加わった。同性愛を疾病とする見解の支持者の代表格として、アーヴィング・ビーバーとチャールズ・ソカリデスが参加した。マーモーは、同性愛者であることを「病理」とする根拠は、結局、文化的に選好される型である異性愛との矛盾に帰着すると主張した。真正の精神障害がみられない同性愛は「ライフ・スタイル」とみなされるべきであり、また精神医学的に治療可能な病いと診断することで「精神医学は明らかに、癒しの技術の一部門というよりは、むしろ文化統制の執行機関としての役割を果たすことになる」という（Conrad and Schneider 1992=2003：386-387）。

ゲイ解放運動の活動家らは、病理と治療という抑圧的な医療モデルを批判し、戦闘的な対決と挑戦という戦略を展開した。その中で、同性愛者に押し付けられた病気という名称を廃止するよう主張した。四年間にわたる対決と対話ののち、一九七四年にアメリカ精神医学会は投票により同性愛を診断マニュアルから削除することを決定した。その代わりに診断マニュアルには、同性愛者の中で自身のセクシュアリティを不幸であると思っている人を指す「性見当識障害（sexual orientation disturbance）」が含まれることになったのだ。

一九七〇年代以前の欧米における同性愛は病理であるという一般的な考え方は、心理学や精神医学が個人の事例研究やエピソード報告などに中心を置くものが多いという事実とも関連していた。つまり、「病理」としての同性愛の原因は個人の内部に位置付けられ、それゆえに同性愛者個人が「治療」の対象とされることにもつながっていた。しかし、先に述べたように、ゲイ活動家からの精神医学や心理学の病理学的個人モデルに対する批判により、同性愛者は「健全」であるという主張も始められたのである。

ジョージ・ワインバーグ（George Wineberg）は『社会と健康な同性愛者』という著作で、「ホモフォビア（homophobia）」という用語を使用した。この概念は、日本語では「同性愛嫌悪・恐怖症」と訳されるが、同性愛者に対する恐怖心や否定的な態度・偏見、さらに差別的な行為や社会的構造をも表している。ワインバーグは、当初、個人の心理的状態や行動を一種の「恐怖症」とみなし、異性愛者の中にある病理であるとした。しかし、こうした「病理」を個人に還元する枠組みは、同性愛が病理化された過程をなぞり返すものでしかないとして、こうした視点の転換を個人に還元するのではなく、異性愛を至上とする社会の側、つまり同性愛嫌悪的な社会構造に求めるような、ある種のパラダイム転換としてとらえることが可能である。こうしたパラダイム転換は、フランスの精神分析学者であるギィー・オッカンガムの著書『ホモセクシュアルな欲望』にもみられる。その冒頭部分、「問題なのは、同性愛の欲望ではなく、同性愛に対する恐怖なのである。なぜ、その言葉（同性愛）を単に述べることが嫌悪や憎悪の引き金になってしまうのだろう」（Hoquenghan 1972=1993）という表現は、ワインバーグによる言説と響きあう。近年、この同性愛嫌悪という用語は、同性愛を恐怖・嫌悪・忌避する異性愛者という個人を指すのではなく、同性愛に対する差別・抑圧・偏見の社会的構造や要因などを指すことがほとんどで、学問的にも心理学だけでなく、社会学、人類学、文学をはじめとするさまざまな領域で使われている。

一九七〇年代の同性愛をめぐるアメリカの政治における象徴的な出来事は、一九七七年にハーベイ・ミルク（Harvey Milk）がゲイであることを公言して、初めてサンフランシスコ市の市政執行委員選挙で当選したことであった。ハーベイ・ミルクは一九三〇年にニューヨーク州ロングアイランドのウッドミア生まれであり、一四歳で同性愛を経験、一七歳のときにはセントラルパーク公園内で公然わいせつ（シャツを脱いだだけだが、当時はそれでも立派な犯罪だった）をはたらいた罪で検挙される経験を持つ。一九五一年にニューヨーク州立大学を卒業し、その三ヶ月後に海軍に入隊している。一九五六年にはロングアイランドに戻り高校教師となった。その後保険会社に転職した。一九六四年には大統領選でバリー・ゴールドウォーター（共和党）の選挙対策の仕事をボランティアで手伝ったりもした。当時のミルクの政治思想は保守的であったといわれている。一九六〇年代末、証券業界から足を洗い、ヒッピーとなり、一九七二年にサンフランシスコに移住した。当時の恋人スコット・スミスとともにカストロ・ストリートにカメラ店を開店することになる。一九七三年にゲイであることを公言して、はじめてサンフランシスコの市政執行委員に立候補した。このときには一万七〇〇〇票を獲得したものの、一〇位の票数で落選した。一九七四年には、地域の商店を集めて「カストロ地域連絡会」を設立し、地区活性化のためにカストロ・ストリート・フェアを企画した。一九七五年に二度目の市政執行委員選挙に立候補したが、このときも七位の得票数を得たが落選した。一九七六年には、市内在住のゲイの政治的影響力を無視できないと感じた当時のジョージ・モスコーニ市長は、ミルクを許認可不服申し立て審査委員会の委員に指名している。一九七七年の市政執行委員選挙で初めての当選を果たした。ゲイを公言して議員という公職に就いたのはこれが全米でも初めてのことであった。当選の一週間後、ミルクは遺言をテープに録音した。「銃弾が僕の脳に突きささるなら、そのまま貫通させて、すべてのクローゼットの扉を打ち破らせてくれ」(Shilts 1982=1995)。

市政執行委員としては、一九七八年「提案六号」との闘いに全力を傾けた。この提案六号というのは、上院議員ジョン・ブリッグズによる提案で、「公の場で同性愛行為を行った教師を州の権限で解雇する」というものであった。最終的に、この提案はカリフォルニア州での投票により否決された。

一九七八年一一月にミルクと当時のサンフランシスコ市長のジョージ・モスコーニは、市庁舎内の執務室で市政執行委員のダン・ホワイトによって暗殺された。ホワイトの審問でホワイト側の弁護団が展開したのは、「トゥィンキーズ弁論」であった。これは、ダン・ホワイトが「トゥィンキーズ」というジャンクフードの食べ過ぎで心神喪失の状態になったというものだった。こうした酌量により、結局、二人の殺害を犯したホワイトの刑期は七年八ヶ月と短いものになった。

（3）デニス・アルトマン「Homosexual: Oppression and Liberation」

デニス・アルトマンは、オーストラリアのラ・トローブ大学で教鞭をとった政治学者である。一九七〇年代からゲイ運動の研究を開始し、その後一九八〇年代からはエイズ研究、一九九〇年代からは発展途上国を含めた視角をとおした世界のエイズをめぐる諸問題、特に予防啓発活動に関する研究を展開した。また、エイズ研究に関連して、性、セクシュアリティをグローバルな視点でとらえる研究にも携わった（Altman 1994）。そうした領域での研究は、『グローバル・セックス』として刊行されている（Altman 2001=2005）。この著書は、アルトマンの研究ではかなり新しいものであるが、ここでは最初期の著作として一九七〇年代初めに刊行された『ゲイ・アイデンティティ』（原題：Homosexual: Oppression and Liberation）を取り上げたい（Altman 1971=2010）。

本書執筆をめぐる基本的なコンテクストは、一九六九年のストーンウォール・インの暴動を「きっかけ」としたアメリカにおけるゲイ解放運動の台頭であった。当時の同性愛を取り上げるアプローチとして、一つは個人的で伝記的なものとして記述する研究と、他方で記述的で分析的なものとする研究があり、本書についてアルトマンはこれら二つのアプローチを組み合わせたと語る。本書の初版序文において「最善の社会分析は個人の経験から生まれるのであり、また同性愛者がなぜ社会から烙印を押されるのか、これを理解するには分析なき経験では不十分だと考える」とアルトマンは述べる（Altman 1971=2010: xxxvii）。

『ゲイ・アイデンティティ』の三つの要点を挙げるとすれば、①アイデンティティの強調、②コミュニティと社会運動のあいだの関係、③「同性愛者」の終焉、となるだろう。

まず、アルトマンの中心的な関心は「アイデンティティの問題」であった。「私たちの社会において同性愛者であることは、つねに同性愛者がスティグマを負っているということを認識することである」とアーヴィン・ゴッフマンの「毀損されたアイデンティティ」の議論を援用してアルトマンは述べる。新しいアイデンティティ・ポリティクスの課題は、なぜ同性愛者がスティグマ化されるのかを理解する、あるいはなぜ同性愛者が抑圧されるのか（それといかに闘っていけるのか）という問題を、別の、より政治的なやりかたでとらえることであった。また、かれは、「アイデンティティの否認」を抑圧とみなしているが、その形態は迫害（persecution）、差別（discrimination）、寛容（tolerance）であるという。「迫害」、「差別」という形態をアイデンティティの否認と理解することは容易だが、そのなかに「寛容」という考え方を含んでいることは特筆に値する。十分に差異に価値を与えることなく差異と共生するという「寛容」の一形態がある。アルトマンの言葉を借りれば、こうしたリベラルな憐憫は受容（acceptance）ではなく、いわれたほうの自己のプライドを毀損するものなのだ。

アルトマンは、多様なセクシュアリティの世界では、異性愛と同性愛の間には本質的な差異などない、と主張する。異性愛に向かわせる命令（imperative）は本質的ではなく、文化的な現象であり、同性愛者のアイデンティティは部分的にはその命令に対する抵抗を通して形成されてきた。

一九七〇年代のゲイのラディカルなポリティクスの先鋭的な部分は、「ゲットー・メンタリティ」を持つ既存の「ゲイの世界（gay world）」に異議申立てを行うものだ。つまり、より広範な文化的諸問題の存在を排除し、セクシュアリティのみに特化して強調する態度や、より広範な性的および社会的諸問題を包摂することに対して拒否感を示すような「似非コミュニティ」の構築に対して批判を展開するのだ（Altman 1971:9）。

一九七〇年代以来、「運動」と「コミュニティ」の間の関係は変化を繰り返してきた。もはやそれらを対立的な位置に置くことはできないし、そうすることも望ましくない。これら二つのものは、必然的に互いによって異議申立てを行われ、変化していくものであるが、コミュニティ感覚は運動を可能にするものでもある。コミュニティは集合的な存在を主張するだけでなく、ひとりひとりの実存である「個人性」の感覚をも可能にする。アルトマンがその著書『ゲイ・アイデンティティ』の中で述べるように、「ゲイ・コミュニティの究極の拡大はゲイ・コミューンである」という言い方を信じることはもはやできないのだ。

アルトマンにとって、ゲイの政治の目的は最終的には「同性愛」という言葉も「異性愛」という言葉も意味のないものにすることである。つまり、「同性愛の終焉」と「異性愛の終焉」なのだ。「ゲイ解放は、それがもはや必要がなくなるときにその力を十分に発揮したことになるだろう。」アルトマンにとって、性解放は「多形倒錯の総体」へ向かうような移行という意味合いであった。

反同性愛の文化が生成する恐怖と嫌悪の考察では、アルトマンは明らかに、のちにジョージ・ワインバーグが『社会と健康な同性愛者』（一九七二年）で洗練するはずのホモフォビアという概念が出てくるのを望んでいた。

(4) レズビアン／ゲイ・リベレーションからレズビアン／ゲイ・スタディーズへ

レズビアン／ゲイ解放運動が始まり、展開されたのはおもに一九六〇年代終わりから一九七〇年代であった。この運動は、カミングアウトをとおして同性愛者の権利や認知を社会に要求し、自らの存在を可視化し、そして社会的な差別や偏見に立ち向かうものであった。この運動をとおして、同性愛者たちは、自らのアイデンティティを肯定し、社会に認めさせようと闘った。

こうした解放主義的運動は、政治や社会だけでなく、文化／学術の領域に影響を与えた。この状況のもとで、レズビアン／ゲイ・スタディーズという学問領域が誕生したのである。特に、アメリカやヨーロッパを中心に、社会において可視化されたレズビアン／ゲイの人々やそのアイデンティティ、さらにコミュニティそれ自体も研究対象となり、その文化や歴史、アイデンティティ、性的指向などに関する研究が展開された。ここでの研究の特色は、学際性であり、研究は学際的に実践された。

レズビアン／ゲイ・スタディーズの先駆者たちは、同性愛者の生活や文化に関する研究を進め、その成果は差別や偏見に対する理解を深めていくために、積極的な役割を果たした。そして、この学問分野が網羅する範囲は、おもに人文科学、社会科学の多様な領域にわたり、また領域横断的な研究も広く行われている。その意味で、既存の学問領域の境界を揺らがせたり、また変更させたりする可能性もはらんでいる。もともと、レズビアン／ゲイ解放運動の領域から生じた研究領域であったが、その成果はアクティヴィズムにおいて要請される多様性の議論に対しても大きな影響を与えてきた。その意味で、同性愛者の権利や認知を促進する重要な学問分野とみなされている。

（5）アクティヴィズムのゆくえ

一九六〇年代の終わりに誕生した同性愛解放運動は、ゲイだけではなく、レズビアンによっても担われていた。ゲイ解放運動は、おもに同性愛に対する社会の偏見に焦点を当てていたが、女性の同性愛者の中には、自分たちが差別される原因を女性差別に求める人たちもいた。レズビアン・フェミニストたちは、女性運動とともに行動することを志向したが、異性愛女性のフェミニストからは必ずしも歓迎されたわけではなかった。その代表例が、全米女性機構（NOW）の中でのレズビアンに対する批判的な態度であった。こうしたレズビアンに対する否定的な反応は、レズビアンの存在が女性解放の足かせになると考えられたためでもあった。

そうした中で「ラディカレズビアン（Radicalesbians）」という女性グループが出現した。このグループは、「レズビアンとは爆発にまで達した女性の怒りである（A lesbian is the rage of all women condensed to the point of explosion.）」

と表明し、レズビアンと女性解放は切り離せないと主張した。また、当時、異性愛フェミニストからは、レズビアンは「男性と一体化する女性（Man-Identified Woman）」とみなされていたが、そうした言説に対抗して、自分たちは性的関係も含めてどんなときでも女性を最優先するレズビアン・フェミニスト、すなわち「女と一体化した女（Woman-identified woman）」であり、すべてのフェミニストは女と一体化すべきであるとの主張を掲げたのだ。

レズビアン・フェミニストとして代表的な存在であり、当時アメリカでラディカレズビアンによる運動の要になったのが、リタ・メイ・ブラウン（Rita Mae Brown）である。彼女は、一九四四年、ペンシルバニア州ハノーヴァー生まれで、幼いころ養父ラルフと養母ジュリアの家に引き取られた。一九五五年にフロリダ州に引っ越し、一九六二年にフロリダ大学に進学している。公民権運動に参加したことにより、卒業が取り消されたのだが、その後ニューヨーク大学に入学し、一九六七年には「同性愛支援学生連盟」を結成したのである。そして、一九六八年に全米女性機構ＮＯＷのニューヨーク支部に参加し、その中でＮＯＷはレズビアンの人権問題を取り上げるべきだと主張し物議を醸したのであった。機構の同性愛嫌悪にほとほと嫌気がさして、一九七〇年に機構を脱退した。一九七三年には、半自伝的作品『ルビー・フルーツ・ジャングル』を出版した。レズビアンの生活を描いている小説であるが、これはハッピーエンドで終わるレズビアン小説の先駆けでもあった。一九七八年には、ヴァージニア州のシャーロッツヴィルに転居し、短期間だがファニー・フラッグ（『フライド・グリーン・トマト』の著者）と同居していた。一九七九年には、チェコスロヴァキアの若きテニス選手マルチナ・ナブラチロワと出会って、恋に落ちる。しかし、一九八一年にナブラチロワとの関係を解消した。一九九二年には、ジュディー・ネルスンと恋人関係になって大いに話題になった。ネルスンはナブラチロワの元恋人で、当時ナブラチロワ相手に訴訟を起こしていた女性である。

（6）ゲイ・リベレーション

アメリカで結成された「ゲイ解放戦線（Gay Liberation Front）」は穏健な目的を掲げたホモファイル運動を批判し、同性愛者のライフ・スタイルの正当性をラディカルな手法で主張した。他方、「ゲイ活動家同盟（Gay Activist Alliance）」は、ゲイ解放戦線とは異なるアプローチをとった。この組織は、同性愛をめぐる日々の差別に十分に取り組んでいないとゲイ解放戦線を批判した。その結果、同性愛者の問題解決に力を集中させた。こうした文脈の中で運動の課題とされたのは、同性愛者の脱犯罪化と脱病理化であった。

同性愛の脱犯罪化の事例としては、一九七一年末、コロラド州、コネティカット州、アイダホ州、イリノイ州、オレゴン州でのソドミー法の廃止が挙げられる。これにより、私的な空間での同性間の性行為が合法化されることとなった（しかしながら、国内では依然として同性愛を犯罪化する州法は存続していた。ちなみに、アメリカ全州でソドミー法が撤廃されたのは、テキサス州の合憲性が争われ、連邦最高裁が違憲判決を出したのは二〇〇三年になってからである）。

脱病理化の事例としては、先にも述べた一九七三年のアメリカ精神医学会の疾患リストからの同性愛の削除が挙げられる。このアメリカ精神医学会に対する取り組みはＷＨＯ（世界保健機関）が発行する国際疾病分類（ＩＣＤ）にも影響を与え、一九九〇年にＷＨＯも疾病分類リストから同性愛を外すことになった。

一九七〇年代に入ると、このような形で、アメリカ国内では同性愛の脱犯罪化と脱病理化が進められ、さらにカミングアウトによる可視化の運動戦略により、同性愛者はアイデンティティを模索しつつ、コミュニティを形成する実践を展開していった。

4　カミングアウトのポリティクス

（1）「可視化する」とはいかなることか――カミングアウトとクローゼット

自らのセクシュアリティを、他者に伝えることを「カミングアウト」という。もともと欧米のユダヤ人が集住していたという「ゲットー」から出ることを「カミングアウト・オブ・ゲットー（coming out of ghetto）」といっていたが、それになぞらえた、性的マイノリティにあてはめられた行為・実践の表現である。性的マイノリティの場合には、自分のセクシュアリティを秘匿していた場所を「クローゼット」と呼んでいたが、カミングアウトはそこから出ること、すなわち「カミングアウト・オブ・クローゼット（coming out of closet）」であった（河口 2018b：167）。

二〇一五年三月に私たちの研究チームで「性的マイノリティについての意識調査２０１５年全国調査」を行った。その中で、周囲に「同性愛者」や「性別を変えた人」がいるかどうかについて質問した。メディアの中で「同性愛者」や「性別を変えた人」について見聞きしたことがあると回答したのは、全体の九割近くにも上ったが、周囲にそうした人々がいるかという質問に対しては、同性愛者であれば全体の五四・二％、性別を変えた人については六六・二％が「いないと思う」と回答している。「いる」と回答したのは、「同性愛者」については五・三％であり、「性別を変えた人」については一・八％にすぎない。このことから、実際に性的マイノリティが周囲にいる、あるいはそのことを知っている人の割合はかなり低いといえる（釜野他 2016）。

また、同じ意識調査の中で、身近な人が性的マイノリティであった場合の抵抗感についても質問している。「同性愛者」と「性別を変えた人」について、その人が「近所の人」「職場の同僚」「きょうだい」「自分の子ども」に分けて、その反応を聞いてみたところ、「嫌だ」「どちらかと言えば嫌だ」と回答した、つまり周囲の性的マイノリティに対して否定的な反応を示す人の割合については、「近所の人」「職場の同僚」に対しては低く、「きょうだい」「自分の子ども」に対しては高くなった。つまり、こうしたデータからは、少なくとも二〇一五年の日本社会においては、家族や身内になればなるほど抵抗感を感じる割合が高くなることがわかっている（釜野他 2016）。

（2）ホモフォビアの理論

一九七〇年代以前には、欧米では同性愛は病理であるという考え方が一般的であった。精神医学や心理学の領域では、その「病的な状態」の原因を個人の内部に位置付けていた。というのも、「病的な状態」の判断が個人の事例研究やエピソードの報告などに中心を置くことが多かったという事情もあったからである。それゆえに、「治療」は同性愛者個人が対象とされた。

一九七〇年代に入ると、同性愛解放主義的な運動の高まりという背景のもと、ゲイの心理学者たちが同性愛の病理学モデルを批判した。そして、同性愛者は「健全」であると主張し始めたのである。一九七〇年にサンフランシスコで開催されたアメリカ精神医学会の総会において、同性愛者とフェミニストの団体が同性愛を病理とみなす分析家や行動療法家らを批判し、継続的に精神医学会のなかで同性愛に対する脱病理化の取り組みが展開されていった。その結果として、一九八〇年には「精神障害の診断と統計のための手引き第3版（Diagnostic and Statistical Manual of Psychiatric Disorders: DSM-Ⅲ）」では、精神障害のカテゴリーから同性愛の項目は削除されることとなった。ちなみに、このときに同診断の手引きには、「性同一性障害（Gender Identity Disorder）」というカテゴリーが含みこまれることになったのである。

(3) ホモフォビアからヘテロセクシズムへ

同性愛嫌悪という考え方が誕生した当初、異性愛者の個人的な病理という意味から、それが社会的な構造としてとらえるようになったという変遷について述べた。こうした文脈の中で、「ヘテロセクシズム（異性愛主義）」という用語が存在する。「異性愛を〝自然〟なものと捉え、それを規範化・中心化する思想」（井上他 2002:30）という意味であることから、セクシュアリティの問題、すなわち異性愛と同性愛のあいだの問題としてのみとらえられがちになる。しかし、このヘテロセクシズムという考え方が成立した背景として、そこには性差別、すなわちジェンダー間の権力関係における不均衡による「女性差別」が存在しているということを強調したのは竹村和子であった。一九世紀末のセクソロジー誕生の時代に始まったとされる同性愛差別が、近代市民社会の性差別（セクシズム）を前提としており、さらにその性差別を促進させていくものとして行われるようになったことから、竹村はヘテロセクシズムに括弧をつけて「（ヘテロ）セクシズム」と呼んだ（竹村 2002:36-37）。そして、（ヘテロ）セクシズムは近代市民社会成立のための社会構造の内部に組み込まれた一つのイデオロギー装置となった（竹村 2002）。

一九九〇年代になり、クィア理論が登場してから提唱された概念としては、「ヘテロノーマティヴィティ」がある。この概念は、ヘテロセクシズムときわめて近いものと考えられるが、一般に「普通」と考えられている異性愛による出来事、すなわち「結婚する」であるとか「子どもをもつ」であるとかを規範としてとらえ、それが社会に浸透しているような状態を「規範性：異性愛がひとつの規範（norm）とされていること」として批判するために使用されているのである（森山 2017:146-148）。

異性愛というセクシュアリティが、一つの規範やイデオロギーとして社会構造や社会装置のなかに埋め込まれているとしたら、私たちは異性愛者／非異性愛者に関係なく、こうした拘束から自由ではないし、大きく影響を受けているといえる。

異性愛を、自然に生起するものではなく、政治的な制度であると主張し、それを「強制的異性愛（compulsory heterosexuality）」と呼んだのは、アメリカのフェミニストで詩人のアドリエンヌ・リッチであった。リッチは、異性愛が強制されている社会では、異性愛男性を中心に男同士の関係性が作り上げられていると語る。そして、その背後で、男女関係の中で女性は従属的な位置に置かれ、さらには女性同士の関係性が分断されていると主張する。リッチは女性のあいだの分断された結びつきを回復する必要性を説き、女性同士の結びつきを「レズビアン連続体（lesbian continuum）」と呼んだ（Rich 1986=1989：53-119）。

女性同士の分断とはどのようなことなのだろうか。女性同士の典型的な関係性としては、母と娘の関係が挙げられる。このような関係は、多くの場合、結婚を機に切り離されるといえる。現代社会においては、婚姻は個人同士の契約関係とみなされるが、たとえばかつての日本社会ではイエとイエのあいだで女性を取り交わす制度でもあった。女性は生家から夫の家に一旦嫁げば、その後は生家に戻ることは多くの場合許されてはいなかったといえる。このことは、イエ同士の紐帯や関係性を強化するものとなり、したがって家父長制という社会制度の存続や維持を強化していた。結婚という異性愛の制度は、このような形で、男性が支配する家父長制をとおして、男性同士の結びつきを強化し、その傍らで女性同士の結びつきを弱体化し、分断するのだ。

このような形で、女性同士の関係性の強化を主張したリッチは、その結びつきに対して「レズビアン連続体」という名前を与えた。この名前で、女性同士の結びつきを回復することを願ったものであったが、その命名に「レズビアン」というセクシュアリティを意味する概念を含めたことに対しては、レズビアンの側からの異論も呈された。リッチとしては、この女性同士の関係性の中に、必ずしも性的な関係でないものも含みこむとしたが、そのことが女性同士の性愛化された関係性を軽視しているのではないかという批判である。とはいうものの、強制異性愛社会の中で、不可視とされる存在である「レズビアン」という名称をあえて、女性同士の結びつきを表象するものとして提唱したことが、ある面ではラディカルな主張であり、きわめて政治的な態度であったといえる。

(4) 同性愛嫌悪による暴力

「同性愛嫌悪」「ヘテロセクシズム」「強制的異性愛」などは、人々の意識に関わり、イデオロギーとして作用する。その意味では社会の性的マイノリティに対する否定的な意識や態度を作り上げるものである。こうした意識が、他者に対する力の行使、すなわち暴力として出現することもある。「ヘイトクライム」とは、宗教・人種・民族・性的指向など特定の属性を持つ個人や集団に対する偏見や差別意識が原因で引き起こされる暴力などの犯罪行為を意味する。同性愛嫌悪により引き起こされる暴力もこのヘイトクライムに含まれる（河口 2018b：163）。

ヘイトクライムという考え方はアメリカ社会において徐々に周知されていく。このきっかけは、アメリカのワイオミング州で起きたゲイ男性の殺人事件であったという。一九九八年一〇月に、当時二一歳であったマシュー・シェパードという大学生が大学のあったララミーという町で柵に縛り付けられ、放置されているのを発見された。同世代の男性二人による犯行であることがわかった。被害者のシェパードは病院に運ばれたが、五日後に死亡した。この事件はアメリカ国内でも大きな注目を集め、当時のクリントン大統領もヘイトクライムに対する非難声明を出すなどして、ヘイトクライム撲滅運動へと発展した。二〇〇七年になり、「マシュー・シェパード法」という法案が議会に提出された。それは性的指向・性自認・障害を理由とした犯罪を新たにヘイトクライムに規定するという内容であった。二〇〇九年に、この法案は、オバマ大統領のもとで法律として制定されることになった（河口

2018b:163)。

マシュー・シェパード事件と同じように、日本でもゲイが公園で殺害されるという事件が起きた。二〇〇〇年二月、東京の夢に島緑道公園の敷地内で、男性が頭から血を流して死んでいるのがジョギング中の通行人により発見された。警察の調べでは、死亡した男性は三〇代で、頭や顔を何者かに殴打されていたことがわかった。数日後に、公園の近隣に住む一四歳と一五歳の少年および二五歳の成人男性が強盗殺人の疑いで逮捕された。犯行の目的は、「遊ぶ金ほしさ」であり、犯人らは実際に死亡した男性のポケットから現金八〇〇〇円を奪い取っていたのである（河口 2018b:163-164）。

日本では当時、憎悪犯罪という考え方がそれほど浸透していなかったこともあり、「ヘイトクライム」としては報道されることはなく、「少年による凶悪犯罪」の一つとして報じられた。当時の社会的状況では、「オヤジ狩り」という、少年らが中年男性を襲撃する事件が多発しており、それと同じ文脈で理解されたのである。

夢の島緑道公園という場所が、いわゆる「ハッテンバ」（同性愛者同士が出会ったり、セックスの相手を探す場所のこと）であり、特に男性同性愛者の出会いの場であったために、夜中に死亡したということであれば、その男性が「同性愛者」であることは容易に推測できた。しかし、被害者のプライバシーを守るという理由から、テレビや新聞など主流メディアでは、かれが同性愛者であったかどうかということについては触れられることはなかった。もちろん、プライバシー保護という観点で被害者のセクシュアリティを報じないことは倫理的な振る舞いであり、アウティングを防止することにつながる。その反面、そうした報道のされ方は、この事件がなぜ生じたかというほんとうの理由や原因は究明されないままになるというジレンマを抱え込む。倫理的振る舞いにより、社会の同性愛嫌悪自体がみえないままにされてしまうのだ（河口 2018b：164）。

しかし、被害者が同性愛者であったかどうかは別にしても、犯人らは供述の中で、「ホモ狩り」と称して同性愛者を限定して標的にした犯行であること、また同性愛者であれば金銭を奪っても被害を警察には伝えないだろうということを認識していながら、殺人を犯したことを述べている。その点においては、この事件は明らかに同性愛嫌悪による犯罪であり、ヘイトクライムの事例なのである。ここでの問題は、同性愛者の姿がみえるかどうかではなく、「同性愛嫌悪」が不可視の状態にあることなのである（河口 2018b：164）。

5 HIV／エイズをめぐる社会学

（1）ゲイ・コミュニティを直撃するHIV／エイズ――コミュニティとエイズ・アクティヴィズム

一九八一年七月三日、「ニューヨークタイムズ」紙は、「ニューヨークやカリフォルニア州で四一名の同性愛者にめずらしい癌がみつかる」という内容の記事を報じた。これはのちに「エイズ（ＡＩＤＳ）」と呼ばれるようになる病に関する第一報となった。記事のなかでは、「めずらしい癌」とあった。それはゲイのあいだで確認された死に至らしめる病ということで、当初は「ゲイの癌（Gay Cancer）」とも呼ばれた。「ゲイの癌」という名づけが示すように、はじめは、ゲイ特有の病気であると考えられていたものの、のちの一九八三年にこの病気が「ヒト免疫不全ウイルス（Human Immunodeficiency Virus: HIV）」の感染により引き起こされるものであることがわかった。そして、このウイルスに感染し、免疫力が徐々に衰えてくることにより、健康なときには発症しないような病気を発症することになる。この状態を「後天性免疫不全症候群（Acquired Immunodeficiency Syndrome: AIDS）」と呼ぶ（河口 2018a：139-140）。

HIV／エイズが確認されて以来すでにほぼ四〇年になろうとしている現在では、エイズに関して、完治させる治療薬やワクチンなどは開発されていないものの、エイズの発症を遅らせる薬剤や治療法が開発され、かつてのように死に至る病というイメージはなくなっている。しかし、一九八〇年代においては、西洋諸国において、最初の感染者や患者が同性愛者をはじめとする社会的少数者であったことから、予防・治療の対策にもすぐには着手されない状況が続いていた。たとえば、一九八〇年代の米国は、共和党のレーガン政権期であり、伝統的な家族的価値観の重視や「レーガノミックス」による財政立て直しのために、「マイノリティの病気」に対してはほとんど対策を講じることはなかったのである。その間に、感染は拡大し、一九九五年の時点で、年間死亡者数は五万人にまで上ったという。

このような政治による無策のために、アメリカのゲイたちは、コミュニティを自衛する必要に迫られた。一九七〇年代のゲイ解放運動の進展は、ゲイのアイデンティティや、それを基盤にしたコミュニティの形成を促していた。そのために、エイズにより大きな打撃を受けたゲイ・コミュニティからの取り組みの反応は早かったといってよい。まだ、「エイズ」という名前すらなかった時期、一九八二年一月に、「ゲイ・メンズ・ヘルス・クライシス（Gay Men's Health Crisis）」という、「エイズ」に対応するコミュニティの支援活動をする活動組織が設立されることになった。そののち、米国西海岸でも「ロサンゼルスAIDSプロジェクト」や「サンフランシスコAIDS基金」などの支援組織も立ち上げられた（Chauncey 2004=2006:76）。

一九八〇年代前半、世界ではエイズという病気は、（男性）同性愛と強く結びつけられ、エイズ以前から同性愛に対する偏見はもちろん存在していたが、それは実際の「死」と関連付けられたために、その偏見はいっそう強いものとなった。「エイズ＝ゲイ」というような語り方が社会の中に広がり、エイズという病気は、「ゲイ化」されたのであった。

こうして偏見や差別が強まる中で、ゲイ男性たちは家族や親せきから疎まれ、悪い時は家族や親族から追放されるということもあった。また、職場では感染者や患者であるということで、解雇されるということも起きた。アメリカで行われた世論調査では、「同性愛関係は間違っている」と考える人の比率は一九七〇年代を通してはほとんど変動しておらず、一九八〇年には七三％であったものが、一九八七年には七八％に増えていたともいわれている（Chauncey 2004=2006:78）。社会における同性愛に対するこうした否定的な意識が存在する中で、感染者用の治療薬を服用し、また病院に通院していることが家族や職場に知られることで、その感染や病気の事実を知られると同時に、同性愛者であることも知られてしまう可能性に対してもゲイの感染者・患者は恐れていた。そのために、同性愛者であるということを他者に伝えることをカミングアウトというが、感染者・患者は、感染や病気の事実を伝えることを、最初のセクシュアリティのカミングアウトの次に行うカミングアウトとして、「セカンド・カミングアウト」とも呼んでいたのである。このような形でエイズの時代には、セクシュアリティに対する否定的なレッテルであるスティグマが存在していたのと同じく、エイズに対するスティグマも存在しており、こうした二重の偏見や差別が社会において構造化されていたともいえる。

（2）エイズ問題がもたらす「家族」への視点

エイズの時代は、一人暮らしをしているゲイにも、そしてカップルで生活しているゲイたちにも大きな打撃を与えることになった。同性愛者は、自分が育った家族のメンバーからも、そしてセクシュアリティを受け入れてくれない友人関係からは、支援を受けることができなかった。従って、そうした家族や友人からの支援を当てにできない人たちは、同性愛者のコミュニティの友人たちや支援組織に助けを求めるしかなかったのである。また、パートナーがエイズ患者である場合に、州政府は、パートナー関係を法律上は「赤の他人」としか認めないということから様々な問題が生じた。パートナーが家族や近親として認められないために、パートナーが患者を見舞うことを病院が拒否したり、病院が患者の治療方針についてパートナー側に相談や報告をすることもなった。仮に、パートナーの希望があったとしても、治療承諾書への署名を代筆することもできなかった。ゲイを公表している患者の扱いに慣れていない地方の病院の職員などは、協力的な態度で接してくれるとも限らず、中には、治療上の代理決定権を第三者に委任すること自体を認めないという州も存在した（Chauncey 2004=2006:142-143）。エイズによって死亡した患者の葬儀をめぐって、患者の家族と、遺志を託されたパートナーのあいだでの諍いなども起きた。多くのゲイ男性が火葬を望んでいた中で、カトリックやユダヤ教徒の家族や親たちが、それを拒否し、強く土葬を主張するようなこともあったようである。これは、故人の遺志を尊重できなかった、すなわち最愛のパートナーの最後の頼みを聞き取れなかったという喪失感や自責の念になって生き残ったパートナーを苦しめたのである（Chauncey 2004=2006:144-145）。

残されたパートナーが苦しむのは、生前の看病・ケア、そして死亡時の葬儀の方法のときだけではなかった。故人の家族が遺言に異議を唱えたり、故人と共同で所有していた家屋や財産に対する所有権を主張することもあり、そのために自分の住む場所や生活が脅かされるという事態にも直面した。エイズが問題となる前から、こうした問題は生じていた。高齢のゲイは、カップルのパートナーのために遺言を整えて、その権利を守ろうとした。しかし、その遺言がパートナーから「不当な影響」を与えられて書かれたものではないかと、遺言を書いた本人の家族が、パートナーに対して異議申し立てをすることもあった。また、エイズの時代には、若くして死に直面するゲイが増え、そうしたゲイたちは、「自分は精神的に正常である」ことを証明する周到な手続きを踏んでいても、死後に家族から「(亡くなった）本人はエイズ関連症候群の引き起こした認知障害によって遺言する能力を失っており、遺言も無効だ」と訴えられるケースがしばしばあったという。遺言を書いていても、このような異議申し立てがされるような状況では、遺言書を残さずにパートナーが死亡した場合には、家族から訴訟を起こされたらほとんど勝ち目がないと諦めざるをえなかった（Chauncey 2004=2006:145-146)。

同性愛者であることが知られたり差別されたりすることを恐れて、故郷の家族から離れ、アメリカの大都市に住んでいた同性愛者たちにとって、同性カップルの関係性が法的な家族として認められないことは、生存していけるかどうかの問題にもなっていた。大都市では、家賃の高騰が続くような場合もあったが、継続的に居住している場合には、そうした家賃の値上げが制限されることにより、家賃高騰の打撃を受けることが少なかった。しかし、アパートの部屋の借主がエイズなどで死亡した場合には、同居しているパートナーはその部屋から立ち退きを命じられることもあった。また、死亡したパートナーの持ち家の場合には、幸運にもその半分を相続できたとしても、既婚配偶者の場合には控除される相続税の恩恵を得られない同性愛者のパートナーの場合には、それを全額支払わなければならず、さらに住宅ローンの支払いに関して、残されたパートナー当人が半額を負担したということが支払い小切手などで証明できなければ国税庁は全財産が故人に属するものとみなしていたのである（Chauncey 2004=2006:147)。

米国のゲイの歴史研究者であるジョージ・チョウンシー（George Chauncey）は、その著書『同性婚』のなかで、このエイズ危機のさなかに、ゲイのパートナーの法的地位が認められていないことによって生じたことがパートナー関係の法的承認に至る原因の一つになったことについて触れている。「『ゲイ・パートナーには法的地位が認められていない』という酷薄な現実を思い知らされた経験は、パートナー関係の法的承認を要求する運動を大きく後押しする要因となった。こうした運動に加え、エイズを契機に長期的に交際関係を結んだゲイ・カップルの存在に好意的関心が寄せられたことも、家族の法的定義を拡大するうえで極めて大きな役割を果たした」（Chauncey 2004=2006:148）。

6 クイア・スタディーズ

（1）「クィア」が意味するものは何か

一九九〇年代初頭の英語文化圏を中心に、これまで侮蔑的・差別的に用いられてきた「クィア」という言葉が、アクティヴィズムにおいても、またアカデミズムにおいても使われ始めた。アクティヴィズムの文脈では、一九九〇年にニューヨークで創設された「クィア・ネーション」という組織がよく知られるところである。アクトアップというエイズ活動団体から分かれた人々により設立されたこの組織は、性的マイノリティに対する同性愛嫌悪による暴力撲滅と、性的マイノリティの可視化という目的を有していた。アカデミズムの領域では、「クィア理論」という理論的視角に依拠する学問的な方法論として一つの研究領域が形成された。そこでは、それ以前のレズビアン／ゲイ・スタディーズが同性愛嫌悪に由来する差別意識や差別形態に焦点を当ててきたのとは異なり、多様な性的マイノリティのあいだの差異に目を向け、それらのあいだの差異や境界の構築、また、社会におけるより大きな規範ともなっているヘテロノーマティヴィティに対する批判が展開されている。

上記のように、「クィア」という言葉は、既存のセクシュアリティやジェンダーをめぐる社会体制に対する批判的な意味を持つものとして流通するようになった。

一九九〇年代はじめにおいては、侮蔑的な意味を有するものの、多様性を示し始めた性的マイノリティにおける様々なカテゴリーをまとめて指す言葉として使われていた。しかし、一九八〇年代後半から一九九〇年代にかけて、とりわけ性的マイノリティの若い人々により、これまで共有されてきた差別的・侮蔑的な意味合いという否定的な歴史やその側面を再解釈し、意味転換を図るための自称として使用されるようになったのだ。

それ以来、「クィア」の用法は非常に多様になり、性的指向や性自認だけでなく、先にも述べたように権力関係や社会的規範にも関連付けられている。クィア研究では、クィアが一つの固定されたアイデンティティではなく、むしろ多様性や流動性を肯定し、異質性や他者性を含む広範なスペクトラムを指すという意味合いを含みこんでいる。そのため、クィアの概念は包括的であり、多様な性的指向やジェンダーのアイデンティティを包含するものとして位置付けられている。

このように、クィア研究は、従来のセクシュアリティやジェンダーの研究が二元論的な枠組みに拘束されていたのに対して、セクシュアリティやジェンダーは多様であるという前提に立ち、差異を焦点化し、異なるカテゴリーやアイデンティティ、そして経験の交差するところに焦点を当て、様々な境界によって構成される個々の人々やコミュニティの複雑な現実を探究する指向性を持つ。

結果として、「クィア」の概念は、政治的な抵抗や変革を促進する態度を内包しており、クィア理論やクィア研究は、社会の規範や権力構造に対する異議申し立てを行い、包摂性や多様性を重視する社会の実現を構想する。

(2) クィア理論の可能性——テレサ・デ・ラウレティス「クィア理論」

「クィア理論」という言葉は、一九九〇年二月にカリフォルニア大学サンタ・クルーズ校で開催された研究会議において、テレサ・デ・ラウレティスによって提唱され、そこでのいくつかの発表を含む研究成果は『ディファレンシズ』の特集号(九一年夏号)として刊行されている。六〇年代末あるいは七〇年代初頭より徐々に展開されてきたレズビアン/ゲイ研究は、九〇年代はじめまでにレズビアン/ゲイのセクシュアリティ(あるいはその他のセクシュアリティも含めて)についての目覚ましい理論化を行ってきた。しかしながら、学問研究における扱いでも、また現実における理解のされ方においても、それは追加的もしくは周縁的な位置づけを余儀なくされてきた。「クィア理論」と称される研究を一様に定義するものはないと思われる(むしろそうした「定義」に対して抵抗する構えこそがクィア理論たるゆえんである)が、レズビアン/ゲイのセクシュアリティは、異性愛に対してさらに付け加えられたセクシュアリティではなく、むしろ異性愛体制に懐疑を投げかけ、それを解体の方向に向かわせるような理論的実践として考える点では多くの研究において共通項を持っているように思われる(河口 2003, 2018c)。

イヴ・セジウィックは来日に際して行った講演で、「非二元論的な思考習慣を持ち」「反分離主義的な」姿勢を保持してきた、そのため脱構築という方法論には馴染み深いものがあると語った。このような思考方法に依拠しながら、その著書『男たちのあいだ』(日本語訳『男同士の絆』)において彼女は男と男のあいだの、一見すると社会的な結びつきを「ホモソーシャリティ」という概念として分節化し、この社会的な絆の中に潜在的に(性的)欲望が埋め込まれている、言い換えればエロスの可能性が存在すると説明する。性的な結びつきと社会的な結びつきがはっきり分かれたものとして存在し、それをたとえば私的領域と公的領域に割り振るようなきわめて二元論的な、かつ異性愛主義的な思考方法を転換し、むしろ性的なものからは程遠いとされてきたような(異性愛の)男同士の絆すなわち「友愛」が実は性的なものに彩られているのだということを、従来規範とされてきたような文学作品、正典のクィアな読解を通して示してみせたのである。この著作は、デ・ラウレティスが「クィア理論」を提唱する以前の一九八五年の作品であるが、九〇年代初頭に到来するレズビアン／ゲイ研究やクィア研究のパラダイム転換とも呼べる時期を予感させる出色の研究である。

九〇年代に入り、セジウィックは『男たちのあいだ』で展開した理論をさらに先へ進め、反分離主義という視点に立ち、一九世紀から二〇世紀にかけての西洋文化における異／同性愛の定義をめぐる知と権力に付帯する個々の具体的問題に焦点をあてた。それが『クローゼットの認識論』である。一九世紀末以来、同性愛が様々な形で定義されてきたが、それはまさに同性愛と異性愛を弁別しその間に境界を設定する行為でもある。正しくいえば、同性愛という有徴の存在を作り出し、異性愛を無徴の位置に、すなわち誰からもまなざされることのない特権的な位置に置くことなのだ。彼女は、このような定義の問題が、過去の具体的な研究や運動における言説の中にみられ、それを同性愛と異性愛の差異を強調し、たとえば「同性愛」を「本質的に」「マイノリティ」化するような見解と、「同性愛」を「普遍的なもの」とするとらえ方として整理する。セジウィックは、これらの見方に裁定を下すのではなく、パラノイア的投射の形式によって視覚化された比喩として描き出されるクローゼットがいかに異性愛体制の中で「見せ物」として権力的に作り出されてきたかを、規範的文学作品の読解を通して分析している。この本でも、また来日講演でも、彼女は九〇年代アメリカ社会における深刻な問題の一つとして、エイズ問題に言及している。少なくとも北米のレズビアン／ゲイ研究の領域では、八〇年代から九〇年代は、エイズと経済不況による研究費削減などの打撃を受けた時期であったが、必然か偶然かは定かではないが、こうした状況のときにパラダイム転換といえるほどの理論的進展があったのは皮肉なことである。

ダグラス・クリンプの編集による『エイズ――文化分析／文化アクティヴィズム』という論集に収録されている「直腸は墓場か?」(Bersani 1988) で、レオ・ベルサーニは猛威をふるうＨＩＶ感染拡大のさなかで感染源として表象されるゲイの肛門性交に焦点をあて、むしろそうしたセックスをとおして自己を瓦解・喪失させていく過程を異性愛体制への抵抗の拠点としてみている。セジウィックの整理にならうとすれば、ベルサーニの視点は同性愛をマイノリティ化する言説として響くであろう (Sedgwick 1990=1999)。フランス文学者である彼は、カリフォルニア大学バークレー校へのフーコーの招聘にも関わった立役者であったが、フーコーの著作（とりわけ『性の歴史』）から計り知れない影響を受けるクィア理論の流れに対しては、それが異性愛体制の中での追加的・選択的な「ライフ・スタイル」の提示のみにとどまり（ゲイの）セクシュアリティを脱性化の方向に向かわせる危険性があるとして一定の批判的距離を置いているように思われる。

基本的に「直腸は墓場か?」という論文の主張を拡大し、著書にまとめられたものが『ホモズ（日本語訳『ホモセクシュアルとは』）』である (Bersani 1995=1996)。タイトルの「ホモズ (Homos)」には、同性愛者を侮蔑するときに使われてきた homo とギリシア語で「同一」を表す同根の言葉、さらにはラテン語で「人」を指示する homo 等のいくつかの意味が重層的にこめられている。すなわち「同一なるものとしての人」が欲望を介在させた結びつきを持つ状況が存在し、それはいかなるものを基盤（アイデンティティであれ、コミュニティであれ）として、そうした基盤は同一なるものが結びつきを行う中でいかに解体されうるのかという著者の重要な問題提起である。異なるものと向き合い、そこでの関係性をいかに構築していくことが可能かということを考えるような最近主流となりつつある学問的方向性、あるいは「多文化主義的な」倫理観の広がりを考えれば、彼の主張は、一見そういうものに対する反動として響くかもしれない。しかし、序文の中で彼が述べてもいるように、この本は「既存の共同体への同化ではない」「わたしたち」の関係性を考えるためには、つねに自分の欲望を内在的な視点でとらえ返す必要があることを示唆してくれる。

ベルサーニがフーコーとは一定の距離をとっているとすれば、それとは反対にデイビッド・ハルプリンは徹底してフーコーに同一化し、「フーコー信奉者」といっても過言ではないほどの歴史研究者である。そうした信奉ぶりは『聖フーコー――ゲイの聖人伝に向けて』(Halperin 1995=1997) というその著書のタイトルからも推察されるが、それればかりではなくジェイムズ・ミラーによって書かれたフーコーの伝記でその理論的営為が個人的な問題として矮小化されてしまった問題点をサルトルの『聖ジュネ』における共通の問題として考えているところからも来ている。日本語で翻訳されたのは、序文と前半部分の「ミシェル・フーコーのクイア・ポリティクス」のみで、後半部分のミラーによるフーコー伝に対する批判は入っていない。とはいえ、この前半部分では、フーコーの理論がアイデンティティ・ポリティクス批判として過度に単純かつ通俗的に解釈されることに対しては丁寧なフーコーの読み直しを促し、その中では「クィア」概念の危うさも指摘されている。しかし、それと同時に、そうした理論の中に秘められたクィア性の政治的可能性を運動や性的実践という具体的な事例の中に読み取ってもいる。北米のラディカルなエイズ組織であるアクトアップの活動家たちが最も影響を受けた本としてフーコーの『性の歴史　第一巻』を挙げている事実からはじめ、彼の著作がホモフォビアとの闘いにおいて重要であること、さらにはセクシュアリティを脱性化したのではないかとの批判に対して、フーコーの考えたことがいかに私たちが自らの快楽を広げていくための理論的なよりどころとして実践の中で役に立つかを説得的に教えてくれている。理論とは私たちの性的可能性を制約するものではなく、開いていくものでもあるのだ。

「セクシュアリティは(近代において)歴史的・社会的に構築されたものである」というセクシュアリティ研究に

おける重要なテーゼは、フーコーの『性の歴史　第一巻』で提起されたことは知られているが、ドーヴァー海峡をはさんだ対岸の国イギリスにおいても、同様の方向性を持つような研究が同じ頃に進められていた。イギリスのセクシュアリティをめぐる歴史的研究をするジェフリー・ウィークスは、すでに一九七七年に『カミングアウト』（Weeks 1977）という著書を刊行しているが、それはフーコーが『性の歴史　第一巻』を出版したわずか一年後のことであった。ここで紹介するウィークス『セクシュアリティ』は一九八六年に出版されたものだが、ウィークスは北米とは異なるイギリス社会における歴史・政治的状況・文化とセクシュアリティの問題とを結びつけて、網羅的かつ概説的に、かといって乱雑な整理にはならずに論じている（Weeks 1986）。学問研究の中で周縁的な位置付けにされてしまうセクシュアリティ研究は、反対に、あるいはむしろその効果として目新しさのみが「流行」として消費される傾向にあることも否めないが、そのようなときに（歴史的・文化的）文脈をきちんと位置付けることができる（あるいはその重要性を学ぶことができる）という意味で、この本は重要な意味をもつ。

日本という非西洋的な文脈において、クィア理論はどのような意味を持つのだろうか。グローバル化の波の中で、少なくとも理論における西洋／非西洋という枠組みは、もはや意味をなさないのかもしれない。時間はあまりにも圧縮された形で押し寄せてくる。しかし、日本社会という現実から「我々」は自由ではないことも確かである。「起源なるもの」、そしてその「正統性」をも疑うことがクィア理論のひとつの特徴であるならば、西洋起源という形で理論の「正統な所有者」を想定することも慎まねばならないのだろう。おそらく私たちが考えなければならない問題は、クィア理論が「どこから来たか」ではなく、「いかに使うのか」ということではないだろうか（河口 2001：河口 2003）。

（3）社会学領域におけるセクシュアリティ研究の意義

これまでセクシュアリティ研究では、性をめぐる諸規範や価値観に関する考察を行ってきた。一九世紀終わりから二〇世紀初頭の性科学の研究を中心に、同性愛が犯罪化され、また病理化されるという動きの中で、なぜそうしたことが社会において行われるのかについて、探究をしていった。そうした探究は、生物学的な視点から行われることもあったが、たとえばマグヌス・ヒルシュフェルトのような性科学者は同時に社会学的な視点からもアプローチしていた。さらに、フェミニズムの第二波の時代、とりわけラディカル・フェミニズムが女性における個人的生活に焦点化する中で、私的領域におけるきわめて「個人的」とされる現象が、「政治的」であるとされるようになったが、個人的とみなされるまさにその領域の重要な部分が「性」に関わる領域であることを主張した。こうした流れの中で、「同性愛嫌悪」という偏見や差別意識、さらに「異性愛主義」というイデオロギーや「異性愛規範」などの規範が、明らかにされることになった。もちろんこうした背景には、一九七〇年代以降のレズビアンやゲイの政治運動の可視化やコミュニティの形成、それに伴うレズビアン／ゲイ・スタディーズの台頭が背景として存在していたのである。さらに、一九九〇年代以降にレズビアン／ゲイ・スタディーズを批判的にとらえる視点から探究されるクィア理論やクィア・スタディーズが提唱され、それに従い従来のジェンダー規範における再検討が行われ、ジェンダー二元性に対しても異議申し立てが行われることになった。こうした異議申し立ては、実践的にはノンバイナリーのジェンダーとして存在するようになり、また新たなアイデンティティとして市民権を得るようになってきたのである。セクシュアリティ研究は社会学の領域にこうした規範や価値観を見直し、社会におけるその変化・変容をまなざす領域としての役割を果たしてきたといえる。

フェミニズムやジェンダー研究が社会の劣位に置かれてきた女性たちの経験や生を考察するところから始まった

のと同様に、セクシュアリティ研究は、多様な性的マイノリティの探究をとおして行われてきた。もちろん研究対象としての性的マイノリティの存在から始まったのであるが、レズビアン／ゲイ・スタディーズあるいはトランス・スタディーズなどは、多くの場合、性的マイノリティの当事者が主体的に担ってきた領域でもあった。研究対象という位置付けから研究主体への移行は、セクシュアリティ研究における視点を多様化し、またそうした当事者の経験という視点の重要性を喚起してきたともいえる。もちろん、こうした変化に関しては、セクシュアリティ研究以前に、ジェンダー研究の蓄積がフェミニストや「女性」研究者、「女性」アクティヴィストによってなされてきたことを忘れてはならないし、また性的マイノリティの研究者も一つのモデルとしてみなしてきたことは確かである。このようにして、セクシュアリティ研究には、マイノリティが直面する課題や困難、そして経験を明らかにするという目的が含まれており、そこで培われた研究成果は性的マイノリティの存在や生活・経験を可視化し、それは社会に広く情報として周知される機能を果たすことになる。

性的マイノリティは、社会における規範の構成や権力関係の中で生み出されるものである。フーコーによればセクシュアリティをとおして／の領域の中で作用する権力関係を問題化し、その権力は法律制度・教育制度・医療制度をとおして人々の生活に対して巧妙に作用し、規制や管理をもたらす。このように、性と権力は、切り離すことができない関係にあり、セクシュアリティ研究は、まさにこうした生にもたらされる権力をつぶさにみていくことを目的とする。それは社会構造において作用している権力を考えることであり、またそれに対する実践としての抵抗は、社会構造の形態に変化をもたらす営為でもあるといえる。近年、日本でも裁判をとおして闘われている同性婚の問題は、まさに法制度における権力関係に対する抵抗という側面を持ち、エイズ問題はまさに医療という領域における様々な権力の軸が交差するような領域であった。

社会のあらゆるところに存在する権力に対する抵抗の中で、性の領域をめぐる取り組みや闘いにおいては、社会の変革が目指されることになる。既存の規範や価値観で構造化された社会を変革する際に、セクシュアリティ研究は、それ自体が変革をもたらすというよりは、研究をとおして得られた知見が、変革に関与する主体に対して情報や知識を提供することで間接的に変革に関わるものとなる。もちろん、社会変革という大上段からの構えではなく、教育や知識により個人がそれぞれ生存可能となること、偏見、差別や排除から自由になること、このようなことをとおして、社会が変化していくことに関わるという側面をセクシュアリティ研究は有しているといえる。

セクシュアリティ研究は、これまでも多様な性のあり方に注目し、それぞれの時代や社会・文化の中で生み出される新しいセクシュアリティについての探究を実践してきた。セクシュアリティそれ自体は、きわめて個人的なものであるという特性を有しており、個人の実存やアイデンティティに深く関わるものである。しかし、そうした自己の認識や表現方法は、社会の中で作り上げられ、展開されるものでもある。もちろん、社会において自己を自由に認識でき、自由に表現できる状態が望ましいのではあるが、先にも述べたように、社会には権力関係に由来する諸規範が存在し、それにより様々な規制が行われている。それに関しては、セクシュアリティの領域も自由ではないだろう。セクシュアリティ研究は、個人の性のあり方を認識し、自由に表現できるような環境を作ることの助けとなると同時に、そうする際に出てくる様々な規制や拘束について探究するものでもあるだろう。

先に述べた論点をセクシュアリティ研究は深く考察していく研究的営為であるのだが、それは一つの学問領域のみで完結するものではないし、また可能でもないだろう。これまでのセクシュアリティ研究が経てきた歴史をたどればわかるように、セクシュアリティという領域においては、多様な学問領域が交差する。それは社会学だけでなく、心理学、教育学、医学、経済学、哲学、歴史学、思想、文学、表象研究などなど、セクシュアリティ研究に関わる学問領域は非常に多く、多様であるといえるし、またそうした学際的な領域である必要があるのだ。無論、これまでも社会学という学問領域の中でセクシュアリティが研究されてきたし、また社会学という領域はセクシュアリティ研究を牽引してきた学問の一つであるともいってよいだろう。しかし、それでも、これまで同性愛研究、レズビアン／ゲイ・スタディーズ、そしてクィア・スタディーズというおもにセクシュアリティに軸足を置いて展開されてきた新しい学問領域においては、既存のディシプリンの中で展開されてきた理論的枠組みや研究枠組みのみで研究が進められたわけではなく、社会学以外の学問領域も含めて、必要に応じて多様な学問領域の知見や理論的蓄積を活用してきたのである。そして、さらにいえば、後進のセクシュアリティ研究の学問的方法が、既存の学問領域の方法論に異議申し立てをしてきたことを考えると、既存の学問の方法論自体に対して変化をもたらすというメリットもあるのではないか。ほとんどの学問においては、従来、明示的であれ、暗示的であれ、異性愛主義や異性愛規範が内在していたのであり、そうした中で性的マイノリティの視点や視角をもたらすということの意義はあるだろう。

文　献

赤川学、一九九九、『セクシュアリティの歴史社会学』勁草書房。

Aldrich, Robert, 2006, *Gay Life and Culture: A World History*, Universe.（＝二〇〇九、田中英史・田口孝夫訳『同性愛の歴史』東洋書林。）

Altman, Dennis, 1971, *Homosexual: Oppression and Liberation*, New York University Press.（＝二〇一〇、岡島克樹・河口和也・風間孝訳『ゲイ・アイデンティティ——抑圧と解放』岩波書店。）

Altman, Dennis, 1994, *Power and Community: Organizational and Cultural Responses to AIDS*, Taylor & Francis.

Altman, Dennis, 2001, *Global Sex*, Chicago & London, Chicago University Press.（＝二〇〇五、河口和也・風間孝・岡島克樹訳『グローバル・セックス』岩波書店。）

Berger, Peter, L. and Luckmann, Thomas, 1966, *The Social Construction of Reality: A Treatise in the Sociology of Knowledge*, New York, Anchor Books.（＝一九七七、山口節郎訳『日常世界の構成――アイデンティティと社会の弁証法』新曜社。）

Bersani, Leo, 1988, "Is the Rectum a Grave?" Crimp, Douglas（ed.）*AIDS: Cultural Analysis/Cultural Activism*, The MIT Press.（＝一九九六、酒井隆史訳「直腸は墓場か？」『批評空間』Ⅱ-8：一一五-一四三。）

Bersani, Leo, 1995, *Homos*, Harvard University Press.（＝一九九六、船倉正憲訳『ホモセクシュアルとは』法政大学出版局。）

Butler, Judith, 1990, *Gender Trouble: Feminism and the Subversion of Identity*, New York & London, Routledge.（＝一九九九、竹村和子訳『ジェンダー・トラブル――フェミニズムとアイデンティティの攪乱』青土社。）

Chauncey, George, 2004, *Why Marriage: The History Shaping Today's Debate Over Gay Equality*, Basic Books.（＝二〇〇六、上杉富之・村上隆則訳『同性婚――ゲイの権利をめぐるアメリカ現代史』明石書店。）

Conrad, Peter and Schneider, Joseph W., 1992, *Deviance and Medicalization: From Badness to Sickness*, Temple University Press.（＝二〇〇三、進藤雄三監訳、杉田聡・近藤正英訳『逸脱と医療化――悪から病いへ』ミネルヴァ書房。）

江澤美月、二〇〇三、「C．デルフィ　G．ルービン　M．ウィティッグ」竹村和子編『〝ポスト〟フェミニズム』作品社、一八九。

Faderman, Lillian., 1991, *Odd Girls and Twilight Lovers: A History of Lesbian Life in Twentieth-Century America*, Columbia University Press.（＝一九九六、富岡明美・原美奈子訳『レスビアンの歴史』筑摩書房。）

Halperin, David M., 1995, *Saint=Foucault: Towards a Gay Hagiography*, Oxford University Press.（＝一九九七、村山敏勝訳『聖フーコー――ゲイの聖人伝に向けて』太田出版。）

Hooker, Evelyn, 1956, "The adjustment of the male overt homosexual," *Journal of projective techniques*, XXI: 18-31.

Hoquenghem, Guy, 1972, *Le Désir Homosexuel*, Éditions Universitaires.（＝一九九三、関修訳『ホモセクシュアルな欲望』学陽書房。）

井上輝子・上野千鶴子・江原由美子・大沢真理・加納実紀代編、二〇〇二、『岩波女性学事典』岩波書店。

加藤秀一、一九九八、『性現象論――差異とセクシュアリティの社会学』勁草書房。

釜野さおり・石田仁・風間孝・吉仲崇・河口和也、二〇一六、『性的マイノリティについての意識――2015年全国調査報告書』科学研究費助成事業「日本におけるクィア・スタディーズの構築」研究グループ（研究代表者　広島修道大学　河口和也）編。

河口和也、二〇〇一、「クイア理論」『現代思想臨時増刊』一一月号、青土社：三〇－三三。

河口和也、二〇〇三、『クイア・スタディーズ』岩波書店。

河口和也、二〇一三、「ネオリベラリズム体制とクィア主体――可視化に伴う矛盾」『広島修大論集』五四(一)：一五一－一六九。

河口和也、二〇一八a、「エイズという問題――その歴史と現在」風間孝・河口和也・守如子・赤枝香奈子『教養のためのセクシュアリティ・スタディーズ』法律文化社、一三九－一五五。

河口和也、二〇一八b、「性的マイノリティが経験する生きづらさ」風間孝・河口和也・守如子・赤枝香奈子『教養のためのセクシュアリティ・スタディーズ』法律文化社、一五六－一七五。

河口和也、二〇一八c、「クィア・スタディーズの視角」風間孝・河口和也・守如子・赤枝香奈子『教養のためのセクシュアリティ・スタディーズ』法律文化社、一九〇－二〇六。

河口和也、二〇二〇a、「性的マイノリティの抵抗の歴史とその拡がりの可能性――ニューヨーク、ストーンウォール・インの暴動の事例から」『広島修大論集』六〇(二)：一九－三六。

河口和也、二〇二〇b、「ホモファイル運動期におけるゲイ・コミュニティ形成史――米国・サンフランシスコの事例を中心に」『広島修大論集』六一(一)：三一－四七。

風間孝・河口和也・守如子・赤枝香奈子、二〇一八、『教養のためのセクシュアリティ・スタディーズ』法律文化社。

McIntosh, Mary. 1968 "The Homosexual Role," *Social Problems*, 16(2): 182-192.

森山至高、二〇一七、『LGBTを読みとく――クィア・スタディーズ入門』筑摩書房。

Pohlen, Jerome, 2016, *Gay and Lesbian for Kids: The Century-Long Struggle for LGBT Rights, with 21 Activities*, Chicago Review Press.（＝二〇一九、北丸雄二訳『LGBTヒストリーブック――絶対に諦めなかった人々の100年の闘い』サウザンブックス社。）

Rich, Adrienne, 1986, *Blood, Bread, and Poetry: Selected Prose 1979-1985*. W W Norton & Co Inc.（＝一九八九、大島かおり訳『血、パン、詩。――アドリエンヌ・リッチ女性論』晶文社。）

Rubin, Gayle, 1975, "The Traffic in Women: On the 'Political Economy' of Sex," Reiter, Rayne (ed.) *Toward an Anthropology of Women*, Monthly Review Press, 157-210.（＝二〇〇〇、長原豊訳「女たちによる交通――性の「政治経済学」についてのノート」『現代思想　ジェンダー――表象と暴力』二月号：一一八-一五九。）

Rubin, Gayle, 1984,"Thinking Sex: Notes for a Radical Theory of the Politics of Sexuality," Vance, Carole S. (ed.) *Pleasure and Danger: Exploring Female Sexuality*, Routledge and Keagan Paul, 267-319.（＝一九九七、河口和也訳「性を考える――セクシュアリティの政治に関するラディカルな理論のための覚書」『現代思想　5月臨時増刊号　レズビアン／ゲイ・スタディーズ』青土社、九四-一四四。）

Sedgwick, Eve Kosofsky, 1990, *Epistemology of the Closet*, The University of California Press.（＝一九九九、外岡尚美訳『クローゼットの認識論』青土社。）

Shilts, Randy, 1982, *The Mayor of Castro Street: the Life and Times of Harvey Milk*, St. Martin's Press.（＝一九九五、藤井留美訳『ゲイの市長と呼ばれた男』上・下、草思社。）

竹村和子、二〇〇二、『愛について――アイデンティティと欲望の政治学』岩波書店。

竹村和子、二〇〇五、「セクシュアリティと映像表象」杉浦康平ほか『目からウロコ』日本カメラ社、一一一-一三〇。

上野千鶴子、一九九五、「『セクシュアリティの近代』を超えて」井上輝子・上野千鶴子・江原由美子編『日本のフェミニズム　6　セクシュアリティ』岩波書店、一-三七。

上野千鶴子、一九九六、「セクシュアリティの社会学・序説」井上俊・上野千鶴子・大澤真幸・見田宗介・吉見俊哉編『岩波講座現代社会学10　セクシュアリティの社会学』岩波書店、一-二四。

Vance, Carole (ed.), 1984, *Pleasure and Danger: Exploring Female Sexuality*, Pandora.

ヴィンセント、キース・風間孝・河口和也、一九九七、『ゲイ・スタディーズ』青土社。

Weeks, Jeffrey, 1977, *Coming Out: Homosexual Politics in Britain from the Nineteenth Century to the Present*, Quartet Books.

Weeks, Jeffrey, 1986, *Sexuality*, New York London: Routledge.（＝一九九六、上野千鶴子監訳・赤川学訳・解説『セクシュアリティ』河出書房新社。）

Williams, Raymond, 1976 (1983), *KEYWORDS: A vocabulary of culture and society*, Collins Publisher.（＝二〇〇二、椎名美智・武田ちあき・越智博美・松井優子訳『完訳　キイワード辞典』平凡社。）

あとがき

社会学における「ジェンダー」に関わる研究の端緒は、「ジェンダー」概念の導入以前の一九七〇年代にさかのぼる。社会学はその学問的アイデンティティと知的伝統の中に、「現代社会の学」「社会問題の学」であらんとすることを含んでいる。先進資本主義国においては、一九六〇～一九七〇年代に大きな社会運動が展開されたが、その中の一つが第二波フェミニズムであった。社会学の学問的伝統からすれば、フェミニスト視点に立つ女性研究が生まれたのは、至極当然のことだったといえよう。

それから約半世紀がたった。フェミニスト視点に立つ女性研究は、フェミニスト視点に立つ男性研究を生み、多様な社会領域の女性研究・男性研究とむすびついて、社会学におけるジェンダー研究として一つの流れとなり、現在に至っている。また一九七〇年代にはゲイ解放運動が活発化するとともに、それまでなかなか声を上げにくかった様々なセクシュアル・マイノリティの人々の社会運動も生まれた。そのことによって、従来から問題化されてきたジェンダーという性別現象の中のセクシュアリティに関する研究の必要性が強く認識されるようになった。さらに、ジェンダーと人種や階級問題との関わりも強く意識されるようになり、研究におけるインターセクショナリティに対する認識の必要性が強く主張されている。

フェミニスト視点とは基本的に「ジェンダー平等を志向する」ことと定義できるので、本書における「ジェンダーと平等」という主題は、まさにその流れにおける「継承と発展」を追っていると言い得るだろう。そこでは、「人間の知識はその人が置かれた社会的条件によって規定されている」という知識社会学の命題にそって、従来の研究視点に対する批判的見直しが、何度も行われてきた。その結果、本書の各章が示しているように、研究動向が五〇年間で大きく変化してきたと言い得るほどにその流れの勢いは激しかった。従来の社会学の研究枠組みが「男性中心主義」的であったとするフェミニストの最初の批判は、その批判によって生み出された研究に対する「白人女性中心主義的」「中産階級中心主義的」であるとする批判の試みにさらされ、さらにそのような批判によって生み出された研究は、「性別二元論・異性愛中心主義」だとする批判の試みにさらされる――そのような激しい批判の応酬が繰り返されてきた。このような状況に対しては、肯定的評価だけでなく、否定的評価もありうるだろう。けれども本書各章が示しているように、このような激しい批判の応酬があったからこそ、「ジェンダーと平等」という流れは、社会学全体の研究枠組自体を問い直すような視点の転換をも、成し遂げてきたのである。そのことが、本書によって、これからの社会学研究者に少しでも伝えられれば、幸いである。

二〇二四年七月

江原由美子

人名索引

あ 行

か 行

さ 行

た・な行

は　行

ま　行

ら・わ行

事項索引

あ 行

か 行

さ　行

た　行

な　行

は　行

ま　行

や・ら行

欧　文

須永将史（すなが・まさふみ）　**第4章**

1985年　生まれ。
2015年　首都大学東京大学院人文科学研究科社会行動学専攻社会学教室博士後期課程修了。
現　在　小樽商科大学商学部一般教育系准教授。
主　著　「質問のデザインにおける痛みの理解可能性――在宅マッサージの相互行為分析」『社会言語科学』（社会言語科学会）23(1)，2020年。
『エスノメソドロジー 住まいの中の小さな社会秩序 家庭における活動と学び――身体・ことば・モノを通じた対話の観察から』（共著，是永論・富田晃夫編著）（担当：第3章「家族への配慮と家事労働――感情管理と道徳を教えること」）明石書店，2021年。
『実践の論理を描く――相互行為のなかの知識・身体・こころ』（共著，小宮友根・黒嶋智美編）（担当：第5章「計画はいかにして修正されるのか――放射線量の可視化と空間の構造化」）勁草書房，2023年。

河口和也（かわぐち・かずや）　**第5章**

1963年　生まれ。
1997年　筑波大学大学院博士課程社会科学研究科社会学専攻単位取得退学。
現　在　広島修道大学人文学部社会学科教授。
主　著　『クイア・スタディーズ』岩波書店，2003年。
『同性愛と異性愛』（共著）岩波書店，2010年。
『ゲイ・アイデンティティ――抑圧と解放』（共訳，デニス・アルトマン著）岩波書店，2010年。

《著者紹介》（＊は編者）

＊江原由美子（えはら・ゆみこ）　**はしがき・第１章・あとがき**

1952年　生まれ。
1977年　東京大学大学院社会学研究科博士課程中退。
2002年　博士（社会学，東京大学）。
現　在　東京都立大学名誉教授。
主　著　『女性解放という思想』勁草書房，1985年（『増補 女性解放という思想』ちくま学芸文庫，2021年）。
『ジェンダー秩序』勁草書房，2001年（『ジェンダー秩序 新装版』勁草書房，2021年）。
『持続するフェミニズムのために――グローバリゼーションと「第二の近代」を生き抜く理論へ』有斐閣，2022年。

木本喜美子（きもと・きみこ）　**第２章**

1950年　生まれ。
1978年　北海道大学大学院教育学研究科博士課程単位取得満期退学。
1997年　博士（社会学，一橋大学）。
現　在　一橋大学名誉教授。
第２回社会政策学会奨励賞（1995年）。
主　著　『家族・ジェンダー・企業社会――ジェンダー・アプローチの模索』ミネルヴァ書房，1995年。
『女性労働とマネジメント』勁草書房，2003年。
『家族・地域のなかの女性と労働――共稼ぎ労働文化のもとで』（編著）明石書店，2018年。

青山　薫（あおやま・かおる）　**第３章**

1962年　生まれ。
2005年　英国立エセックス大学社会学部大学院博士課程修了，Ph.D. in Sociology（University of Essex）。
現　在　神戸大学国際文化学研究科教授。
Asian Women and Intimate Work, eds. with Ochiai Emiko, won 2014 Choice Outstanding Academic Title Award by the Association of College and Research Libraries (ACRL), a division of the American Library Association.
主　著　『「セックスワーカー」とは誰か――移住・性労働・人身取引の構造と経験』大月書店，2007年。
Thai Migrant Sex Workers: from Modernisation to Globalisation, Palgrave/Macmillan, 2009.
『東南アジアと「LGBT」の政治――性的少数者をめぐって何が争われているか』（日下渉・伊賀司・田村慶子と共編著）明石書店，2021年。

《代表編者紹介》

金子　勇（かねこ・いさむ）

1949年　生まれ。
1977年　九州大学大学院文学研究科社会学専攻博士課程単位取得満期退学。
1993年　博士（文学，九州大学）。
現　在　北海道大学名誉教授。
　　　　第１回日本計画行政学会賞（1989年），第14回日本都市学会賞（1994年），
　　　　札幌市・市政功労者（2020年）。
主　著　『都市の少子社会――世代共生をめざして』東京大学出版会，2003年。
　　　　『日本の子育て共同参画社会――少子社会と児童虐待』ミネルヴァ書房，2016年。
　　　　『社会資本主義――人口変容と脱炭素の科学』ミネルヴァ書房，2023年。

吉原直樹（よしはら・なおき）

1948年　生まれ。
1977年　慶應義塾大学大学院社会学研究科社会学専攻博士課程単位取得満期退学。
1985年　社会学博士（慶應義塾大学）。
現　在　東北大学名誉教授。
　　　　第15回日本都市学会賞（1995年），第３回地域社会学会賞（2010年）。
主　著　『都市空間の社会理論――ニュー・アーバン・ソシオロジーの射程』東京大学出版会，1994年。
　　　　『モビリティと場所――21世紀都市空間の転回』東京大学出版会，2008年。
　　　　『モビリティーズ・スタディーズ――体系的理解のために』ミネルヴァ書房，2022年。

シリーズ・現代社会学の継承と発展①

ジェンダーと平等

2024年11月10日　初版第１刷発行　〈検印省略〉

定価はカバーに
表示しています

編著者　江原由美子
発行者　杉田啓三
印刷者　中村勝弘

発行所　株式会社　ミネルヴァ書房
607-8494　京都市山科区日ノ岡堤谷町1
電話代表　(075)581-5191
振替口座　01020-0-8076

中村印刷・新生製本

ISBN978-4-623-09674-9

Printed in Japan